山东省教育科学“十三五”规划2019年度重点
“基于学情的阅读教学新课堂研究”（课题批准号：ZZ2019068）成果

基于学情的
语文新课堂

于立国 著

山东城市出版传媒集团·济南出版社

图书在版编目(CIP)数据

基于学情的语文新课堂 / 于立国著. -- 济南 : 济南出版社, 2020.3

ISBN 978-7-5488-3932-3

Ⅰ. ①基… Ⅱ. ①于… Ⅲ. ①语文教学—课堂教学—教学研究 Ⅳ. ①H19

中国版本图书馆CIP数据核字(2020)第028080号

基于学情的语文新课堂

于立国 著

出 版 人 崔 刚

责任编辑 李圣红

装帧设计 杨绍娟 侯文英

出版发行 济南出版社

地　　址 济南市二环南路1号

邮　　编 250002

印　　刷 济南万方盛景印刷有限公司

成品尺寸 170mm×240mm 16开

印　　张 17.25

字　　数 297千

印　　数 1—5000册

版　　次 2020年3月第1版

印　　次 2020年3月第1次印刷

书　　号 ISBN 978-7-5488-3932-3

定　　价 55.00元

序一

走向名师之路的真实轨迹

我跟于老师是多年的老朋友了。

2003年，他参加山东省初中语文教学能手比赛，执教《次北固山下》，有一个环节是自度曲教唱，给我和众评委留下了深刻印象，知道他是一个很有才情的老师。之前的2000年，他曾获得山东省初中语文优质课评选一等奖。

因为教学水平高，成绩出众，2004年，于老师经过层层考选，进入莱芜教研室担任初中语文教研员，这使得我们有了更多工作上的接触机会。每次到外地开会，于老师总会带着一摞书，或去书店买上一摞书，如饥似渴地看；每次安排给他的任务，他都能很出色地完成。他是一个好学、能干的教研员。

有才情、好学、能干，或许都源于于老师的中师经历。曾经的中师生，素质发展很全面，学习兴趣又一直得以保持。21世纪前后大约20年间，山东省一些语文名师第一学历多是中师毕业，确实是一个令人深思的现象。

因为人事关系迟迟不能转入教研室，2010年，于老师重回学校，任副校长的同时，他继续教课，不几年就陆续被评为高级、特级教师。在评职称的过程中，因为莱芜对省教学能手的认定为五年有效，他重新报名参加了省教学能手评选，历经学校、县区、地市到省里的层层选拔，又一次以高分评上了。

从教师到教研员再到教师的身份转换，使得于老师能很好地把语文教学的实践和理论结合起来，善思笃行，上出了很多经典好课，也指导出了数位名师，形成了自己的语文教学理念和风格。

任教研员期间，于老师一直是山东省语文课题“初中语文以学为主教学实验研究”的主力；重回学校以后，于老师又是我主持的“基于学情的阅读教学新课堂研究”课题的力行者。他充分尊重学生的感受、质疑、发现，深入钻研教材，巧妙设计思路，精细品味语言，走入文本深处，形成了厚重而不失幽默的教学风格，已是颇有大家风范了。省内外一些会议、学校纷纷邀请于老师去讲课，很多老师在参加比赛前也慕名请他指导。他还被聘为山东省兼职教研员和统编本初中语文教材培训专家等。

在这些荣誉和光环面前，于老师并没有失去定力、流于浮躁，而是在兢兢业业做好本职工作的同时，不断总结、反思自己的教学教研工作，精益求精，向更高的目标进发，所以才有了现在这本著作。其中的一些课，我是现场听过的，有的还与于老师研讨过。这些课例，或许并不完美，但从中我们可以看出一个语文人对语文教学的深入思考和不懈追求，以及走向名师之路的真实轨迹。

山东的语文老师往往较为“低调”，很多老师评上职称或获得一些荣誉之后，刚过不惑之年，就往往选择“退隐”或转行，或曰“把机会让给年轻人”。这种“低调”从某个角度看，也可能是一种故步自封和安于现状的借口，妨碍了对语文教学至高境界的追求。其实，语文教学是一条走不完的路，有看不完的风景，希望于老师及像他一样勤奋的老师们，在这条路上继续前行，走得更远。

山东省教学科学初中语文教研员、统编本初中语文教材编者　张伟忠

序二

课堂是最快乐的地方

初见立国兄，是2018年11月底在福建泉州聚龙外国语学校，我们应邀参加该校的语文教学活动并上课。立国兄儒雅谦和，话语不多，有问则必定真诚相答。南方的冬天温暖如春，聚龙外国语学校又是花草绚烂，宜人的环境，加上有语文教学这一共同的话题，初识的距离就缩短了许多。看得出，立国兄是很喜欢课堂的人，对自己的语文教学又极为认真与严谨。那天，他执教郑振铎的小说《猫》，午饭过后他就急忙忙地说，还要再琢磨琢磨这教过多遍的文章。我还暗自笑他，都老教师了，这么个不镇定。可惜我上完课先离去，没能现场听他讲《猫》，想来那必定是一堂妙趣横生的语文课。

那以后，我们多在微信上交流。立国兄似乎很忙，说得最多的还是“上课”“语文”，然后就是“麦子”“土地”。站上讲台是老师，回到乡下做农夫，两种角色，转换自如，不亦乐乎。某一天，他央我给他新著写个序，言毕，撂下一句“走，上晨读去！课堂是最快乐的地方！”，就又匆匆奔赴他的课堂去了。手机上这简单又丰富的一句话，我来回地读，反复地想，渐渐感动起来。

但凡一个人醉心于某项事情，那些因此而蔓延不尽甚至有些风风雨雨的时光，都会粘附上无限的乐趣。从乡村土地上站立起来的立国兄，对土地，对农事，对破败的墙壁、枯瘦的树杈、嘶叫的知了，都怀有深刻的感情。回到村庄，他就像一个重新投入母亲怀抱的孩子，熟练地撒欢，熟练地憨笑，熟练地徜徉。他经常会发一些拉磨碾米的照片，看得出来，动作娴熟，姿势端正。乡村是他的第一课堂，那里藏着他对人世的启蒙，再怎么远行，心里依旧存有乡野间那些没有砍下的树，没有刈锄的草，没有飞走的黑鸟，还有一张张被岁月的烟火熏出沧桑和皱褶的脸。从那清香四溢的田地中走出，再走进书声琅琅的课堂，庄稼变成了学生，一茬茬，一畦畦，一垄垄，都是手中捧读着的文章。立国兄更快乐了，他在他的语文课堂上找到了土地的呼吸，找到了天空的拥抱，找到了生长的痕迹。三尺讲台，汇集语文课堂尺寸光阴，这里，是他教育生命的策源地、主阵地和根据地。播下种子，再用心培育，等待它生根发芽，开花结果。真诚的课堂如同芳香的土地，他站在绿意葱茏中，且思且践行。纵有劲风起，人生不言弃。物欲横流的时代，立国兄因语文课堂而有一个完整而缤纷的世界，灵魂更纯粹、更丰富，而快乐也自在其中。

感动之余，我还是想重溯他的语文之河，追寻他心中的快乐。

课堂的快乐在于对语文的坚守。

立国兄1992年中师毕业，回家乡乡村中学任教多年，后调入市里学校继续教初中，教学小有成就，曾先后两次参加山东省语文优质课评选，从荣获省二等奖的不甘心到第二次参赛获得省一等奖，这是一种坚守。2003年立国兄获得山东省教学能手称号，从本书课例中还知晓他2011年再次获此殊荣，在同一省份两度荣获省级教学能手称号，直至被评为山东省特级教师，这也是一种坚守。2004年立国兄带着对语文教学研究的执念，应聘市教研员岗位，开始了长达六年的初中语文专职教研工作。用他的话说，从此他开始“走出课堂看语文，走出学校看教学”，并始终坚信“如果说教研员是一棵树的话，语文教学是水分和土壤，离开了课堂就枯萎死亡”，这更是一种坚守。立国兄享受着坚守语文的快乐！

没承想2010年春，立国兄又回到学校，回到他魂牵梦绕的三尺讲台，矢志不渝，挚爱着充盈快乐的语文课堂。十年磨一剑，立国兄扎根课堂，潜心研究，撰写了这本客观呈现草根教师“教、思、辨、悟”的专著，诙谐拎出一位“老土”的语文人在课堂教学里咂摸出的“妙招”，为广大语文人呈现了他对语文课堂教学实践与研究的坚定和执着。这更是一种不忘初心的坚守。

课堂的快乐在于学生的成长。

2010年至今，立国兄走上了“教、思、辨、悟、写”的教学之路。他坚信语文教学之“本色”，在于对语文“教与学的规律”的遵从，语文教学要研究“教的规律”，培养“教的习惯”。他坚信按规律教了，必定遵从了“学的规律”；遵从“学的规律”，必定能培养学生好的语文学习习惯；有了语文学习的好习惯，学生语文能力、人文素养提高就会水到渠成。他坚信简简单单教语文要紧扣“一个中心”，即一切以培养学生语文学习习惯和对母语的热爱为中心；要抓住“两个基本点”，即研究培养教师遵循规律教的习惯，研究培养学生遵循规律学的习惯。

立国兄的课堂教学一切从学生实际出发，基于学情，先学后教，以学定教，多学少教，以学论教。更可贵的是在基于学情的语文新课堂研究上，立国兄实践摸索出了基于学情的语文新课堂的两种基本范式——熔铸式和纵进式，简便易行，科学合理，为一线教师提供了好的范式，开启了教师对基于学情的语文新课堂研究、探索之路。

立国兄这位热爱课堂、善于研究的教师深信：基于学情实施教学，是一种追求，是一种情怀，更是一种担当。他希望广大语文教师能用“基于学生感受和疑问”这把钥匙，不断拧紧学生思维的发条，使学生饱尝思维劳动的快乐，体验到一种思考家的自豪感，从而满怀激情地去研究新事物，学习新知识，提高语文核心素养！

纵观立国兄的语文课堂实践、研究、思考和写作，他真正做到了“胸中有书，目中有人”（于漪语）。他的基于学情的语文新课堂，真正关心人、解放人、发展人，能“让学生学得更好，让学生更好地学”，能唤起学生我要学习的生命意识，能教会学生自觉、主动地学习，并使之成为习惯。立国兄在努力探索一种尊重生命、尊重规律的课堂教学，在努力探索让课堂成为学生终身教育的最初组成部分的教育，从而解放学习力，激扬生命，诱发思维，培育学生全面、持续、充分发展的生命力！

课堂的快乐在于自我的前行。

课堂是教师专业发展的舞台。教师的专业发展在课堂教学实践中落实，在教师日复一日的专业生活中，在一份份教案、一堂堂课上体现。教师的专业发展依托于日常教育实践，但如果只实践而不研究，零散的经验缺乏总结提升，教师可能只是日复一日地重复自己的实践，所谓专业发展当然是不可能实现。从这个意义上说，对于教师的专业发展，研究心是最可贵的，而且这种研究要紧紧围绕自己的教学实践。

《基于学情的语文新课堂》一书，是“先学后教、以学定教、多学少教、以学论教”的“以学为主”课堂教学的实践探索与研究深化。立国兄在本书中客观呈现并反思了“基于教”的课堂，回顾了基于学情的新课堂研究和实践过程。这些，无疑会给一线老师带来教学警醒和启迪，会引领教师在基于学情的语文新课堂的构建上少走弯路。

本书最大的特色在于研究、实践了具体可操作的基于学情的语文新课堂“把自己读进去，把感受、疑问读出来”的阅读习惯养成策略；研究、实践了“基于学情的语文新课堂”学生感受和疑问阅批法；研究、实践了“基于学情的语文新课堂”的教学基本范式（纵进式和熔铸式）；研究、实践了“基于学情的学科德育新课堂”实施策略；研究、实践了“基于学情的作文新课堂”实施策略；研究并总结了42条历经百余场次观摩、公开课教学锤炼出的课堂教学经验结晶——妙招可言。立国兄的这本书是一本集理论、方法、策略和课堂实践于一体的语文新课堂教学力著，是山东省教育科学“十三五”规划2019年度重点资助课题“基于学情的阅读教学新课堂研究”的先期成果。这本书着力解决一线教师渴望解决的相关教学困惑，为一线教师提供了较为成熟的教学范例和教学范式。细读这本书，我们会感慨于立国兄多年来语文教学路上的实践与思考，更会感动于他一直前行的勤勉与执着。

书的凝成是瞬间的，书中的语文行走却是永远的。那些和语文有关的文字，其实都在为我们展示天空的辽阔、大地的宽厚和世界的美好。爱，才会让语文的生命且行且歌！

教育如天，语文是地。站上讲台，用生命歌唱，让语文的田野充满激情和力量。当课堂成了立国兄最快乐的地方，我们读他的书，读他的文，自然也是极为快乐的。祝福立国兄，祝福每一个爱课堂的人，让我们的教育生命因为共同的凝视而更加幸福快乐。

秋色浓了，我们都会收获其中。

浙江省特级教师、教授级中学特级教师　肖培东

自序

语文课堂的春天来了

20多年课堂教学的“教、思、辨、悟”整理完了，内心五味杂陈！

如果是本书，总得有个书名

给书取名字一波三折。

2017年暑假，曾拟用书名：《我和语文那些事儿》《如是我教》《走过》《老土语文》《语文教学的柴、米、油、盐》……

2018年暑假，书有了轮廓。拟改书名为：《语文课堂，想说爱你不容易》《让课堂像呼吸一样自然》《漫游初中语文课堂》《草根语文》……

2018年寒假，随着书稿内容的不断修改、丰富，有了用《基于学生感受和疑问的课堂教学研究与实践》做书名的想法。这个题目很称心，可太长。这年寒假，我去拜访山东省教科院初中语文教研员张伟忠博士，他亲切地问起我写的“书”。张老师的太太冯老师也在场，冯老师突然问我：“你要出书啦，什么名字？”我很尴尬，他俩都是博士，学识渊博；我一介中师生，孤陋寡闻，亏得是课堂上练就了“急中生智”的本领，头脑里闪出一个文雅的书名——《语文课堂基于学情津逮》。想起“津逮”一词，是因为一本叫《文言津逮》的书，是张中行先生的著作，吕叔湘先生为此书作序，并取了此书名。津逮，由津渡而到达，比喻通过一定的途径而达到或得到的意思。冯老师表示赞同，可是张老师没表态，我心惴惴焉。

再后来，却因“津逮”一词生僻，改书名为《基于学情的语文新课堂》了。我觉得用“基于学情”比用“基于学生的感受和疑问”要好，后者太啰唆，况且“基于学生的感受和疑问”仅仅是学情的一部分，课前、课中、课后都有学情可言，“基于学生感受和疑问”主要指向课前的学情。

我的课堂曾经是“《黔之驴》”

我的语文课堂曾经历了“技止此耳”的困厄，一度索然无味，被学生“跳踉大㘎，断其喉，尽其肉，乃去”！原因在于初为人师，我成了《教学参考书》的搬运工。课堂上我提着自己从《教学参考书》搬运来的那“一小桶水”，试图充当学生所需的 “恣肆汪洋”！

后来，随着教辅资料日益丰富和普及，课堂上生因喜，计之曰：“技止此耳！”

现在想来，初为人师的头几年，我的语文课堂“形之庞也类有德，声之宏也类有能”，设若没有教辅资料，讲起课来也是滔滔不绝，单凭这一个“讲”字，也能让学生心生“疑畏”。

有一种新课程是“《安塞腰鼓》”

跨入21世纪，举国掀起新一轮基础教育课程改革——

使人想起：落日照大旗，马鸣风萧萧！

使人想起：千里的雷声万里的闪！

使人想起：晦暗了又明晰，明晰了又晦暗，尔后最终永远明晰了的大彻大悟！

容不得束缚，容不得羁绊，容不得闭塞，是挣脱了、冲破了、撞开了的那么一股劲！

基于学情的新课堂是“《谈生命》”

基于学情的“纵进式”语文新课堂，像一棵沐浴着阳光雨露茁壮成长的小树，她从学情（学生的感受和疑问）中聚集起许多生力，在文本中扎根，在教学设计中欠伸，勇敢快乐地生长。在基于学情的语文新课堂上，她便伸出嫩叶来吸收空气，承受日光，在细雨中吟唱，在微风中跳舞，这些繁枝嫩叶，在尊重了生命的课堂上枝繁叶茂，渐渐伸展出她如盖的浓荫，结出累累的果实，尽情呈现课堂无尽的甜美与芳馨……

基于学情的“熔铸式”语文新课堂，如一江春水，她从学生最需要处发源，文本特质和学情的有机融合是她的前身。她聚集起许多新生成的学情细流，合成一股有力的洪涛，向前奔注，快乐勇敢地流走……终于，她远远地望见了语文的大海！她已经到了行程的终结，这大海，使她屏息，使她低头。大海多么辽阔，多么伟大！大海庄严地伸出臂儿来接应她，她一声不响地流入大海的怀里。她消融了，归化了。有一天，她再从海上蓬动的雨点中升起，飞向西来，再形成一道江流，再冲倒两旁的石壁，再来寻夹岸的桃花……

有一种新教材是“《提醒幸福》”

2018年秋季，“五四”学制初中学段起始年级也用上了“统编本”新教材，“基于学情”的新课堂有了“真抓手”！

这教材，方便了教师的教，促进了学生的学，提醒着“教”与“学”的“幸福”——

她就这么悄悄地来了——你不要总希冀轰轰烈烈的幸福，她只是悄悄地扑面而来。

看上去她没有什么特别之处——幸福绝大多数是朴素的。

她披着语文的本色外衣，亲切温暖地包裹起我们。幸福有梯形的切面，她可以扩大，也可以缩小，就看你是否珍惜。

当春天来临的时候，我们要对自己说，这是春天啦！心里就会泛起茸茸的绿意。

从此，语文课堂的春天，泛着绿意欣然走来了！

目录

序

第一章 独上高楼 彳亍教改路
——从立足“教”到关注“学”

第五章 细思量 爱恨两茫茫

——作文教学，想说爱你不容易

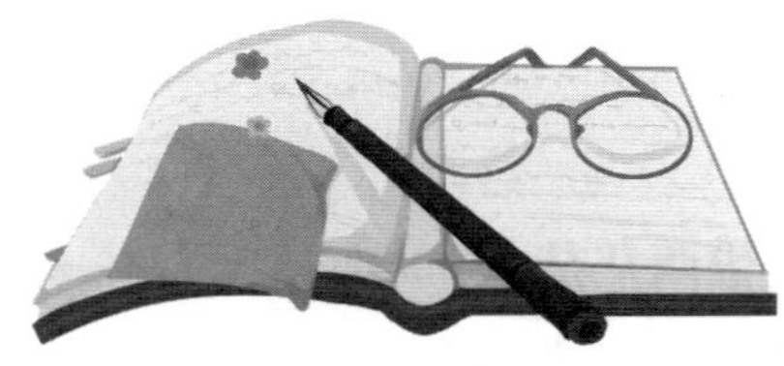

且教、且思、且辨、且悟

第一章

DIYIZHANG

独上高楼 行教改路

——从立足『教』到关注『学』

第一节　基于“教”？基于“学”？

1.1　课例展示

《怀疑与学问》

【写在前面】

2000年，我参加“山东省初中语文优质课比赛”，荣获一等奖，执教的是《怀疑与学问》（当时是初中语文教科书第五册的课文），学生是初一年级的。这节课旨在凸显“目标教学，一课一得”，重视“授人以渔”。

你觉得这节课是否“以教为主”呢？

一、导入新课

师：老师给大家讲一则故事——

古时，楚国有位穷人，在读《淮南方》一书时看到这样一种说法：螳螂捕蝉时，用来遮挡身体的树叶，可以让人隐形。楚人很想拥有这样一片叶子，天天昂着头在树林中寻找。有一天，好不容易找到了，可是一眨眼，又看不准到底是哪一片了！楚人不管三七二十一，索性将那棵树上的叶子全摇下来带回了家。他用叶子挡住自己，问妻子：“看得见我吗？”妻子开始回答：“看得见。”可是，楚人就这样问了将近一天，妻子烦了，就哄骗他说：“看不见。”楚人高兴极了，带着那片树叶来到集市上，当着别人的面就拿人家的东西。差役当场就把他抓到县衙去了。问清来龙去脉，县官哈哈大笑起来！

师：县官为啥哈哈大笑？

生：这人太愚蠢了、太可笑了，生搬硬套书本。

师：对，穷楚人盲目相信书中的话，闹出了笑话。这节课学习历史学家顾颉刚的《怀疑与学问》，相信在读书、做学问上，本文会给大家带来有益启示。

二、交代目标

1. 明确文章中心论点及提出方式；

2. 理清文章的论证层次；

3. 学习举例论证和道理论证。

三、学前测评

师：请大家解释词语。

（出示卡片，依次解释墨守、虚妄、辨伪去妄、不攻自破。）

师：请回答相关文体知识问题。

（提问，明确议论文三要素、论点、论据等相关知识。）

四、教学重点

1. 听读，明确论点。

师：同学们合上课本，抬起头来认真听读课文，然后试着说出本文作者的主要观点。

（师背诵课文，生聆听；师提问，生明确论点以及论点提出的位置、方式；生读、识记张载、程颐的话并释义。）

2. 研读，辨析方法。

师：本文开门见山地引用名言提出中心论点后，围绕论点是如何逐层深入论证的？浏览课文，想想看。

生：第四、五自然段论证“怀疑在消极方面是辨伪去妄的必要步骤”。

生：第六自然段论证“怀疑也是在积极方面建设新学说、启迪新发明的基本条件”。

师：论证从消极方面再到积极方面，逐层深入，条理清晰。谈及做学问，正如文章所说“必须立足事实和根据”，可这些事实和根据都能亲自看到吗？

生：不能。这些事实和根据有的只能靠传说。

师：请一位同学朗读第四自然段，同学们思考三个问题：（1）作者认为对于传说的话应持怎样的观点？（2）本段主要运用哪些理由根据来证明此观点？（3）这些理由根据属于哪种论据类型？

（生读第四段。）

生：我们对于传说的话，不论信不信，都应当经过一番思考，不应当随随便便就信了。

师：也就是得有怀疑精神。作者是怎样阐释怀疑精神的呢？

生：这一番事前的思索、不随便轻信的态度，便是怀疑精神。

师：自由读几遍，记住此处所指的“怀疑精神”。

（生朗读，识记。）

师：为什么对于传说的话要怀疑呢？作者的证据是什么？

生：传说中的“三皇五帝”“腐草为萤”，只要敢于怀疑、追问，这些传说就不攻自破了。这两个证据属于事实论据。

师：接下来，速读第五自然段，同样思考“观点、论据和论据类型”的问题。

（生速读、思考。）

生：对于任何一本书、任何一门学问，作者说都要经过自己的怀疑。

生：作者指出做学问的三个步骤并引用孟子的话，论据类型和第四自然段的不太一样。

师：怎么个不一样法？

生：这里是一些道理吧？

师：对！文章第四、五两段分别运用事例和道理来证明“怀疑是辨伪去妄的必要步骤”。用事实论据来证明论点的方法叫事实论证；用道理论据来证明观点的方法叫道理论证。第四自然段主要运用了事实论证；第五自然段主要运用了道理论证。请同学们做好批注。对于初学论证方法来说，辨析论证方法的步骤可以概括为：①看作者观点；②找理由根据；③辨论据类型；④明论证方法。

（出示卡片，生齐读。）

师：依照以上方法，自学文章第六自然段（明确观点、找理由根据、辨明论据类型和论证方法）。

（生自由朗读，四人一小组讨论。）

生：该部分一上来先概括说怀疑不仅是辨伪去妄的必要步骤，再提出观点怀疑是建设新学说、启迪新发明的基本条件。

生：论证的方法有道理论证，也有事实论证。道理论证是开头部分和结尾部分，中间戴震的例子是事实论证。

师：该部分还运用了正反对比论证。如：对于别人的话，不经过思索……永远不能治学。只有常常怀疑、常常发问的脑筋才能促使人成长……一切学问才会起来。

3. 拓展创新。

师：“古往今来科学上新的发明，哲学上新的理论，美术上新的作风，都是这样产生的。”“这样”指什么？谁能补充一个论证事例（事实论据）？

生：“这样”指抱着怀疑的态度，和书中的学说辩论，评判书中的学说，修正书中的学说。如哥白尼怀疑“地心说”，创立了“日心说”。

生：我国著名数学家华罗庚，在数学领域取得了一个又一个研究成果，就是因为他具有怀疑精神。

师：敢于怀疑、勇于探索，才有了人类的伟大发明，才成就了人类光辉灿烂的文化。可是，做学问不从实际出发胡乱猜疑行吗？文章谈到这一点了吗？请浏览课文，思考一下。

（生浏览思考。）

生：没有。

师：智者千虑，必有一失！顾老1980年去世了。大家可以试着给出版社的编辑去一封信，阐述一下你的这一发现。想一想，说一说，注意书信格式。

（生口头说；师强调书信格式，强调说话要有理有据。）

五、结束全课

莎士比亚说：“书籍是全人类的营养品，生活里没有书籍，就好像没有阳光；智慧里没有书籍，就好像鸟儿没有翅膀。”同学们，多读书吧！

李四光说：“不怀疑不能见真理。”请同学们牢记：学则须疑！

下课。

板书设计：

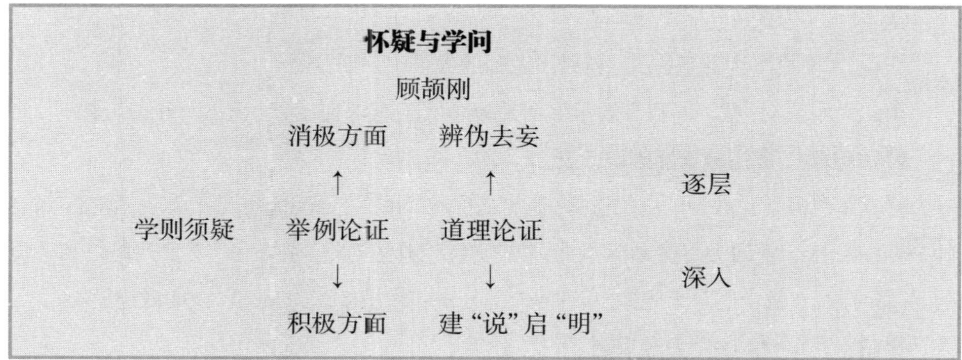

怀疑与学问

顾颉刚

	消极方面	辨伪去妄	
	↑	↑	逐层
学则须疑	举例论证	道理论证	
	↓	↓	深入
	积极方面	建“说”启“明”	

【我教我说】

妙招可言1：学前补偿要基于“学情”。

初三教学内容放在初一学，预估学情并做好“学前补偿”很关键。故拟写短文并做补偿如下：

勤能补拙

梅兰芳年轻的时候，师傅说他生着一双死鱼眼，灰暗、呆滞，根本不是学艺的材料，拒不收留。天资的欠缺没有使梅兰芳灰心，反而使他更加勤奋。梅兰芳每天坚持“飞鸽练眼”。后来，他那双眼睛变得如一泓清泉，熠熠生辉。后来，梅兰芳成了著名的京剧大师。

爱迪生小时候被称为“智力低下的人”，他以顽强的意志勤奋学习，为成为大发明家奠定了基础。

由于勤奋弥补了笨拙并取得巨大成就的人，古往今来举不胜举。

华罗庚说：“勤能补拙是良训，一份辛苦一份才。”俗话说：“笨鸟先飞早入林。”任何人只要肯在“勤”字上下功夫，是可以成大器的。

（1）本文的论点是________________________________。

（2）举例说出本文所运用的论据：________________________________。

妙招可言2：用不用多媒体要看“学情”。

2000年，我第二次参加山东省优质课评选，彼时多媒体已广泛应用于课堂教学。那次赛课，此课例是唯一没使用多媒体却获得一等奖的课。这不是冒险！因为学生学习《怀疑与学问》不需要使用多媒体。

妙招可言3：教学的底气在“学情”。

2000年的这次赛课，允许课前见学生20分钟，当时“学前补偿”部分用去了近10分钟，可学生只读了一遍课文。于是我说：“同学们，明天很多老师来听课，老师好紧张啊！大家得好好帮帮老师！”

学生问：“怎么帮？”

我说：“回家多读几遍课文，就帮了老师的大忙。”

第二天候课时，我了解到有的学生居然读了四五遍课文，顿时我心里有底儿了。

妙招可言4：课堂教学要幽默点儿。

张立军老师是我教学的启蒙恩师，他曾获首届“山东省语文优质课评选”一等奖。张老师一直提醒我：“上课要尽量幽默点儿，别老端着‘师道尊严’的架子。学生兴趣是第一位的。”那时，我在教学上懵懵懂懂，仅在导入部分讲“楚人隐形”的故事，以期激趣导入。

妙招可言5：“妙招”旨在促进“学”。

感知课文采用“听背诵，说观点”的方法，效果妙不可言！老师“背读”课文，学生凝神聆听，学生钦佩老师的记忆力，也越发信服老师！另外，这条“苦肉计”既训练了学生听力，又引导学生整体感知了文本。

《次北固山下》

【写在前面】

此课例是我2003年11月参评山东省教学能手的课。

你觉得这是一堂“以学为主”的课吗？

一、教学设计

熟读成诵，吟咏玩味。

一读，读准字音、节奏；二读，整体感知，读出感情；三读，答疑解惑，理解诗意；四读，赏析妙词佳句；五读，进入诗的意境再创作，绘诗吟诵；六读，谱曲配乐吟唱、玩味。

二、实录摘选

师：诗歌要反复读，仔细品。请同学们闭上眼睛静静地听老师朗读，用你的大脑作摄像机，用心去感受。你能捕捉到哪些景物？诗歌抒写了怎样的感情？

（配古筝曲师动情诵读。）

生：景物有青山、涨潮的江水、船、白帆、海日、游子、春江。

生：抒写了作者的思乡情。

师：接下来同学们反复朗读这首诗，赏析或相互质疑、答疑。诗中有很多地方值得品读：精练生动的字、词、句，真挚感人的思乡情，触景生情的写法等。

（学生先自学，后以小组为单位互相质疑、答疑。）

师：先来质疑，答疑。

生1：诗中为什么说“潮平两岸阔”？

师：你的意思是说——

生1：为什么“潮平”了两岸就“阔”？

师：问了一个生活常识类问题。

（生笑。）

师：谁来帮他解释解释？关键在“潮平”，潮与什么平？

生2：“平”就是潮水与岸相平，潮水上涨与岸相平了。

师：朱自清在《春》一文中写道：“山朗润起来了，水涨起来了，太阳的脸红起来了。”春意融融，春潮涌涨，潮水与岸相平。白居易诗云：“孤山寺北贾亭西，水面初平云脚低。”“平”在这里同样是指湖水上涨与岸相平。

师：“阔”呢？“阔”做何解释？

生3：“阔”就是“开阔”。

生1：“潮平两岸阔”就是说春潮上涨，江水与江岸相平，因而两岸显得格外开阔。

师：一问天下无难事，没想到吧！

生4：“乡书何处达？归雁洛阳边。”“乡书”是谁写给谁的？

师：能具体说说“谁”指的是“谁”吗？

生4（笑）：是家人写给王湾的，还是王湾写给家人的？

生5：我看是王湾写给家人的。“乡书何处达？”“何处达”就是“达何处”，“归雁洛阳边”就是希望北归的大雁啊，把我的家信捎回家乡洛阳吧！

师：作者真写了一封家信？

生5：嗯……

师：《汉书·苏武传》记载：汉代有一位名臣叫苏武，奉命出使匈奴，被匈奴扣留了19年，流放在北海牧羊。汉吏找寻苏武，匈奴单于谎称苏武已死。后来汉吏得到密报，知道苏武没有死，于是也谎称汉天子在上林苑射落了一只大雁，脚上捆着苏武寄来的信。单于无奈，只好放回苏武。“鸿雁传书”，实无此事。

生6：“乡书何处达？归雁洛阳边。”实际上是诗人看到北归的大雁，想起了“鸿雁传书”的故事，想托大雁飞过洛阳的时候，捎去自己对家乡的思念，替自己问候一下家里人。

师：诗有诗的凝练，散文有散文的优美，托大雁捎去问候，思乡之心切，经你这样一描述，情真意切！

生7：为什么说“海日生残夜，江春入旧年”是这首诗中最有名的诗句？

师：就是。我看很多资料上都说这两句是名句。“潮平两岸阔”，春水泱泱，江面开阔。“乡书何处达？归雁洛阳边。”思乡之情何等迫切！写得都很有名啊，为什么说“海日生残夜，江春入旧年”成就了《次北固山下》，《次北固山下》成就了王湾呢？老师也一直在思考。

生8：“海日生残夜”就是说残夜还未退尽，海日就升起了，新的一天就来了。“江春入旧年”就是说旧年还没逝去，江上竟有春意了。这样年复一年，日复一日，日子一天天、一年年地过去。而王湾呢，他回不了家，客游他乡，触景生情，思念家乡。

师：你的推理很严密，也说出了本文主要的写作特色，触景生情。千百年来，诸多游子因种种原因客居他乡——独在异乡为异客，每逢佳节倍思亲。举头望明月，低头思故乡。

从你的回答中，老师也听出了一个不很严密的说法：“残夜还未退尽，海日就升起来了，新的一天就来了。”同学们一起来看这一句，“海日生残夜”哪个“shēng”？

生：“生长”的“生”，“生存”的“生”。

师：就是！怎么不用“旭日东升”的“升”，不用“冉冉升起”的“升”？

生9：“海日生残夜”的“生”是生长的意思，就是说残夜未退，太阳就生长着了，孕育着了。

师：像黑暗里孕育着黎明一样，残夜里生长着海日，将驱走黑暗。

生10：就是，“江春入旧年”的“入”也一样，江春在旧年就生长着了。

师：对，“入”是闯入，江春闯入旧年，将赶走严冬。“海日生残夜，江春入旧年。”这两句诗之所以有名，是因为不仅写景逼真，叙事确切，而且蕴含具有普遍意义的生活哲理，给人乐观、积极、向上的精神力量。“冬天来了，春天还会远吗？”

（生点头。）

生11：我觉得这句诗之所以有名，还因为它不像别的诗那样把乡愁写得悲伤、惆怅，如：“日暮乡关何处是？烟波江上使人愁。”

师：很有道理，它不同于“人有悲欢离合，月有阴晴圆缺”的感慨，更无“烽火连三月，家书抵万金”的愁苦。残夜未尽，海日已生；旧岁未除，江春已至。乐观积极！

……

【我教我说】

妙招可言6：新理念催生“以学为主”的语文新课堂。

新课程要求教师必须树立新的教学理念，诸如：应该树立语言是“习得”的产物的观念；应该树立“教是为了指导学生学（叶圣陶语）”，指导学生发现、探究的观念；应该树立学生是学习和发展的主体的观念，倡导自主、合作、探究的学习方式，等等。[1]

①王德俊、王格奇：《语文新课程教学设计》，辽宁师范大学出版社，2002年版。

可见，教学诗歌务必"以学为主"，以学生读为主。课堂上让学生读得正确、流畅，读得摇头晃脑、有滋有味、声情并茂，方能将学生引入古代诗歌殿堂，体会古代诗歌的凝练、深邃、隽永、典雅。

《毛诗序》中说："咏歌之不足，不知手之舞之，足之蹈之也。"本堂课除了指导学生反复读以外，还引导学生能"歌"则"吟"，善"书（书法）"则"写"，敢"绘"则"画"。

妙招可言7：课堂上放手让学生多学，是迟早要走出的一步。

本堂课，教学主环节设计为"学生谈感受、质疑答疑"。我平生头一回将学生"质疑问难"搬到课堂上。学生在质疑、答疑中享受学习，享受"诗歌"。这一尝试，尝试出了"关注学"和"以学为主"的教学信心。

妙招可言8：和诗以歌，求教学之最佳！

诗歌与音乐、舞蹈是同源的。（朱光潜语）诗歌，其实就是音乐。（曲黎敏语）

读诗成曲，让经典永驻学生心间。为此，谱曲、教唱《次北固山下》成了本堂课最大胆的尝试。曲子是否合乎规范，我至今不得而知。

次北固山下

1=D $\frac{4}{4}$

作词：王湾（唐）
作曲：于立国

(3 5 5 3 1 1 | 2 2 2 - | 1 6 6 - 6 5 6 | 1 - - -) |

3 3 5 3 1 1 - | 2 2 2 1 2 3 - | 5 5 5 1 3 5· 3 |
客路青山外，行舟绿水前。潮平两岸阔，

2 2 2 1 6 2 - | 3 3 3 1 6 6 - | 2 2 2 1 6 5 - |
风正一帆悬。海日生残夜，江春入旧年。

3 5 6 5 6 1· 6 1 | 2 2 2 1 6 5 - | 3 5 6 5 6 1· 6 1 |
乡书何处达？归雁洛阳边。乡书何处达？

2 2 2 - | 1 6 6 - - | 1 - - - ‖
归雁洛阳边。

妙招可言9：让"幽默"泛起课堂"和谐"的涟漪。

示例1：紧张的时候，我选择了笑。

课前见学生，我紧张地站在讲台上傻笑，学生们议论纷纷。

我：同学们在议论什么？

生（在同学们的鼓动下慢慢站起来）：老师，你在笑什么？

我：没笑什么！我笑笑就不紧张了。

生（同情地）：……明天上哪一课？老师让我们好好配合您。

我：上哪一课是明天的事。老师倒是希望能配合好大家！

生（微笑着点头）：明天上课不用带点什么？

我：带啊！带的东西还很多呢！你们手中的课本、手中的笔、活跃的大脑和快乐的心！

（生笑。）

示例2：不失时机地幽默一把。

生："乡书何处达？归雁洛阳边。""乡书"是谁写给谁的？

我：能具体说说"谁"是指的"谁"吗？

（生笑。）

生：是家人写给王湾的，还是王湾写给家人的？

1.2 我的课堂"1992~2007"

【写在前面】

以下内容，根据我在2007年山东省中语会年会上的发言稿整理而成。

你有类似的教学经历吗？

实践篇

我已在语文教学与研究的岗位上走过15个春秋（自2004年起做市初中语文教研员）。

一、在困惑中彳亍前行

"不识语文真面目，只缘身在语文中。"

1. 为取得高分而苦"教"、苦"学"。

1992年中师毕业后，我被分配到牟汶河边上一个美丽的乡村中学——颜庄中学。

1992年到1995年那段时间，国家各学科"标准化试题"盛行。语文期末通考，都是25个选择题（50分）+主观题（文言和现代文阅读20分）+作文(50分)。我们那些初出茅庐、无教学经验的年轻教师，靠强化训练的办法（尤其重视演练"选择题"），"逼"着学生考高分，老师、学生"苦苦挣扎"……

2. 为学生乐学而求索。

1995年，我调入莱芜市实验中学，这是所教学底蕴丰厚的学校。从此，原先"压制"学生的那套考高分的办法不好使了。幸好在那里我遇到了从教以来的第一位恩师——张立军老师。张老师曾获得过首届"山东省优质课评选"一等奖。他教给我许多语文教学的"雕虫小技"。张老师喜欢称那些课堂教学行之有效的"妙招"为"雕虫小技"。

略举一例。1996年我冲出学校参加区里的优质课评选，课题是《得道多助，失道寡助》。我依着文言文阅读教学"自学读懂——点拨识记——熟读成诵"的目标教学模式，设计了课堂教学。张老师看后很满意，且支我一"雕虫小技"：用上小黑板（当时用小黑板出示教学目标很时髦），小黑板一面是隐去关键句来提示学生背诵的"背诵提纲"，一面是"文言词句积累卡"范例。估计是因这"雕虫小技"，我的课在区里才独占鳌头。

张老师经常指导我说："教语文一定要让学生感兴趣。"现在想来，张老师手把手教给我的那些"雕虫小技"，主要是为了唤起学生的语文学习兴趣。平时教学，我也时常找张老师去学些"雕虫小技"。另外，为了提高学生的语文学习兴趣，还组织朗诵比赛、作文比赛、演讲比赛，组织编演课本剧等。

3. 为了教好学而研究。

教不研则浅。1986年以来，山东省各地掀起了群众性的目标教学改革。1995年调入莱芜实验中学后，我投身到教学研究中，参与了"单元达标教学实验""目标教学实验"等研究，从改革课堂教学入手，利用两年时间，于1997年摸索整理了语文各文体阅读"目标教学模式"。

记叙文：找要素——析事件——研人物——结主题

说明文：抓特征——理结构——析方法——研语言

议论文：找论点、论据——析论证方法——研论证过程——品议论语言

散文：抓线索——理结构——析选材——研表达——悟感情

小说：理情节——析人物——探背景——结主题

文言文：自学读懂——点拨识记（文言词汇）——熟读成诵

努力探索，躬身实践，我的这些研究和课堂教学得到认可。1998年暑假，在山东省第三届高质量实施九年义务教育实验与研究研讨会上，我执教了公开课——《死海不死》。

4. 为了"语文"，改，改！改！！

在感觉教学步入正途，稍微可以松口气的时候，20世纪末关于语文教育的大讨论，又让我陷入困境，甚至是绝境。

1997年《北京文学》第11期在"世纪观察"栏目中发表了三篇文章，摘录如下：

过元旦时女儿的语文作业，有一项是把综合练习作业本重抄一遍，从题到答案一字不落地抄，大概有一万来字。此为三项作业中的一项，女儿学会了熬夜，元旦那天写到凌晨3点。女儿六年级。

——《女儿的作业》邹静之

语文教学的重要环节——作文教学中，也有些令人不可思议的怪招；至于议论文的作文教学，则完全是公式化、教条化的。课文分析是本着“教参”上说的“提出问题——分析问题——解决问题”这条“著名”公式来教的（教材中选的课文几乎都可以纳入这个套路），初中这样教，高中也这样教，一以贯之，我戏称为“三股文”，比科举时代的“八股文”更厉害……

但我深深感到，中国的中学语文教育实在到了非改革不可的地步了，不然，不知还要祸害多少代人……

——《中学语文教学手记》王丽

教师在分析完思想主题之后，才会附加地分析一下它的艺术特征——那是陈年老调、千人一面的东西，什么地方都用得上，叫作语言流畅、结构严谨、刻画细腻、以情动人，还有夹叙夹议；比喻啦、排比啦、象征啦……文学教育给我们的文学性就是这些。那么，思想性就会分析得很好吗？更糟！有一个全国通用的句式，通用于每一篇作品：本文通过什么什么，叙述了什么什么，表达了什么什么，反映了什么什么，揭示了什么什么，赞美了什么什么，抨击了什么什么，完了……

——《文学教育的悲哀》薛毅

随后，《文艺报》《中国青年报》《羊城晚报》《新民晚报》和《中华读书报》等诸多媒体纷纷转载和评论。12月4日，《北京文学》又召开了“忧思中国语文教育”研讨会，进一步讨论了语文教育存在的问题。12 月13日的《文艺报》在头版发表了会议综述，引题是“应试应到何时”，正题为“语文教育议论纷纷”，同时还发表了吴维的文章《我不同意这样评价中学语文教学》，意在引起争鸣和讨论，从而引发了20世纪末语文教育问题的讨论。

“少、慢、差、费”“误尽苍生”“语文教育是制约素质教育的罪魁祸首”等呼声也时常钻进耳朵，震颤耳鼓！

改，改！改！！1998年，在烟台市“大量读写，双轨训练”语文教学实验和高密一中“语文实验室计划”的影响下，我开始了“中学语文素质教育教学改革实验与研究”。

研究概况摘录如下：

教学内容：语文课本、语文活动和写作。

课时划分：阅读课3课时，语文活动课2课时，写作课2课时。

课型设计：解读课、活动课、作文课。

解读课，以落实“单元目标教学”为主，依据各文体“目标教学模式”实施教学。

语文活动课，含大阅读课、欣赏课和语文实践活动课（间周进行）。大阅读课：定书目，定时间，定地点，组织学生搞好课外阅读。欣赏课（时文赏读课）：挖掘课文美点，以读代析，引导学生感悟美；设计审美议题，寻找审美点，诱发学生审美体验；联系生活和写作，启迪学生发现美、讴歌美。

语文活动课，组织实施教材（原人教大纲版）附录中的语文活动，如语文知识抢答竞赛、成语故事比赛、古典诗歌背诵比赛、普通话演讲比赛、社会采访写作等。

作文课，因学生写作兴趣源于写作后的成就感，采取了自评作文、班内展览、年级交流的办法，设计教学环节为“习作选萃——榜上有名”“七嘴八舌——互评互学”“众里寻他——佳作亮相”“欣赏玩味——共同进步”，以此实施作文教学改革。

2000年，该实验报告《“中学语文素质教育教学改革”初探》获山东省新时期以来优秀教改成果奖。通过实验，学生语文能力提高了，学习热情增长了，审美情趣、道德情操得到提升。

二、新课程款款走来

1998年，我再次获得莱芜市语文优质课评选一等奖第一名。因1996年参加过省赛，领导叫我把1998年这次参加省赛的机会让了出去。2000年，我第三次杀出重围夺得市优质课评选一等奖第一名。这次，领导欣然应允我第二次参加省优质课评选。最终如愿以偿，我获得了山东省优质课评选一等奖。这堂获一等奖的省优课就是开篇课例——《怀疑与学问》。

这堂课，着实让我“美”了好长一段时间。我常翻看教学录像，孤芳自赏，得意扬扬。课堂流程烙在心里：导入激趣——交代目标——学前测评——教学新课——梳理小结——质疑创新——收束全课，教学环环相扣，有条不紊，层层推进。核心环节巧妙地安排了：听读——说出论点，浏览——理清层次，精读——辨明方法，研读——合作自学四个步骤。教学中整理出“辨明论证方法的方法”：看作者观点→找理由根据→辨论据类型→明论证方法。教学有梯度、教方法、重过程，深感获得省一等奖，乃名副其实！

然而，2001年春天教学《听潮》（作者鲁彦）一课后，我再次陷入了前所未有的教学困惑中……

跟往常一样，教学《听潮》时我选取了钢琴名曲《致爱丽斯》配乐范读“海睡图”部分，沉浸在温馨典雅、优美悦耳的音乐中，徜徉在鲁彦笔下落潮时海的静谧中，自我陶醉地读着……读完，赢得了学生的掌声。

可就在这时，班上张静同学举手说：“朗读‘海睡图’一部分，配上古典名曲《春江花月夜》更好。”张静还想试试。我让张静配乐曲《春江花月夜》试读了“海睡图”：

海在我们脚下沉吟着，诗人一般。那声音仿佛是朦胧的月光和玫瑰的晨雾那样温柔；又像是情人的蜜语那样芳醇；低低地，轻轻地，像微风拂过琴弦；像落花飘零在水上。

海睡熟了。

大小的岛拥抱着，偎依着，也静静地恍惚入了梦乡……

学生掌声雷动。我便让学生为我和张静的朗读以及所配乐曲投票，以分伯仲。结果，张静以明显的优势获胜！我不服气！决定要学生课下探究：配乐朗诵“海睡图”部分，钢琴曲《致爱丽斯》和古典名曲《春江花月夜》哪支曲子更好！

学生的探究结果叫我兴奋不已：

朗读落潮“海睡图”部分，配上《春江花月夜》更好。理由是：古典名曲《春江花月夜》中有“江楼钟鼓”“月上东山”“风回曲水”“花影层台”“水深云际”五乐段，这五乐段呈现出优美如歌、和平委婉、夜色朦胧、江清月白、江风吹拂、流水回荡、江天一色、轻柔透明的主题，与落潮时海的和平幽静、愉悦甜美、缥缈显豁、温柔而又极富诗情画意相映成趣。

学生主动地这一试，试出了近十年来令我最欣慰的课！

我思绪万千！

于是，我怀疑起那余味悠长的《怀疑与学问》来了：教学中环环相扣的环节和充分预设的问题，不正像一个个陷阱在诱使学生往里跳吗？学生是被牵着鼻子走的“主人”？……

2003年秋季，莱芜最后一批进入新课改。新概念、新理念、新课堂，如雨后春笋，生机盎然！对我影响最深的是山东省教研室（现为山东省教育科学研究院）张伟忠老师主持的课题《初中语文以学为主教学实验研究》。张老师提出了“先学后教、以学定教、多学少教、以学论教”的语文课堂教学基本原则。我将此原则植根于课堂教学，学生开始逐渐成为语文学习的真正主人。

2003年11月参加山东省教学能手评选，我执教王湾的《次北固山下》（见前文），坚决贯彻“以学为主”的理念，教学效果显著。

思考篇

2004年7月5日，通过逐层考核选拔，我竞聘做了市初中语文教研员，开始了久已渴慕的语文教研工作。此后，在山东省教研室张伟忠老师的引领下，我走进课堂看教学，走出课堂看语文，潜心研究思考起语文来。

如果说教研员是一棵树的话，那么语文教学便是水分和土壤，离开了水分，树就枯萎死亡。为此，“能为语文老师做点什么”成为我的“教研宗旨”。

转眼3年过去了。其间，我们着力改变新课改以来课堂教学的新问题，如讨论泛滥、拓展宽泛、多元解读缺少价值取向、写作教学过于随意以及综合性学习盲目等。我决心做一名思想者，想用自己的学习、反思，和老师们一起澄清语文教学的“是是非非”，摘录如下：

其一：语文学科及其教学应该面对活生生的言语世界，还是应该面对从中抽取出来的语言形式系统？

我们错把语言形式系统的知识与技能当成了培养学生语文能力的法宝。这种错位就像有人只选择各种提纯的营养素而拒绝美味佳肴一样愚蠢。

在语文教学中，教师的传授、分析和讲解是学生学习的理性途径，而学生的朗读、默读、体味和抄写则是学生学习语文的感性途径。这也是一对矛盾。理性途径得到的是对言语意义或写作方法、特点等的认识，而不是言语本身。感性途径得到的是言语本身，学到的是语文，形成的是语感。

中学生要学的是言语本身，要不断丰富发展自己的语汇系统与本体语法系统。任何听说读写活动，起作用的是语感，即语言的直觉。人们不能一边想语法、想文章作法去说话、学写文章。①

其二：学生三个月不听语文课，没什么了不起！用一本《红楼梦》就能教好语文！

一般教师绝不可能用一本《红楼梦》就能教好语文；学生不会三个月不听语文课，在语文学习上不会感到有什么缺憾和损失。

教本教本，教学之本，“用什么教”规定着“教什么”乃至“怎么教”。我们承认“教材无非是个例子”，但一般语文教师先要教学生学好课本这个例子。

其三：“秋天到了，树叶究竟是黄了，还是落了？”不是说“语文学习的外延和生活的外延相等”，怎么又说“这节语文课不像语文课、不是语文课”？不是说淡化文体，怎么又说语文老师把学生教得写作文“四不像”了？

秋天到了，树叶有的黄了，有的落了。学生答“秋天到了，树叶落了”，“判学生答错”的错误，不要让一线教师独自担当，否则太不公平。“不像语文课”“不是语文课”“作文四不像”的问题，最好我们语文人共同承担，共同改进！

其四：语文教学是“语言的”，“言语的”，还是“话语的”？语文到底解读为“语言文学”，“语言文字”，“语言文章”，还是“语言文化”？

语文学科只能通过学习典型言语即范文，形成良好的、丰富的符合本体语法的语感；通过言语活动培养运用语言的能力；通过言语习得与训练来掌握语言，这是语文教学的基本规律。②

李海林的专著《言语教学论》的基本观点：语言≠言语，语文≠语言，语文=言语；言语具有人文性。③

---

①②王德俊、王格奇：《语文新课程教学设计》，辽宁师范大学出版社，2002年版。

③李海林：《言语教学论》，上海教育出版社，2000版。

叶圣陶先生说："一九四九年改用'语文'这个名称，因为这门功课是学习运用语言的本领的，为什么不叫'语言'呢？口头说的是'语'，笔下写的是'文'，二者手段不同，其实是一回事。功课不叫'语言'，而叫'语文'，表明口头语言和书面语言都要在这门功课里学习的意思。'语文'这个名称并不是把过去的'国语'和'国文'合并起来，也不是'语'指语言，'文'指文学（虽然教材里有不少文学作品）。"①

其五：夏丏尊认为，表达之道即为思想之道。于是有人提出：语言形式就是思维形式，表达技巧就是思想技巧；人因精神而伟大，文章因内容而精彩；人品决定文品；一个人能不能说，能不能写，是否说得好、写得好，取决于他认知领域的大小、认识程度的深浅、精神境界的高低，取决于他是否真诚，是否有表达的智慧和欲望，是否有良知和责任心，决不是取决于他所掌握的"技巧"。作文就这么简单！

作文和作文教学看上去简单！但从一线教学来说，我们的作文教学需要科学理论下的序列，更需要作文教学课程。有了这些，老师们会感恩戴德的。

其六：新课改后，就语文阅读教学而言，需不需要让教师拥有一个明晰的目标体系的东西？

叶圣陶先生曾指出，现在大家都说学生的语文程度不够，推究起来，原因是多方面的。语文教学还没有形成一个周密的体系，恐怕是多种原因之中相当重要的一个……语文课到底包含哪些具体内容；要训练学生的到底有哪些项目，这些项目的先后次序该怎么样，反复和交叉又该怎么样；学生每个学期必须达到什么程度，毕业的时候必须掌握什么样的本领……②

那么，新课改怎么把我们语文教学的"体系"给"革除"了呢？

刘国正先生认为，语文教学有其应该统一的一面，即全国要有通用的教学大纲和教材，但也有不应该强求统一的方面，那就是语文教学的科学研究和实验。全国范围内有一个共同的，至少是大体一致的标准，才能不纷乱；在统一之中有不统一，才能不僵化，统一的东西也才能不断得到改善和提高。

梳理2007年的稿件，感觉是"蚍蜉撼树"！唯袁枚的"苔花如米小，也学牡丹开"慰藉了我，鼓励了我。

---

①②叶圣陶：《好读书而求甚解——叶圣陶谈阅读》，开明出版社，2017年版。

第二节　基于主题单元的课堂教学

2.1　课例展示

《联想与想象》

【写在前面】

此课例2008年设计使用，被录选为“2012年山东省远程研修示范课例”。

语文教学要“见树木，见森林”，并且要“先见森林，再见树木”。你觉得呢?

主题单元教学设计

本主题单元为鲁教版初中语文六年级上册第五单元。这个单元的课文都是想象极为丰富的作品。作者以种种奇思妙想描绘出一个个亦真亦幻的世界，令人惊叹，引人遐想。

其中，有童话《皇帝的新装》和《盲孩子和他的影子》；有神话《女娲造人》；有郭沫若的两首诗歌《天上的街市》和《静夜》；有寓言《〈伊索寓言〉两则》和《古代寓言两则》。另外，依据教学需要可补充《0的断想》《水的联想》《人类起源的传说》等想象丰富的文章；可推荐阅读《安徒生童话》《伊索寓言》《格林童话》《西游记》和《格列佛游记》等著作。

学习此单元，要激活想象力，并联系生活体验，深入理解课文。要继续学习朗读和默读。比较长的文章，可以先默读，再朗读。默读便于快速了解主要内容。朗读，要读准语气，并注意体会字里行间的思想感情。通过本主题单元的学习要能区分联想、想象，能说出某作品中联想和想象的表达效果，能运用联想和想象进行改写或扩写练习，完成一次600字以上习作。

教学重难点：通过默读、朗读文本，认识、感悟并学习运用联想与想象。

“联想与想象”主题单元教学设计思维导图附图见下页。

【我教我说】

妙招可言10：课堂教学，要置于主题单元的“场”中。

自2006年起，我在做教研员期间带领市学科骨干教师研究编写了初中语文“五四学制”鲁教版“六上”至“九下”（共八册）各主题单元的教学设计，引领教师将读、写有机整合，将精读、略读篇目有机整合。此设计既重视语文主题单元教学的整体性，又落实课堂教学的目标化、序列化，规范了单元教学内容，分解了单元教学目标。这样，既实现了课堂教学因材设标、目标明确，又减少了课堂教学目标、内容的交叉重复，以便于腾出时间围绕“主题单元学习”，强化“大量阅读”。此举使得我市语文课堂教学更有计划、有层次、有序列。

“基于主题单元”的课堂教学，让语文教学见树木，更见森林。

妙招可言11：用思维导图优化基于主题单元的教学设计。

2012年“山东省远程研修”推出基于思维导图的主题单元教学设计，极大地促进了主题单元教学。“思维导图”将思维引向发散，将基于主题单元的教学设计引向深入，提高了设计的准确性、发散性、条理性、序列性和逻辑性。

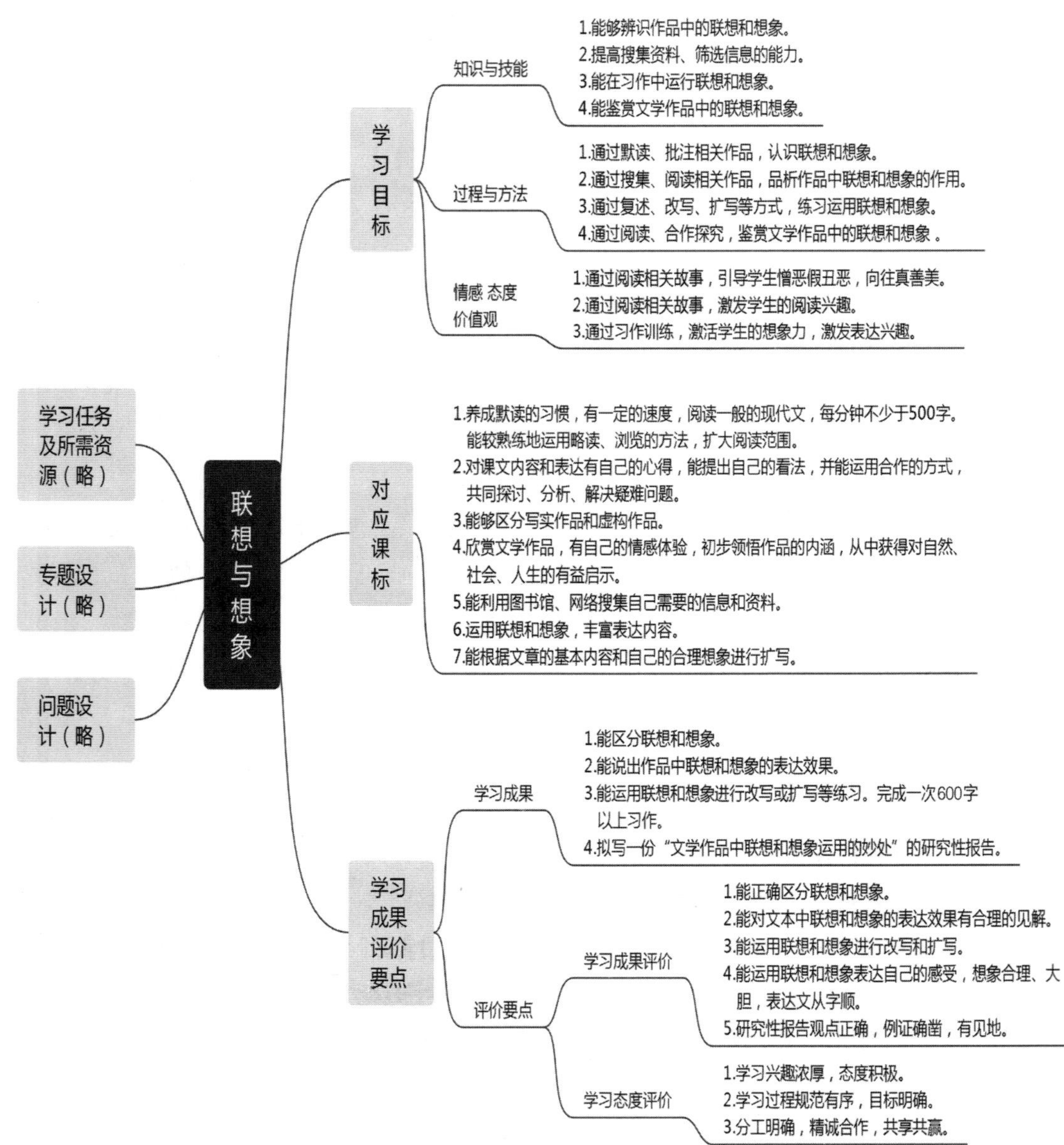

2.2 无惧“非难”

【写在前面】

以下内容，根据我在2008年莱芜市初中语文教学培训会上的发言稿整理而成。

你是如何看待过去或当下针对语文教学的形形色色的“非难”的？

莫为浮云遮望眼

现实喜欢捉弄人。语文教学，想说爱她不容易。

2001年6月，经国务院批准，教育部颁发了《基础教育课程改革纲要（试行）》；2001年7月，教育部颁布了各科全日制义务教育课程标准，与新课程配套的新教材也先后出版。新课程于2001年秋季在全国38个国家级实验区进行实验。至2005年秋季义务教育新课程实验区扩大到100%，我国小学、初中起始年级全部进入新课程。

随着新课程的全面实施，语文教学又出现诸多“新问题”。有网友提出了相关语文教学的所谓“不明白的问题”。在一次培训会上，培训者引用了这些问题来“非难”语文。对这些“非难”，我做了很长时间的思索。

被引用的“网友不明白的问题一”：一个人的语文素养是很容易被别人了解的，看他写个东西、听他说几句话，大致上就有点数了；如果能进一步了解到他喜欢读什么书、又是怎么读的，那基本上就很清楚了。如此简单明了的事情到了语文高考中怎么就变得那么复杂起来了呢？（似说出了语文教师肺腑之言，与会教师首次鼓掌！）

张志公先生早就说过：“几乎可以断言，能够写好一段，一定能写好一篇；反之，连一段话也说不利落，一整篇就必然更加夹缠不清。”

莫非望此文，生彼义？

泱泱大国，每年近千万考生，“让学生说几句话”较之高考复杂多少倍？所谓“了解喜欢读什么书，又是怎么读的”，又如何去了解呢？

我们若能这样追问，一切虚妄的“非难”便不攻自破了。

被引用的“网友不明白的问题二”：语言是人类交际的工具，母语是人的第一素质，如此重要的学科在中学各科中却始终处于陪衬的地位，学校不重视，学生没有兴趣，教师无可奈何，究竟是为哪般？（“高山流水遇知音，彩云追月得知己”，会场上教师首次欢呼！）

以偏概全，奈何欢呼？

学校不重视？阁下，调查过吗？

学生没兴趣？于漪、钱梦龙、宁鸿彬、魏书生、余映潮、李吉林、程翔……他们哪位不

让学生在课堂上如坐春风、如沐春雨？怎么要责问“学生没有兴趣”？

我们若能这样追问，一切虚妄的“非难”便不攻自破了。

被引用的“网友不明白的问题三”：学生学了十几年语文，又是自己的母语，怎么到头来，语文素养还是那么寒碜，语文能力还是那么低下——字写得东倒西歪，话说得磕磕绊绊，书不肯读，文章不会写……（教师哑然，会场出奇地静，莫非此“高人”之点穴大法正中与会语文老师之“死穴”？）

我想高呼！我要现身说法！我呼吁会场的同人喝倒彩、鼓倒掌！

就我市来看，学生字写得工整！话说得流畅！书读得认真！文章也写得文采斐然！

沉默是一种肯定！呜呼！无法可想！

被引用的“网友不明白的问题四”：语文应该怎么学？多读多思考，多说多练笔，就是这么简单，哪有那么多高深的理论。（掌声再起！此“高人”似乎觉得掌声还可以再热烈些，又将此条重复一遍！与会老师果真又报以更加热烈的掌声！）

多读，读什么？多思考，思考什么？多说和多练笔也是这样！“师傅领进门，修行在个人”，道理是简单的！师傅怎样把学生领进门？这是很值得研究的。不要对语文“轻描淡写”，更不要“非难”语文。

被引用的“网友不明白的问题五”：语文应该怎么教？想方设法让学生多读多思考、多说多练笔，仅此而已，哪有那么多故弄玄虚的东西！（掌声热烈，盖过上次。愚以为此问题与上一问题雷同，被掰成两个，是为了凑八个问题。）

如果把“想方设法”看成是“故弄玄虚”，就会缩手缩脚，停滞不前；如果大搞“故弄玄虚”，就只会贻害后人。一线教师是没有时间去故弄玄虚的，那些“故弄玄虚”者让他“玄之又玄”去吧。

被引用的“网友不明白的问题六”：语文应该怎么考？几篇文章阅读、一篇作文，足以考出一个人的语文素养和能力，要那么多花花哨哨的东西干什么？（掌声热烈，又盖过上次。）

首先肯定的是：不考是不行的。那么，此问题和“问题一”自相矛盾；再者，什么算是“花花哨哨的东西”呢？

是不言而喻？是心有灵犀？都不是吧！掌声因何而起？

被引用的“网友不明白的问题七”：语文教学和考试沸沸扬扬改革了20多年，除了把教师改得越来越不会教，把学生改得越来越不想学，把青少年的人文素养改得一代不如一代，还改出了什么呢？（掌声热烈，更盖过上次，少部分人起立鼓掌！）

全国上下20余年里在做“傻事”？举国皆“昏”而君独“醒”？

以其“昏昏”，使人昏昏呀！

怎么会有如潮的掌声，乃至起立鼓起掌来呢？大家在一起否定什么呢？

被引用的“网友不明白的问题八”：以上问题无不清清楚楚明明白白真真切切，怎么就好像大家都约好了似的一起犯糊涂，还犯得津津有味？（与会的多数人起立，震耳的掌声，但无酒醉似的喝彩声！）

将“清清楚楚明明白白真真切切”加上标点好不好？

这困惑，这转引，这“震耳的掌声”，叫人义愤填膺！

我真想重登讲台，去找寻我心目中的“语文教学之桃花源”。

风物长宜放眼量

从事语文教学和研究以来，一路风雨，一路坎坷。新课改后，我们要将新理念和旧做法有机融合，确保日常教学和研究不另起炉灶，不左右摇摆，亦不随波逐流。

一、守住基于主题单元的课堂教学

新课改以来，我们在教学和研究实践中将每篇课文、每堂课置于一个单元；将每个单元的教学置于一册教科书；将每册教科书的教学置于一个学期；将每个学期的教学置于整个初中学段。理念越来越明晰，做法越来越坚定。每一堂语文课，都得以在“主题单元”的“场”中思考、设计、实施、评价，其价值才能有效显现。

“基于主题单元”实施语文课堂教学，是语文教学的必然规律。从叶圣陶、夏丏尊的《国文百八课》，到新中国成立以来不同时期的教科书，尽管“主题单元”的内涵外延不尽相同，但其编排都是以“主题单元”为基本单位的。“主题单元”构成了语文教科书内容编排的基本单位，也是语文课堂教学设计的基本“场”。

二、守住“目标有序”的语文教学

语文新课标指出：“课程目标根据知识和能力、过程和方法、情感态度和价值观三个维度设计。三个方面相互渗透，融为一体，注重语文素养的整体提高。各个学段互相联系，螺旋上升，最终全面达成总目标。”

由此可见，目前课堂教学必须有明确的教学目标（含知识目标），一册书要有一册书的教学目标，一个单元要有一个单元的教学目标，每一堂课也要有每一堂课的教学目标。学生语文素养的提高和语文能力的培养有它的层次性和规律性。

新课标语文教科书在编排的时候，强调不以知识的系统性来编排，而“以语文与生活的联系为编排线索”。但是，“这套教材的阅读部分的编排，外在线索是语文与生活的联系，内在线索是学生阅读能力的发展。每个单元阅读专题的设计，两条线索是紧密配合、相辅相成的。全套书的阅读部分，从外在线索说，是由浅入深，从简单到复杂，从容易到繁难。从内在线索说，大致分为三个阶段：七年级上、下两册为第一阶段，侧重培养一般的阅读能力，比如把握文意、理清思路、体验情境、揣摩语言、筛选信息、质疑问难、发表见解、作出评价等；八年级上、下为第二阶段，在第一阶段的基础上，结合记叙文、说明文、抒情文的文体、语言特点，培养阅读记叙文、说明文、抒情文的能力；九年级上、下为第三阶段，在前面两个阶段的基础上，结合文学作品和议论文的文体、语言特点，培养欣赏文学作品和阅读议论文的能力。可以看出，在内在线索上，也是由易到难、由浅入深的。"①

每一册书的每一单元，每一单元的每堂课，都要有具体明晰的教学目标，而且这些目标要形成序列。自2004年应聘到教研室，我和全市语文骨干教师团队经过两年多的努力，2006年我们拟定了《莱芜市初中语文教学与研究十一五规划》，研制出了初中语文八册教材的"主题单元"教学设计（共四十个），落实了我市语文教学的"三化目标"（即阅读教学目标化、作文教学系列化、综合性学习语文化）。

莱芜语文课堂教学风生水起，不约而至的"非难"动摇不了我们。

①顾振彪：《义务教育课程标准实验教科书语文（七~九年级）介绍》，人民教育出版社。

第三节　基于"自能阅读"的课堂教学

3.1　课例展示

《敬业与乐业》

【写在前面】

此案例于2010年设计使用。"自能"是"自主、自觉、能动、能够"的意思。

该案例是如何落实"自能阅读"理念的？

【导入】

上海中华职业学校，是中国近现代史上以试验、总结、推广职业教育而著称的一所中等专业学校。该校1918年5月由黄炎培发起的中华职业教育社创办。学校以黄炎培提出的"敬业乐群"为校训，提倡"手脑并用""双手万能"，注重理论联系实际，重视生产劳动实习和职业道德训练，强调教育与社会联系，有优良的传统和校风。

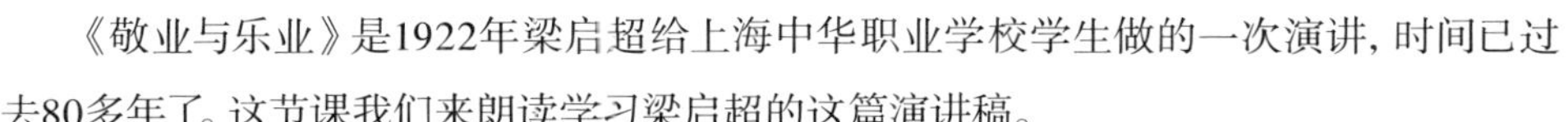

《敬业与乐业》是1922年梁启超给上海中华职业学校学生做的一次演讲，时间已过去80多年了。这节课我们来朗读学习梁启超的这篇演讲稿。

【自主学习】

1. 不求甚解感知法（写一句话体会）。

（1）自由朗读课文，跳过不认识的字、不能理解的词（只批注出来：字圈起来，词用短横线画下来），感知文章。

（2）读完后，根据文本内容写下你感知到的。

（3）文章最后一段说"我深信人类合理的生活总该如此"，人类合理的生活是怎样的？

2. 扫清障碍通意法（利用工具书，联系上下文解决字词）。

对照注释、借助工具书，解决圈点、勾画出的生字词。

3. 速读浏览梳理法（梳理行文脉络）。

用斜杠理清文章脉络。

行文脉络用"/"标出各部分；用"//""///"标出渐次层次；分到"///"（第三层），感悟演讲类文章论述的层次性和内在逻辑性。

4. 刨根问底质疑法（提出自己最想问的问题）。

提出自己的疑问。讨论、互答。

5. 咬文嚼字赏读法（在阅读中感悟文字的表现力）。

(1)辨析论证方法。

(2)赏读演讲的口语特色：如话家常、通俗亲切。

(3)赏读古籍名句。

(4)赏读“关注观众”的演讲语言。

6. 攻其一隅悟读法(就文章论证方法，通过课后练习巩固、提高)。

7. 选段背诵积累法(背诵文中的名言警句)。

【我教我说】

妙招可言12：基于“自能阅读”的课堂教学，凸显了学生的“学”。

基于“自能阅读”的课堂教学，解放了教师“教”，成就了学生“学”。议论类、说明类文本，文体特征明显，解读有规律可循。循着“自能阅读”的方法、策略，能极大地提高学生语文学习效率。此方法、策略适用于文体特征明显的阅读文本。

群文阅读

【写在前面】

此案例于2010年设计使用。《我的第一本书》《列夫·托尔斯泰》《再塑生命》，编排在鲁教版初中语文八年级下册第一单元。《我的第一本书》《列夫·托尔斯泰》为略读课文，《再塑生命》为精读课文。基于主题单元和自能阅读，设计了此“群文阅读”课例。共需三课时，自主学习两课时，展示交流一课时。

你觉得基于“自能阅读”的群文阅读教学，最大优势是什么？

一、自主学习

自主学习《我的第一本书》《列夫·托尔斯泰》《再塑生命》。

(一)基础任务。

1. 朗读三篇课文，圈画出生字、生词，做到能读写、会解释。

2. 浏览三篇课文，选择其中一篇完成：画出描写人物的句子，区分外貌、语言、动作、心理描写并体会其表达作用。

3. 背诵积累300字(每课100字)。

4. 思考：如何写好一个人？

(二)任选一题(或自拟题目)，结合文本内容学写现代诗，不少于10行。

1.《写给牛汉》。

2.《致列夫·托尔斯泰》。

3.《献给莎莉文老师》。

二、课堂展示

1. 以小组为单位展示“基础任务”部分。

2. 将写好的诗歌誊抄在作文稿纸上待展评。

【我教我说】

妙招可言13：基于主题单元的“自能阅读”，能有效助推群文阅读。

用基于主题单元的“自能阅读”理念设计、实施群文阅读，极大地提高了群文阅读教学效果。在学生自主阅读这三篇文章后，为诊断学生文本解读情况而设计的“学写现代诗”之类的活动任务，能极大提高学生学习兴趣和学习效率。

3.2 以学为主，自能阅读

【写在前面】

2004年7月5日至2010年2月1日（农历2009年腊月十八），我在市教研室做初中语文教研员，与全市语文老师齐心协力研究我们的“本色语文”教学。其间，先后制订了《莱芜市初中语文教学与研究十一五规划》，实施了“莱芜市初中语文教学‘三化目标’”建设，强化了基于主题单元、基于自能阅读等课堂教学研究与实践，教学与研究从教师的“教”逐渐转向学生的“学”。

你所理解的语文教学之本色是什么？

语文教学之本色

语文教学之“本色”，重点在于对语文“教与学的规律”的遵从。语文教学就得研究“教的规律”，逐渐培养“教的习惯”；按规律教，必定遵从“学的规律”；遵从“学的规律”，必定能培养学生好的语文学习习惯；有了语文学习的好习惯，学生语文能力、人文素养的提高就会水到渠成。

比如，对语文教学内容确立的规律研究。就“语文教学内容”而言，同时面对两个问题：第一，针对具体情境中的这一班学生乃至这一组、这一个学生，为使他们或他更有效地达成既定的课程目标，“实际上需要教什么”？第二，为使具体情境中的这一班学生乃至这一组、这一个学生能更好地掌握既定的课程内容，“实际上最好用什么去教”？①

①王荣生等：《语文教学内容重构》，上海教育出版社，2007年9月版。

这两个问题如果体现在课堂教学中，就是教师“实际在教什么”“事实上用什么去教的”。如果落实到学生的学习，则可以集中到一个问题，即学生“实际在学什么”。这些规律是“确立教学内容”所必须遵循的。

语文教学之“本色”，重点在于“简”。简简单单教语文，要紧扣“一个中心”，抓住“两个基本点”，落实“三化目标”，立足“四个落脚点”，突出“五个关键词”，研究并遵循“语文”教与学的规律。

一个中心：一切以培养学生语文学习习惯和对母语的热爱为中心。

两个基本点：研究培养教师遵循规律教的习惯；研究培养学生遵循规律学的习惯。

三化目标：阅读教学目标化、作文教学系列化、综合性学习语文化。

四个落脚点：语文教材、国学名著、课堂教学、日常生活。

五个关键词：人本、文本、规律、有效、个性。

自能阅读

叶圣陶说：“在课堂里教语文，最终目的是达到‘不需要教’，使学生养成一种能力，不待教师教，自己能阅读。学生将来要经常阅读，老师能经常跟在他们背后吗？因此，一边教，一边要逐渐为‘不需要教’打基础。打基础的办法，也就是不要让学生只是被动地听讲，而要想方设法引导他们在听讲的时候自觉地动脑筋。”①

“以学为主，自能阅读”的本色语文研究与实践，旨在通过语文阅读教学主体的改变，引领学生逐步养成良好的母语学习习惯，做到“自能阅读”。“自能阅读”要求在教学实践中，切实培养学生“把自己读进去，把感受、疑问读出来”的阅读习惯，严格落实“先学后教，以学定教，多学少教，以学论教”的“以学为主”的课堂教学原则，努力实现语文课堂教学“让学生学得更好，让学生更好地学”的价值追求。

我们对“自能阅读”实施策略的研究，尚处于起始阶段，处于研究一般阅读方法的阶段，即为“不需要教”打基础的阶段，基本策略如下。

1. 以学为主，“精读（篇目）”读精，熟能习得——把教师从讲授中解放出来，在精读过程中培养学生的“语感”和阅读习惯。

自能“精读”策略：

（1）不求甚解感知法（写出感受体会）；

（2）扫清障碍通意法（圈点字词，自主解决）；

①叶圣陶：《好读书而求甚解——叶圣陶谈阅读》，开明出版社，2017年版。

(3) 速读浏览梳理法（梳理行文脉络）；

(4) 刨根问底质疑法（提出最想问的问题并讨论解决）；

(5) 咬文嚼字赏读法（在阅读中感悟文字表现力）；

(6) 攻其一隅悟读法（赏读体悟语言特色）；

(7) 选段背诵积累法（选择语段背诵积累）。

2. 整合教材，分层教学，破其一隅——把学生从题海中解放出来。强化“基于主题单元和自能阅读”的课堂教学，重视精读、略读篇目整合，重视分层教学，达到“一课一得”的目标。

3. 培养学生“好读书”的好习惯。

落实“每天阅读半小时，幸福生活一辈子”海量阅读读书计划。

4. 培养学生“读整本书”的习惯。

重视阅读兴趣的激发，落实准进“五入五批”整本书阅读法，指导学生做好阅读批注，搞好“整本书阅读”展评活动。

“五入五批”整本书阅读法：

批文入境：把自己读进去，把联系批出来。

批文入情：把自己读进去，把情感批出来。

批文入理：把自己读进去，把启迪批出来。

批文入法：把自己读进去，把写法批出来。

批文入疑：把自己读进去，把疑问批出来。

批注法强调“把自己读进去”，做到“以人为本”。

总目标追求——多让学生读书，少让学生做题。

且教、且思、且辨、且悟

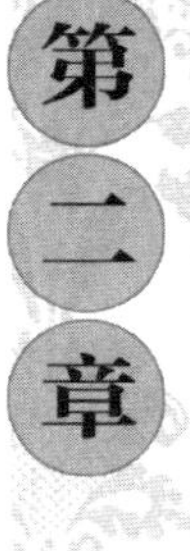

第二章

DIERZHANG

——语文『生本新课堂』

衣带渐宽 寻她千百度

第一节　阅读习惯

1.1　课例展示

《我的母亲》（导学案）

【写在前面】

此导学案设计使用于2010年。

叶圣陶先生说："阅读是学生的事。"你是如何培养学生阅读习惯的？

一、理清内容结构

1. 标注自然段序号。

2. 勾画作者出处，了解写作背景。（推荐阅读胡适的《四十自述》，做摘要。）

3. 读懂内容。

（1）通过语境（句子、段落）读懂词、句，积累生字词。

（在课本中用"□"标注生字词，择要注音释义。）

（2）边读边勾连各段落内容，用"连缀关键词句法"概括段落大意。

（关键句子用" ～～～ "画出，关键词语用"△△△"标注。）

（3）摘选（或概括）、勾连关键词句，批注段意。

4. 理清层次脉络。

（1）合并相近、相关段落，理出文章脉络。

（2）梳理脉络层次关系，列结构提纲。

二、品读语言表达

1. 朗读（默读）感知，体悟作者表达的情感。

2. 依据文体特征赏读词句，体悟文本语言传情达意的妙处并批注。

三、谈感受、提困惑

1. 就阅读感受做好圈点批注。

2. 批注阅读疑问处，整理、合并、誊抄阅读感受和疑问并上交。

【我教我说】

妙招可言14：语文教学，务必要重视学生阅读习惯养成。

叶圣陶说："有两种习惯养成不得。一是不养成什么习惯的习惯；二是坏习惯。"学生在语文学习上普遍存在"不养成什么习惯的习惯"，如没有养成"标自然段序号"的习惯，没有养成“不动笔墨不读书”的习惯。但养成了坏习惯，如养成了“不合理使用教辅书”的习惯。教学中教师把《教参》内容“复制粘贴”到备课里，教辅书又将《教参》内容“复制粘贴”到资料上。久而久之，学生就养成了不动脑筋读书而照搬“教辅资料”的坏习惯。

指导学生养成“语文学习好习惯”，迫在眉睫。

《我的母亲》（教学案）

【写在前面】

此课例于2010年设计使用。

你觉得此课例是否落实了“先学后教”“以学定教”的新课堂理念？

【导入新课】

近代史上有这样一位不平凡的人，他3岁丧父，14岁后离家求学，一生获得过35个荣誉博士学位，成为名满天下的学者！他叫胡适。胡适在一篇回忆母亲的文章中这样写道：“如果我学得了一丝一毫的好脾气，如果我学得了一点点待人接物的和气，如果我能宽恕人，体谅人——我都得感谢我的慈母。”

今天，我们就来学习胡适的《我的母亲》，看看这位母亲有怎样的教育秘诀！

【自学展示】

依照预习导学案展示自学情况。展示重点：

1. 行文脉络。

2. 阅读感受——就感受最深刻的地方谈母亲的言行。

【重点研讨】

探讨共性疑问。

1. 主问题：为什么作者说“如果我学得了一丝一毫的好脾气，如果我学得了一点点待人接物的和气，如果我能宽恕人，体谅人——我都得感谢我的慈母”？（76%的学生提出此问题。）

主问题转化：你觉得文中什么地方最能表达出胡适对母亲的感恩？（引领学生到语言文字中去触摸胡适母亲的伟大和胡适对母亲的感恩，不在文章“事件”上滑行。）

——从词、句（含标点）中感受作者对母亲的感恩和讴歌。

——采用重读关键词、演读关键句、增删调换词句、想象模拟情景等赏读方法、策略，在灵活品读中感悟！

2. 关于母亲处理两个嫂子间的矛盾纠纷。

重点体会句子含义:“我渐渐明白,世间最可厌恶的事莫如一张生气的脸;世间最下流的事莫如把生气的脸摆给旁人看。这比打骂更难受。”(54%的学生提出了“怎样理解这句话的含义”的问题。)

——探究“把生气的脸摆给旁人看”的“摆”字。

【分层深化】

从两组中各自选一类,完成“自主学习活动”。

第一组:

A类:概括文章回忆母亲的事件,写出其中表现出的母亲品质。

B类:就本文内容,替胡适给“母亲”写一首诗,不少于20行。

题目:母亲啊……

第二组:

A类:①体会词语的分寸感。分寸感就是说话有适当的限度,不故意夸大,也不有意缩小。本文是自传,因此作者的很多话不自夸,不溢美,而是含蓄、委婉。试举例。

②体会间接抒情。试举例。

B类:①体会词语的分寸感。试举例赏读。

②体会间接抒情。试举例赏读。

③体会开篇段落的重要作用。

【我教我说】

妙招可言15:课堂导入要给力。

从网上搜集《我的母亲》(胡适)教学设计,择某“导入”录如下:

我们每个人都在母爱光环的照耀下成长,在母爱的目光关注下成长。请听《妈妈的目光》。母爱是母亲对怀中婴儿的甜甜的亲吻,是拍着婴儿入睡的悠悠的摇篮曲,是手把手教子写字的苦苦的耐心,是灯下为子女飞针走线的不眠之夜,是期盼儿女成才的忧郁的眼神,是儿女远行时的句句叮咛,是过早爬上眼角的一道道皱纹。母爱是神圣的、伟大的、不求回报的。今天,我们继续学习胡适的《我的母亲》。

此“导入”费力不讨好。唯“今天我们继续学习胡适的《我的母亲》”一句,算是不可少的。导入首先要强烈地冲击学生,要学生产生读课文的迫不及待感。其次,紧扣文本导入,力求简约而不简单。

妙招可言16:分层施教,既民主又有挑战性。

“中人以上,可以语上也;中人以下,不可以语上也。”(《论语·雍也》)

“分层教学”,既为学生个性发展与选择性学习创造了良好的环境,又将竞争引入课堂,使学生在学习过程中不断接受挑战,便于形成“比、学、赶、超”多向互动的课堂局面。

1.2　播种习惯

【写在前面】

你的学生有没有养成"勤读善问"的好习惯？

2010年2月1日（农历2009年的腊月十八），我婉辞市教研员工作，重回学校教语文。这一年寒假显得格外漫长。2010年春季开学，我重登课堂，心中五味杂陈，拙笔难书。

学生没有习惯

学生没有养成最基本的阅读习惯！

一、没有标注段序的习惯

重登讲台的第一节课是教学鲁迅的《藤野先生》。学生疑惑、无奈的眼神，至今拂之不去。

早读后是语文课。我打算教学《藤野先生》中"我"和藤野先生交往的四件事并梳理行文脉络。上课伊始，我要学生浏览课文找出"我"与藤野先生交往的相关段落。通过提问发现，竟然多数学生没有标记自然段序号！《藤野先生》一课在八年级下册（鲁教版）啊！我迅速调整了课堂教学内容和自我情绪……

此后，从标注自然段序号到"把自己读进去，把感受、疑问读出来"等习惯培养入手，我按部就班地开始了自己崭新的语文教学。

给学生要求，学生便将《藤野先生》的段序标注得准确无误。同时，学生还有意想不到的发现：

生1：末尾的"十月十二日。"算不算一段？

师：你觉得呢？

生1：不算一段，因为每一段开头都是空两个字。"十月十二日。"前面空了很多字。

生2：算一段。"十月十二日"后面也有句号。

（我一看课本，惊了一下——"十月十二日"后面果真一句号微笑在那儿！）

生3：就是，这是表明写作日期的，很重要，听老师的，看看怎么办？

师：我听同学们的意见，这是一个自然段，并且这是一个很特殊的自然段；这是一个很重要的、表明了写作日期的自然段，看注释具体指的是哪一年的10月12日？

（学生异口同声说是1926年。）

师：1926年10月12日，作者在哪儿？在干什么？

（一名学生读了教辅书上的相关写作背景。）

师：也难怪作者在最后一段中写道："每当夜间疲倦，正想偷懒时，仰面在灯光中瞥

见他黑瘦的面貌，似乎正要说出抑扬顿挫的话来，便使我忽又良心发现，而且增加勇气了，于是点上一支烟，再继续写些为‘正人君子’之流所深恶痛疾的文字。”

这次标注自然段序号，标注出了对“写作背景”的了解；标注出了学生“好问”的萌芽。接下来，学生标注自然段序号后的“发现”竟一发不可收：

生1：“到别的地方去看看，如何呢？”第3自然段自成一段，更让人感觉到作者对“东京弘文学院”学习环境的反感和想离开这儿的急迫心情。

生2：“‘万岁！’他们都拍掌欢呼起来。”第30自然段也自成一段。第31自然段中说：“这一声却特别听得刺耳。”可见，作者对这一声欢呼讨厌至极！

……

二、没养成概括段意的习惯

通过浏览、标注自然段序号，学生发现：文章第5~35自然段写“我”在仙台，其中集中写“我”和藤野先生交往的是第6~23自然段，写了四件“我”和藤野先生交往的事。可是接下来学生概括段意，又不尽如人意。

我便又开始教学生“勾画连缀关键词句”概括段意法，培养他们“边读边勾画文段关键词并概括段落大意”的阅读习惯。

师：同学们，阅读概括段意是“精读课文”的好习惯。默读第11~15自然段，勾画这一部分中最能表明“作者所叙写的事件的句子”。

（生默读，勾画。）

生1：我勾画的是“原来我的讲义已经从头到末，都用红笔添改过了，不但增加了许多脱漏的地方，连文法的错误，也都一一订正”。

师：棒！从这句话中能不能摘几个词来提炼、概括这件事？

生2：我摘的是“我的讲义”“添动”“增加”“脱漏”“一一订正”。

师：要是用这些词语概括段落大意，恐怕不简洁！再从中精简几个。

生3：我摘“我的讲义”“一一订正”，概括事件为“藤野先生一一订正我的讲义”。（该生回答时脸上挂着发现的惊喜。）

师：你概括得很规整。但还可以再简洁点，题目就是藤野先生，大家都知道订正“我”讲义的是谁。

生1：订正讲义。

学生边读边勾画、摘取、连缀关键词句，很快便整理出“我”和藤野先生交往的四件事：订正讲义；改解剖图；关心实习；了解裹脚。

三、没有养成不懂就问的习惯

赏读“了解中国女人裹脚”事件时，我跟学生聊天：藤野先生作为一位博学的、让鲁迅钦佩的异国老师，他身上有一种学习品质是很可贵的，大家要善于培养这种学习品质。学生恍然明白：学习要善于不懂就问。我借机强调说："胡适先生曾说，人同畜生的分别，就在这个'为什么'上。"在我"执着"地引导、启发、要求下，学生开始走进文本，学会发问了。

生1：文章第6～10自然段的外貌描写，是不是欲扬先抑的写法？

师：对呀。这样真实地描述藤野先生，可见他既平凡又伟大。

生2：文章第24自然段写学生会干事借我的讲义看，是对我的一种挑衅吧？

师：你是让老师给肯定一下？

生2：是挑衅，也和藤野先生形成对比。

师：和这些妄自尊大、盲目忠君、思想狭隘的所谓的"爱国青年"一比，毫无民族偏见的藤野先生，形象就显得更高大了。鲁迅先生面对他们的挑衅，会怎样呢？

……

学生从发问中窥探出"欲扬先抑""对比衬托"……

四、没有抓关键语句赏读的习惯

我问："关于藤野先生治学严谨，段落中哪些词语最能表现出来？"学生你看看我，我看看你，就是不去读课文，不从课本中寻找、勾画相关词句；有的同学去翻看手里的教辅资料。

我强调说："文章写藤野先生了解女人裹脚的段落，大家再默读一遍。注意勾画其中的关键词句。"

一个学生举手，试探着说："所以要问我怎么裹法，足骨变成怎样的畸形，还叹息道，'总要看一看才知道。究竟是怎么一回事呢？'透过'怎么''怎样''还''总要'等词语，还有'叹息'一词，我读出了一个治学严谨求实的藤野先生。"

全班报以热烈掌声。

培养阅读习惯

孔子曰："少成若天性，习惯如自然。"

叶圣陶说："必须使种种方法成为学生终身以之的习惯。因为阅读与写作都是习惯方面的事情，仅仅心知其故，而习惯没有养成，还是不济事的。"①叶老在他的《〈文章例话〉序》中也强调指出："阅读和写作都是人生的一种行为，凡是行为必须养成了习惯才行……阅读和写作的知识必须化为习惯，在不知不觉之间受用它，那才是真正的受用。读者看这本小书，请不要忘了这一句：养成习惯。"②

①②叶圣陶：《好读书而求甚解——叶圣陶谈阅读》，开明出版社，2017年版。

一、逼出来的“阅读习惯养成策略”

为尽快培养学生阅读习惯，依据学情我拟写了“阅读习惯养成策略”，并不断修订、细化。各文体“目标教学模式”也被我重新翻出来，在指导学生自读时使用，其中在语言的品读上强调要各有侧重：如记叙类文章侧重体味语言的生动、质朴、饱含感情，说明类文章侧重体味语言的准确、严密、简洁、生动或富有趣味，议论类文章侧重体味语言的精辟严密、富有逻辑和无懈可击。

附：把“自己读进去，把感受、疑问读出来”阅读习惯养成策略（2010年稿）

一、理清内容结构

1. 标注自然段序号。

2. 勾画作者出处，了解写作背景。

3. 读懂内容。

(1) 通过语境（句子、段落）读懂词、句，积累生字词。

（在课本中用“□”标注生字词，择要注音释义。）

(2) 边读边勾连各段落内容，用连缀关键词句法概括段落大意。

（关键句子用“～～～”画出，关键词语用“△△△”标注。）

(3) 摘选（或概括）、勾连关键词句，批注段意。

4. 理清层次脉络。

(1) 合并相近、相关段落，理出文章脉络。

(2) 梳理脉络层次关系，列结构提纲。

二、品读语言表达

1. 朗读（默读）感知，体悟作者表达的思想情感或见解理趣。

2. 依据文体特征赏读词句，体悟文本语言传情达意的妙处并批注。

三、谈感受、提困惑

1. 就阅读感受做好圈点批注。

2. 批注阅读疑问处，整理、合并、誊抄阅读感受和疑问并上交。

二、滴水穿石，习惯成自然

“把自己读进去，把感受、疑问读出来”的阅读习惯养成策略，操作起来简单易行，可是养成习惯非朝夕之事。2010年我接手的这两个班的学生，经过一学期坚持不懈的努力，阅读习惯才逐步养成。

每次梳理学生的感受和疑问，我都喜出望外。

如《孔乙己》。

孔乙己的“怪异”（我引用了李倩的说法，85%的学生提出此类问题）：

李倩：1. 孔乙己的怪异：“孔乙己是站着喝酒而穿长衫的唯一的人”，先生仅17个字就活画出了一个迂腐、穷困、自命清高的封建社会读书人的另类形象。（按：我还从来没有这样统计过。）站着喝酒说明经济状况和短衣帮一样。既然是穿长衫的，理应踱进店里慢慢地坐喝，然而孔乙己没有进学，又不会营生，于是愈过愈穷……

2. 文章中有两处写道：店内外充满快活的空气。“快活”，当真“快活”吗？

3. 为什么孔乙己要标榜自己是读书人？既然有知识，为何落得此种下场？

王腾：人们怎么就那么随意地“便从描红纸上的‘上大人孔乙己’这半懂不懂的话里，替他取下一个绰号，叫作孔乙己”？

王钰珠：孔乙己在咸亨酒店时受到别人的讥笑，为什么还要来？只为寻口酒喝？

……

让人悲愤的笑声（76%的学生提出此类问题）：

张傲星：作者用众人的笑来贯穿孔乙己的故事，有什么用意？

陈菲：“掌柜仍然同平常一样”取笑孔乙己，聚集的几个人也“便和掌柜都笑了”。孔乙己都那么可怜了，怎么众人还是“笑”？

……

值得探讨的主题（64%的学生提出此类问题）：

亓晓烨：如果孔乙己生活在现在，还会这么悲惨吗？

赵扬扬：当时真有一个孔乙己命运是这样的吗？

……

小伙计视角的选择（26%的学生提出此类问题）：

刘继轩：为什么作者要以酒保身份讲述这些事？

吴砚妹：为什么孔乙己的这些事，作者让一个小伙计看在眼里，记在心里？

……

学生提出的问题，倒逼着我对《孔乙己》再解读、再思考。

我从学生提问的焦点——让人费解的“笑”上，走进学生阅读中遇见的“孔乙己”和《孔乙己》；走进学生“走进”的咸亨酒店；走进学生眼中的酒客、掌柜、小伙计；走进学生心目中的鲁迅，去洞察那“对一个苦人凉薄”得让人窒息的年代，去思考那个年代一位位木然的“看客”和可怜的“被看者”……

坚持，让习惯如自然。基于学生感受和疑问的新课堂，会让学习真正发生。

【我教我说】

妙招可言17：播下一个行动，收获一种习惯。

亚里士多德说："人的行为总是一再重复。因此，卓越不是单一的举动，而是习惯。"

心理学巨匠威廉·詹姆士说："播下一个行动，收获一种习惯；播下一种习惯，收获一种性格；播下一种性格，收获一种命运。"

语文学习又何尝不是如此呢？

妙招可言18："把自己读进去，把感受、疑问读出来"，是阅读习惯养成的核心所在。

一、把自己读进去，首先是要学生读。

马克思说："只有音乐才能唤起人们音乐的感觉。"刘勰说："操千曲而后晓声，观千剑而后识器。"孙绍振老师说："阅读是一种专业，专业的修养不是自发的，而是要循序渐进、不畏艰难地学习。"①语文教学实践告诉我们，学生的语感不是凭空产生的，而是在大量言语实践中培养起来的，各种形式的"读"是其中重要的渠道之一。讲解只能使人知道，而朗读能让人感受——感受文章中的人、事、物，感受语言文字，让语言文字在学生心中"活"起来。

朱熹说："大抵观书须先熟读，使其言皆若出于吾之口；继以精思，使其意皆若出于吾之心，然后可以有得尔。"可见，阅读过程便是熟读精思的过程。朱熹又说："读而未晓则思，思而未晓则读。"可见，培养阅读习惯首先是"读啊读"。

朱熹也十分重视朗读，说："凡读书，须要读得字字响亮，不可误一字，不可少一字，不可多一字，不可倒一字，不可牵强暗记，只是要多诵遍数，自然上口，久远不忘。"可见，书读百遍之重要。

阅读须认真。叶圣陶先生说："听见有些老师和家长说，现在的孩子了不起，一部《创业史》两天就看完了，颇有点儿沾沾自喜。我想且慢鼓励，最要紧的是查一查读得怎么样，如果只是眼睛在书页上跑过，只知道故事的极简略的梗概，那不能不认为只是马马虎虎地读，马马虎虎地读是不值得鼓励的。一部《创业史》没读好，问题不算大，养成了马马虎虎的读书习惯，可要吃一辈子的亏。阅读必须认真，先求认真，次求迅速，这是极重要的基本训练，要在阅读课中训练好。"②

二、用自己的思想感情读进去，把作者的思想感情读出来。

王尚文教授强调："在教学中我们要特别注意'美读'和'烂读'。读是把无声言语变为有声言语。无声言语原为有声言语的记录，即用文字的形体去代替声音。但言语的声

---

①钱理群、孙绍振、王富仁：《解读语文》，福建人民出版社，2010年4月版。

②叶圣陶：《好读书而求甚解——叶圣陶谈阅读》，开明出版社，2017年版。

音所渗透着、洋溢着的人的喜怒哀乐等一切微妙、复杂的感情几乎全都在文字中消失得无影无踪了……从这一角度看某人某一言语的声音是不可重复的；但从另一角度看，复现不但是可能的，甚至可能要比真的更真（据说普希金曾和几个演员比赛扮演普希金谁扮演得最像，结果最不像的是普希金自己）。这就是艺术的再现——‘读’者在深入地了解作者的时代、他的生平、他的个性基础上真切地去体验他在这一规定情境中的思想感情，从而用自己的声音真实地把它复现出来。简单地说，美‘读’就是‘读进去，读出来’——用自己的思想感情读进去，把作者的思想感情读出来。”①

“用自己的思想感情读进去，把作者的思想感情读出来”是“把自己读进去”的第一层要义，也就是“要美‘读’”，“读进去，读出来”地读。其间，也一定融入了自己的知识与能力、自己积累的读法和读的过程、经验。

“把自己读进去，把感受、疑问读出来”，第二要义是把自己的“经验”读出来。正如茅盾先生所说：“他应当一边读书，一边回想他所体验的相似的人生，或者，一边读，一边到现实的活人生活中去看。”这种“体验”，与生活相联系的“精思”，就是把自己读进去了。此为读进去之至境！

把自己读进去，要把自己的语感读进去，通过自己对语言的敏锐的感觉去理解、感悟文本。把自己读进去，就是要把自己的语文素养读进去，与文字同呼吸、共命运，使文本文字若出我口，文本意蕴若出我心，同情作者悲悯的，憎恨作者厌恶的，讴歌作者颂扬的，唾弃作者鞭挞的；让语言文字经由我心，调动起自己的情绪，从文字中求生死、求荣辱、求美丑、求善恶……把自己读进去，仿佛看到了文中的景物，经历了文中的故事，明白了文中的道理！一切如临其境，如出我身！

作家余华说：“读一篇文章，如果没有自己的感受，那基本等于没读。”读进去就要多感悟。把自己读进去，把自己读到字词句中去，肯定会有不同程度的感受，不管是文字内容、文章形式，还是情感。

三、把自己读进去，第三要义是把问题读出来。

哈佛大学流传着这样一句名言：“教育真正的目的就是让人不断提出问题、思索问题。”一个人从会说话起就不断提问，那就是思索。《论语》中一共有117个问题，其中有109个是孔子的弟子问孔子的，有7个是弟子互问的，只有1个是孔子提出的。教学中，应引导学生多问，多问就是多思考。

“思维自问题始。”让学生提出问题是最高形式的思维训练。爱因斯坦说：“我并没有什么特殊的才能，我只不过是喜欢寻根问底追究问题罢了。”英国科学家波普尔

①王尚文：《语感论》，上海教育出版社，2006年版。

说："科学的第一特征是'它始于问题，实践及理论的问题；科学知识的增长永远始于问题，终于问题——越来越深化的问题，越来越能启发新问题的问题'。"

在阅读中，学生是否思考的主要表现是头脑中是否形成问题。让学生提出问题，培养他们"喜欢寻根问底追究问题"的习惯十分重要。叶圣陶说："善于读书的人，一边读下去，一边自会提出一些问题或题目来。"①那么，思考什么，在什么方面提出问题来呢？叶老说："看书不仅仅知其梗概，还须察其用心，衡其功夫。含蓄之意，思想之路，均宜细求。进一步则不仅通其文而已，还须自出己见，衡其得失，孰取孰舍，孰可师孰不可师，乃真达到活读书之境界。"②

学生在读书思考问题时有这几种情况：一种是不懂也说不清哪儿不懂，处于混沌状态；一种是不懂但能说清哪儿不懂；还有一种不仅能说出哪儿不懂，而且对问题已经有了思考方向。前一种已经开始思维，后两种处于"心求通而未得，口欲言而未能"的"愤""悱"的积极思维状态，这是十分可贵的。问题从模糊到清晰，从说不清到说得准是思维的飞跃。贝弗里奇在《科学研究的艺术》中说："确切的陈述问题有时是向解决问题迈出了一大步。"

叶圣陶、朱自清编著的《精读指导举隅》中说："善于读书的人，一边读下去，一边自然会提出一些问题或题目来，能提出问题，是思考的表现。其次，是对文章内容和主题的理解，这是是否读懂文章的主要标志。"③

如何提出问题来？提出什么样的问题来？操作起来很简单，就是多问几个"是什么""怎么样""为什么"。叶圣陶说："读课本切忌只听老师讲而自己少动脑筋，只顾死记硬背。自己动脑筋，多想想课本里说的现象、方法和道理，为什么是这样，为什么不是那样，想透了，其乐无穷，课本里讲的东西就是你自己的了，而且能够举一反三。要是只顾死记硬背，就会觉得读课本是一件大苦事。好比欠了一笔债，非偿还不可，即使考试时得了一百分，实际上可能五十分也不值。"④

孙绍振老师曾指出："习惯以读者的身份，就只能被动接受，真正要进入深层，就要化被动为主动。光是看明白了人家这样写，还不够，还要追问，为什么他不那样写？这是鲁迅先生提出来的一种阅读办法。如何化被动为主动？设想自己是作者，这个题材由我来写，我会怎么写。"⑤

这些都是"把自己读进去，把感受、疑问读出来"的好办法。

---

①②叶圣陶：《语文教育论集》，教育科学出版，2014年版。

③叶圣陶、朱自清：《精读指导举隅》，中华书局，2013年4月版。

④叶圣陶：《好读书而求甚解——叶圣陶谈阅读》，开明出版社，2017年版。

⑤钱理群、孙绍振、王富仁：《解读语文》，福建人民出版社，2010年4月版。

妙招可言19：不必担心学生提出的不是语文问题！

叶圣陶先生说："学习国文就是学习语言文字。"①

学生"原生态"的疑问会不会不是语文问题？这是大家面对学生提问所顾虑的。实际情况是大可不必。初中生有五六年在校学习语文的经验，阅读了不少文本，上了近千节的语文课，而且是学习"国文"，是学习"语言文字"，怎会提出"非语文"的问题来呢？再加上教材助读系统也在引导学生提出"语文问题"来。

再者，教师也要善于巧妙地将学生提出的疑似"非语文"的问题引向"语文"。

①叶圣陶：《好读书而求甚解——叶圣陶谈阅读》，开明出版社，2017年版。

第二节 语文"生本新课堂"

2.1 课例展示

《我的叔叔于勒》

【写在前面】

此课例根据2010年课堂教学实录整理而成。

苏霍姆林斯基说："真正的教学技巧和艺术就在于一旦有这种必要，教师就能随时改变自己的教授计划。"你是怎样理解这句话的？

引子

带着对莫泊桑的敬仰，我一遍遍"裸读"着《我的叔叔于勒》。每读一遍，文字中就"蹦出"鲜活的生命来——一些莫泊桑深思熟虑过的生命。

……

先学后教

晨读后是语文课。一上课我跟学生聊："唉！（我长叹一声！）《我的叔叔于勒》怎么教？又如何学呢？晨读读课文，大家都有了较深刻的感受，提出了值得探讨的问题，可老师还没理出个头绪来。我们就从第一段开始读起好了。"

学生又齐读了第一自然段。

我说："看似简单的文字，其背后隐藏了什么？有没有引发你的不解和困惑？"话音刚落，一个学生站起来就问："开篇就交代'我有两个姐姐'，有用吗？"

另一个学生接着说："后文还说我的两个姐姐找不上对象来的事。"

我追问道："姐姐找不上对象来和于勒有何相干？"

又一学生说："文章第18自然段说：'我总认为这个青年之所以不再迟疑而下决心求婚，是因为有一天晚上我们给他看了于勒叔叔的信。'"

以学定教

我说："于勒举足轻重啊！文中'我'是谁？"

学生说是"若瑟夫"！我强调说："本文是小说，小说往往根据表达主题的需要，重点刻画一个或几个人物，来表现作者对社会、对生活的深深思索。本文作者要刻画的主要人物是谁？"

学生有回答于勒的，有回答菲利普夫妇的，还有自言自语说是若瑟夫的……

我原本想直截了当地将教学重点落脚到菲利普夫妇这两个形象身上，因为学生从这两个人物身上提出的问题最多，感受也深刻。此刻，我不能把课堂硬生生地扳到对菲利普夫妇的解读上。

我顺势说："意见需要统一。下面浏览课文，圈画集中写于勒的段落。"

学生找得又快又仔细："文章的5、6、7、8、9、10自然段，还有后面的21、33、39、40、41、42、43自然段。"

我说："接下来同学们干两件事：一是写一份于勒的简历；二是找关键词句概括于勒是一个怎样的人。"

学生给于勒填写的履历：

姓名：于勒·达尔芒司或于勒·达尔汪司；

国籍：法国；

职业：游民、经商、卖牡蛎的。

当初行为不正，糟蹋钱，被打发到美洲去。一到那里于勒就赚了点钱，并且希望能够赔偿我父亲的损失。后来做着一桩很大的买卖。再后来不知道啥原因又成了穷光蛋，被一个法国船长要带回法国，在船上卖牡蛎……

我说："菲利普一家由于勒引发的故事一波三折，饶有趣味。接下来，浏览课文概括菲利普一家的故事吧！"

学生认真默读课文，复述了小说主要情节。我整理并板书：

赔钱——盼！

占钱——赶！

有钱——赞！

没钱——躲（骂、避）！

我说："从小说故事情节发展来看，于勒更像是一位线索人物！接下来，跳读课文，找出文中对于勒的称呼、评价。"

学生兴致勃勃地寻找、回答，我整理并板书：

全家的恐怖（坏蛋、流氓、无赖）、这个家伙、这个贼、这个流氓

全家唯一的希望、正直的人、有良心的人、好心的于勒、有办法的人

我的叔叔、父亲的弟弟、我的亲叔叔

多学少教

学生自读时读出菲利普一家，特别是菲利普夫妇的不正常！

梳理完板书，我顺势说："这些对于勒的称呼，乍看好像也无可厚非！因为评价一个人是有标准、有尺度的！可是，如果过于拘泥于某种尺度，这种尺度就会扭曲一个人，让

一个原本正常的家庭变得不正常，让一个原本正常的人变得失去常态！于勒的经历在那个极易发财、也极易沦落为穷光蛋的社会里是正常的！倒是菲利普一家，特别是菲利普夫妇，正如同学们在阅读感受中所说——这个家庭中除了若瑟夫之外都是不正常的！不正常到什么地步？你觉得最不正常的地方在哪里？这不正常的背后隐藏着什么呢？”

学生兴致勃勃地到文本语言中去找寻那些“不正常者”的“不正常”的言行举止！

……

第二节课我们还讨论了被删减掉的原文开头和结尾！

……

【我教我说】

妙招可言20：“以生为本”的阅读新课堂，要重点引导学生“在阅读中研究、考察”。

叶圣陶先生说：

文艺中间讲到一些事物，我们因这些事物而感动，感动以外，不再有别的什么。这样，我们不过处于被动的地位而已。

我们应该处于主动的地位，对文艺要研究，考察。

文艺中间讲到一些事物，我们就得问：作者为什么要讲到这些事物？文艺中间描写风景，表达情感，我们就得问：作者这样描写和表达是不是最为有效？我们不但说了个“好”就算，还要说得出好在哪里，不但说了个“不好”就算，还要说得出不好在哪里。这样，才够得上称为文艺鉴赏。这样，从好的文艺得到的感动自然更深切。文艺方面如果有什么不完美的地方，也会觉察出来，不至于一味照单全收。

……

要认真阅读。在阅读中要研究，考察。这样才可以走上文艺鉴赏的途径。

注：于是所谓文艺，从外表说，就是一篇稿子，一部书，就是许多文字的集合体。①

越是经典的作品，越要关注学生的阅读感受和疑惑；越是以生为本的新课堂，越要引导学生认真阅读，在阅读中研究、考察。

如何研究、考察？——“我们不但说了个‘好’就算，还要说得出好在哪里，不但说了个‘不好’就算，还要说得出不好在哪里。”

①叶圣陶：《好读书而求甚解——叶圣陶谈阅读》，开明出版社，2017年版。

《藤野先生》

【写在前面】

此课例是为了示范“先学后教，以学定教，多学少教，以学论教”课堂教学“十六字方针”而设计使用的。

你觉得“以学论教”是在课堂上具体呈现出来好，还是从学生的课堂反应中观察好？

梳理归并问题，先学后教

学生依照“把自己读进去，把感受、疑问读出来”的叙事散文阅读习惯养成策略，完成预习单并整理提交。我在备课时梳理了学生疑问，摘录如下：

1. 关于“清国留学生”的：

（1）开头两段为什么要写“清国留学生”？

（2）“实在标志极了”不就是“实在丑极了”吗？

2. 关于“去仙台途中”的：

（1）第五段写“我”在仙台受到的优待，为什么要写北京的白菜和福建的芦荟？

（2）作者为什么对“日暮里”记得很清楚？

3. 关于“藤野先生”的：

（1）藤野先生为什么如此照顾、偏向鲁迅这个弱国学生？

（2）鲁迅为什么偏偏写一位“日本”老师？

（3）作者为什么写藤野先生的“不十分讲究”？

（4）藤野先生是个普普通通的人，作者为什么说他“伟大”？

4. 关于“爱国情感”的：

（1）文章引用托尔斯泰的句子有什么作用？

（2）怎样理解他们“酒醉似的喝彩”？

（3）“看影片事件”看上去跟藤野先生也没什么关系，怎么花大篇幅来写？

确定教学目标、路径，以学定教

依据文本特质，着眼学生的感受和疑问，确定教学目标任务，形成授课路径如下：

【教学目标】

1. 读课文、入语言，探究叙事、写人特色。

2. 读课文、入语言，探究选材特点。

3. 读课文、入语言，感悟作者情感。

授课路径：解读“藤野先生”→解读作者的“爱国情感”。

一　基于学生的疑问实施教学，多学少教

（一）关于藤野先生。

1. 由学生的疑问导入。

一上课，我就开门见山地问：“咱们同学提出了这样一个有意思的问题：鲁迅为什么偏偏写一位‘日本’老师？”学生也觉得挺有意思，先是面面相觑，继而议论起来。

我略做停顿后说：“鲁迅一生共写过三位恩师（屏显写章太炎和寿镜吾的相关内容），那么作者又因什么记写这位日本老师——藤野严九郎呢？”

2. 研读藤野先生。

我问：“藤野先生是一个怎样的人？鲁迅为什么非要写一个日本的老师，还要说他‘伟大’呢？”屏显：

（1）写人离不开叙事，文章写了“我”和藤野先生交往的哪几件事？

（2）这些事写出了藤野先生怎样的品质？你是从哪些关键词句里读出来的？

（3）如何理解藤野先生的“伟大”？

学生活动：

（1）概括事件，寻找关键词语解读人物形象和精神品质。

（2）思考、交流藤野先生毫无民族偏见的精神。

3. 师生讨论交流后，朗读课文第37、38自然段。

4. 讨论交流：作者如此敬重藤野先生，怎么还写藤野先生着装不讲究的事？

学习白描手法。

（二）关于其他的事。

学生跳读课文思考、交流以下问题（屏显关于开篇写“清国留学生”、关于“去仙台途中”和关于“爱国情感”等方面的学生疑问）。

1. 学生默读课文并按行文顺序思考以下两个问题，屏显：

（1）文章记叙的跟藤野先生无关的事情有哪些？这样是否游离了主题？

（2）在语言运用上，写跟藤野先生无关的事和写藤野先生的事，语言风格上有何不同？

学生：默读，探究。

师生对话，交流明确：

清国留学生：赏樱花，学跳舞，洋相百出，醉生梦死，不学无术。

作者：失望，离开东京去仙台。

日暮里、水户：思念家乡。

在仙台受优待：正面衬托。

"爱国青年":狂妄自大、盲目忠君、思想狭隘,反衬。

鲁迅先生:弃医从文。

写人叙事得有来龙去脉——在东京,在仙台,离开仙台后。

复杂的叙事得有线索,还可以有两条线索。

2. 解读语言风格。

反语。

(三)课堂总结。

1. 事情总得有个来龙去脉。

2. 叙事可以有两条线索:明线,暗线。

演读"我和藤野先生的交往",以学论教

分四组演读"订正讲义,改解剖图,关心实习,了解裹脚"。评价学生抓关键词句解读人物的阅读能力。屏显:

分角色演读。

人物:"我"、藤野先生、旁白

评价依据:①语言特点:缓慢而很有顿挫的声调。②人物形象:挟大大小小的书,不修边幅的博学之士。③重点突出:纠正"我"的讲义——认真负责、关心学生;纠正解剖图——治学严谨、循循善诱;关心解剖实习——关心学生无微不至;了解女人裹脚——严谨求实的治学态度和精神。

学生:表演,互评,讨论,指导,改进。

依据学情突出:

(1)"白描"手法。

(2)描写人物要真实丰满(补充梁实秋笔下的国文教师)。

下课。

【我教我说】

妙招可言21:朗读是检验"阅读理解能力"的好办法。

检测阅读理解情况的方法通常是做题。殊不知,朗读也是良策。

朗读时声音响亮,抑扬顿挫,节奏分明,并将读者自身的感情融合到读物中去,这就大大增强了阅读的形象感、意蕴感和情趣感。演读,是一种带表演的分角色朗诵,这种表演式朗读是具有艺术美的朗读,是既能激发学生表演兴趣,又可以检验学生阅读理解能力的朗读。

妙招可言22:写作的道理可以在阅读课上"强调"出来。

《藤野先生》一文,不仅在"写自己最动情的东西"方面能给予学生写作上的启示,教

学中引导学生探索文本叙事线索，在对“明暗两线索”的反复强调中，学生也会领悟到：复杂的叙事得有线索，一条不够的话可用两条。

2.2 语文“生本新课堂”

【写在前面】

以下内容，根据我在2011年学校“生本新课堂建设”实验课题开题会上的讲话稿整理而成。

“教的习惯”决定着“学的习惯”；教师在教学中要习惯于培养学生学的习惯。你觉得建设“以生为本”的语文新课堂，教师要培养哪些“教的习惯”？

一、“生本新课堂建设”目标

我校初中语文“生本新课堂建设”，旨在大力推进“以学为主”的课堂教学改革，推广使用“先学后教、以学定教、多学少教、以学论教”的课堂教学基本范式，努力培植学校语文“生本新课堂”特色文化：

“生本新课堂”价值观——让学生学会学习，为终身学习奠基。

“生本新课堂”伦理观——学生是活生生的个体，有思想、有情感。

“生本新课堂”行为观——我能为学生学习做点什么？

“生本新课堂”课程观——学生、教材、生活、教师。

“生本新课堂”研究观——众人之智，可以测天。

二、“生本新课堂建设”方案（略）

三、“生本新课堂建设”价值

“生本新课堂建设”，关心人，解放人，发展人，旨在引导教师探索一种尊重生命、尊重规律的教育，帮助教师牢固树立“让学生学得更好，让学生更好地学”的教学理念，唤起学生我要学习的生命意识，教会学生自觉、主动地学习，并使之成为习惯，努力让学校教育成为学生终身教育的最初组成部分，解放学习力，激扬生命，诱发思维，培育学生全面、持续、充分发展的生命力。

四、“生本新课堂建设”任务

（一）研究对象：初中语文以学为主的“生本新课堂”。

（二）研究重难点：

1. “把自己读进去，把感受、疑问读出来”的阅读习惯养成研究。

2. 初中语文“生本新课堂”教学范式研究。

3. 初中语文“生本新课堂”教学法研究。

4. 初中语文“生本新课堂”基本教学理念与教学原则研究。

（三）研究目标：

1. 扎实开展“基于主题单元”的课堂教学研究。

2. 扎实开展“基于自能阅读”的课堂教学研究。

3. 扎实开展“基于阅读习惯养成”的课堂教学研究。

4. 扎实开展“基于学生质疑”的课堂教学研究。

5. 打造“本色语文”特色新课堂品牌。

（四）思路方法（略）。

第三节 阅读新课堂的主问题设计

【写在前面】

基于学生感受和疑问的阅读教学，只有将学生的问题“融”“化”为一个或多个“主问题”，才能实现课堂上对学生“疑问”的一一关注。

你是如何设计课堂教学主问题的呢？

3.1 “基于教”的教学设计

威海的张老师发给我她“基于教”的教学设计，邀请指导。我做了评点，摘录如下：

《最后一课》

【导入】

1. 师：请同学们看几个词——晴朗、草地、画眉鸟、上学（PPT呈现），你能想到怎样的情景？

2~3名学生交流。明确：轻松、愉快（或者内心有些厌恶）。

2. 师：PPT呈现“最后一课”。教师问：你的心情有怎样的变化？2~3名学生交流。

明确：沮丧、震惊

点评：此处表意不明确。

【朗读课文，感受课堂的变化】

师：这让人震惊、沮丧的消息，对于小弗郎士来说，他还全然不知，但是当他走进教室，渐渐发现：所有的一切都变了。

点评：先入为主，这是“以教为主”的弊病。

PPT：再次朗读课文7~23段，回答小弗郎士都发现了哪些变化？（提醒学生圈点勾画）

交流明确（略）。

点评：以上内容是学生“一望而知”的，学生自主预习后就可以读懂这些。课堂上这种低效的重复要不得！

【再读小弗郎士，感受他的变化】

1. 师：今天的这节课，似乎一切都变了，这一切变化小弗郎士看在眼里，感悟在心中，他渐渐明白——布告栏里所张贴的绝不仅仅是一个普通的变故，而是晴天霹雳。于是，他也变了。曾经的他是怎样的？他最大的变化是什么？

学生交流：曾经他，……

2. 如今，小弗郎士对法语的态度发生了怎样的转变？

学生交流。如今的他：万分难过——我再也不能学法语了……

心生不舍——现在好像都是我的好朋友，舍不得跟它们分手了……

无比愧疚——如果我能把那条出名难学的分词用法从头到尾说出来，声音响亮，口齿清楚，没有一点儿错误，那么任何代价我都愿意拿出来！

朗读指导，以上这些小弗郎士的心理描写，我们怎么处理能读出他强烈的内心感受？

再读。

点评：怎么处理才能读出小弗郎士"强烈的内心感受"？没有预设！指导品读，方法、策略要具体化。

【感悟语言的伟大力量】

曾经最喧闹的课堂，曾经糟糕的老师，曾经糟糕的学生都发生了变化，到底发生了怎样的晴天霹雳？

1. 出示背景（略）。

2. 你从中看出当时德国怎样的野心？法国人民有怎样的意志？

交流明确：割地的痛苦、文化上的征服、双层枷锁。

韩麦尔先生爱国的种子："亡了国当了奴隶的人民……就好像……"

3. 为什么记住了语言，就有了一把打开监狱大门的钥匙？

学生交流：凝聚力，国家标志，归属感，自尊心，自豪感。

西方谚语说："语言不死，民族不亡。"

点评：以上的这些"感悟"是建立在"说教"之上的，而不是建立在对文本语言品咂之上的。学科德育"凡是说教，都是败笔"，语文学科德育"润物无声"，如春风化雨，似水乳交融。

【感受小说的变革力量】

都德在创作这篇小说之初绝不仅仅是为了呈现一个小镇的变化；胡适将《最后一课》译入中国也绝不仅仅是为了展现一个故事。150年前的法国，普法战争失败，法国人灰心失意，此时都德创作了《最后一课》。都德在想什么？100年前的中国，经历了近半个世纪外来侵略，举国颓废，此时胡适将《最后一课》译入中国。胡适在想什么？如今，你从这篇小说中领悟到了怎样的力量？

学生交流。

当我们再次看语文课本，再次看这些方块字，你又有怎样的认识？

学生交流。

这便是小说的魅力——改变!

PPT出示:

小说有不可思议之力。以开通民智,改变国民品格为己任。

——梁启超《论小说与群治之关系》

同学们,战争年代,语言不死,民族不亡;和平年代,语言灿烂,国家辉煌!让我们每一个人,尽己所能,改变自己,繁荣汉语言文化吧!

点评:说是节外生枝吧,又藕断丝连!课为什么要结束在这里?好课要结束在学生旺盛的求知欲望中!

总评:教学设计中用的这些材料都很好,留着用!

但是,能不能换一种基于学生学情的"以学为主"的课堂理念设计教学?此教学设计中提问的问题既多又碎,能不能"基于主问题"引领学生探究,改变碎问碎答的现状呢?

"主问题"是相对于碎问题而言的;"基于学生问题"的主问题是相对教师的提问而言的;课堂教学的"主问题"应该由教师的问题和学生的疑问归并、整合而成,它是语文课堂教学中引导学生有效阅读最重要、最基本的问题。在课文研读中,主问题能"牵一发而动全身",能"一石激起千层浪",能激发学生阅读探究欲望和深层次思考,从而优化课堂教学。

"风乍起,吹皱一池春水",基于学生提问的课堂"主问题"设计,可以实现课堂教学效率的最大化。

如此"基于教"的课堂教学设计,不可取!

3.2 关注学情

【写在前面】

以下是我和张老师的QQ聊天记录,其中"东影"是张老师的QQ昵称,"我改名了"是我的QQ昵称。3月22日,是2014年的3月22日。

> 3月22日 19:34:19
>
> 东影:于老师,您的建议我仔细看了,很感谢!
>
> 我改名了:你能告诉我,你的课堂教学设计是依据什么制定的?
>
> 东影:……

我改名了：你梳理一下。不急！

东影：应该主要是课后练习题和《语文教学参考书》。

我改名了：是你依据自己的解读，并参考了课后练习和《语文教学参考书》设计而成的。是你觉得应当在课堂上“教这些”和“这样教”，对吧？

东影：对对对！

我改名了：教学设计中“课堂上的变化”一部分内容，学生是一望而知的。你有没有关注学情？你的设计学生会感兴趣吗？你的课堂设计中所希望的“新收获，新思考”会有多大？

东影：您是说我的设计不合理？

我改名了：不是设计不合理，而是你的设计缺少对学生的关注。

东影：我让学生预习课文了。

我改名了：就是，这样很好，预习得怎么样呢？

东影：来不及问啊！

我改名了：不问，你怎么会知道学生预习得如何呢？你怎么知道学生有怎样的需要和课堂期待呢？你想想办法！

东影：我课前调查一下！

我改名了：太棒了！你打算怎么调查？

东影：我出几个题，让学生回答一下。

我改名了：这篇小说放在初一，可以不从小说的三要素等方面去解读，可以从一般叙述类文章的角度培养学生的文本解读能力！

东影：那具体怎么办？

我改名了：借班上课，最好的办法是让学生“谈出阅读感受，提出阅读困惑”，并书面呈交到你手里。

东影：好吧！我让学生把阅读感受和困惑写给我看看。

我改名了：太棒了！你有了“新的收获、新的思考”了。

东影：于老师，谢谢您！

我改名了：对了，学生的问题会是五花八门的，注意梳理归类，最好从中设计出一个“一石激起千层浪”的主问题来！最好是围绕着“爱国”“爱法语”这些核心内容。

东影：明白，于老师。

3.3 基于学情和主问题的教学设计

张老师发给我教学设计新稿，该稿是“基于学情和主问题”的，我仅在“品读语言”等细节上提了点建议。摘录如下：

《最后一课》

【学情说明】

学生自读课文，透过“最后一课”课堂的变化能感受到阿尔萨斯地区小镇人民的爱国主义情感，但属于粗读感知；初一（五四学制六年级）学生的问题天真可爱，也引发了我的思考，学生的“读——思——问”深刻入理，不可小觑，其中较典型的问题如下：

1. 文中韩麦尔先生、小弗郎士谁是主人公？
2. 文中为什么还要写“小孩子画杠杠”？又重点写郝叟老头？他们谁更爱国？
3. 铁匠华西特和他的徒弟在课堂上了吗？
4. “我心里想：‘他们该不会强迫这些鸽子也用德国话唱歌吧！’”小弗郎士那么后悔没好好学习，怎么还开小差？
5. 郝叟老头为什么要戴着“三角帽”？课本上插图中哪个是“三角帽”？哪个是郝叟老头？
6. “法兰西万岁”是五个字，怎么说是两个大字？
7. 为什么说韩麦尔先生是“可怜的人！”？还用上了一个叹号？

……

【教学目标】

深入文本感悟阿尔萨斯小镇人民在亡国之际对法语最深沉的爱。

【导入】

从来没有哪一位老师以这样的开场白进入他的课堂（PPT出示）：

“我的孩子们，这是我最后一次给你们上课了。柏林已经来了命令，阿尔萨斯和洛林的学校只许教德语了。新老师明天就到。今天是你们最后一堂法语课，我希望你们多多用心学习。”

（其余略。）

【深读文本】

再次深入课文，默读并结合具体语句分析：“最后一堂课”上谁对法语爱得最深沉？注意批注阅读过程中的瞬间感受。

学生自主阅读，批注分析。

引导各学习小组集中分析一个人物，多角度（谈感受、朗读、分析关键词语、赏读典型描写等）陈述其“最爱法语”的理由。

依据学生的感受和问题，就“谁对法语爱得最深沉”的主问题做以下教学预设：

1. 最小的孩子(采用谈感受的方法)

提问——你是怎样感受到一个不会写字的孩子对法语的爱的（由学生疑问改造而成）？

“连最小的孩子也不分心，他们正在专心画‘杠子’，好像那也算是法国字。”

学习明确：这是一个孩童对法语最纯真的爱，更是最深沉的爱。

点评：怎样才能让学生更深刻地感受到“小孩子”对法语的爱呢？尝试去掉“连最小的孩子也不分心，他们正在专心画‘杠子’，好像那也算是法国字”中的“连……也……专心”，采用“删”的办法做对比赏读！即对比赏读：

a. 连最小的孩子也不分心，他们正在专心画“杠子”，好像那也算是法国字。

b. 最小的孩子不分心，他们正在画“杠子”，好像那也算是法国字。

2. 小弗郎士（采用朗读法）

在这个糟糕的学生心里，曾经认为学习法语是天生的权利，只有他不学，从来没有不能学的道理，而如今，当这种学习母语的权利即将被剥夺的时刻，他发生了翻天覆地的变化。

曾经的他——贪玩淘气，旷课溜冰……

如今的他——我几乎还不会作文呢！我再也不能学法语了！

如果我能把那条出名难学的分词用法从头到尾说出来，声音响亮，口齿清楚，又没有一点儿错误，那么任何代价我都愿意拿出来！

指导学生朗读加点部分。

学习明确：这是一个学生对法语最懊悔的爱，更是最深沉的爱。

点评：朗读指导，指导什么？怎么指导？语气、语调、重音、停连？神态、表情、手势、动作？做法一定要具体、有可操作性。

3. 韩麦尔先生（分析词语法）。

分析典型词语：高大、惨白、哽住等。

（PPT出示）：忽然教堂的钟敲了十二下……“法兰西万岁！”

点评：如何分析典型词语？是演读？是解释词语含义？是“换词”比较？是“删词”比较？是老师（或学生）模拟情景读？总之，方法是需要依据学情预设的。

学习明确：这不仅仅是对法语的爱，更是对法国的爱，没有怒吼，没有咆哮，这是一位即将离开这片土地的教师在临走前最震撼人心的无声呐喊。“沉默的背后往往是最深沉的热爱，沉默的将来常常是最热烈的爆发。”这是一位老师对法语最彻底的爱，也是最深沉的爱。

4. 郝叟老头（分析词语法）。

“三角帽”是法国拿破仑时代的军帽，拥有这顶帽子的郝叟老头儿年轻时必定厮杀疆场，在今天这个特殊的时刻，戴上了这顶军帽，代表着什么（学生疑问）？

——誓死捍卫自己说法语的权利。

“书边破了”

——年代久远，但依旧珍藏，也许当他每次想丢掉这本课本时，又轻轻放下，再次将它珍藏在书架的角落里。因为课本上每一个字母的发音，都能弹奏出美妙的法语。

“捧起”

——珍惜、重视、珍爱这本课本，也珍爱拼读字母的这美丽时刻，在郝叟老头心中，这是一场庄严的仪式。

“连声音都发抖了”

——内心激动，不能自已，热泪盈眶。

而这所有的一切，是因为郝叟老头把拼读字母当成了庄严仪式，他想永远铭记这些字母，深深地刻在内心最深处。这样的爱，不深沉吗？

学习明确：这是一个老者对法语最厚重的爱，更是最深沉的爱。

小结：在这场爱的较量中，没有最深沉的爱，只有更深沉的爱，在家国危难之际，每个人内心深处的爱国情感全都爆发了。

点评：还有没有其他赏读的“点”，可以储备一些。有的地方要针对学生的赏读，点评一带而过，但是教师的点评语言要对学生的解读有所提升。找找看，特殊的标点符号能不能拎出来推敲推敲？

【感悟语言力量】（略）

【回归课堂，引发学生对汉语的思考】（略）

总评：“‘最后一堂课’上谁对法语爱得最深沉”的主问题设计得巧妙至极！这个主问题既使文本解读浑然一体，又让问题具有了探究意趣，并且可以“融”“化”学生的问题。在解读核心问题时，教师依据学情拟重点解读四个语言点，选点紧扣学情！但是，还有更多的语言赏读点需要预设，要做好储备，预备学生回答后教师的提升。

（教学最终用稿略。）

【我教我说】

妙招可言23：主问题，要基于学生的疑问设计。

余映潮老师说：所谓“主问题”，就是课文阅读教学中能从整体的角度或学生的整体参与性上引发思考、讨论、理解、品味、探究、创编、欣赏的重要的提问或问题。

一般意义上的主问题是教师依据教学需要和文本特质提出来的“牵一发而动全身”的问题。但是，“生本新课堂”的主问题，是“融汇”和“化合”了学生的提问和教师对文本特质的解读的，是问“一”题（或数题）便让学生觉得自己的提问被关注了的“主问题”。

妙招可言24：基于学生感受和疑问的阅读新课堂，教师教什么？

如孙绍振老师所说：“在语文课堂上重复学生一望而知的东西，我从中学时代对之就十分厌恶。从那时我就立志，有朝一日，我当语文老师一定要讲出学生感觉到又说不出来，或者以为是一望而知，其实是一无所知的东西来。”①

①孙绍振：《名作细读：微观分析个案研究》，上海教育出版社，2009年6月版。

且教、且思、且辨、且悟

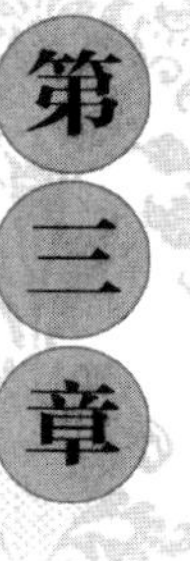

第三章

DISANZHANG

——基于学情的语文新课堂（范式）

蓦然回首 她在丛中笑

第一节　基于学情的语文新课堂之“熔铸式”

1.1　课例展示

《端午的鸭蛋》

【写在前面】

一、此课例最初为2011年山东省教学能手评选课例。以下课例为2017年12月在青岛二十六中执教观摩课的教学实录。

二、目前，“基于学情”的语文新课堂，已实践、总结出两种基本范式：熔铸式和纵进式。课例《端午的鸭蛋》属熔铸式。

三、熔铸：熔化并铸造（《现代汉语词典》）。基于学情的语文新课堂之熔铸式，将学生初读的感受和疑问作为教学内容确立的重要依据，并将学生的疑问和文本特质“熔化铸造”成课堂教学“主问题”。此教学设计中，“解汪老把高邮鸭蛋排在自己前面的谜”这一教学“主问题”，是从学情中梳理、“熔”“铸”出的“主问题”。

在实际课堂教学中还会在原教学设计的基础上，重新融入“这一班学生的感受”，在预设环节拟解决“这一班学生的困惑”，以此提高教学针对性。

在课堂教学中，你是如何关注学情的？

课前交流示例

《端午的鸭蛋》

交流感受和疑问

师：同学们读《端午的鸭蛋》写了感受，提了困惑。姚镔珂（见下图一），读一下你的感受！（生读。）

师：姚镔珂，你读文章把自己读进去了，真好。另外，你读到文章的语言中去了！你的疑问中“作者对别人赞美家乡到底什么态度”是什么意思？

生：就是说别人赞美汪曾祺的家乡，汪曾祺是高兴还是不高兴？

师：真好！这是一个很值得研究的“矛盾”。

师：看尹越的（见下图二），尹越你说：“如茶般，让我们细细品味，仿佛挂着鸭蛋络子的孩子，小心剥鸭蛋的孩子，就浮现在眼前！”真好！什么如茶一般？

生：汪曾祺平淡有味的话语。

图一：

八 年级 1 班　　姓名：姚镔珂

我的阅读感受是：

作者以家乡的端午的风俗开头，介绍了童年过节时的情景，逐渐开始详细介绍家乡高邮的鸭蛋，他用旁人对高邮鸭蛋的赞美，侧面烘托鸭蛋的知名度和美味，同时，也道出了家乡的好不仅仅在于鸭蛋。他也表达了“没有什么能和家乡的鸭蛋比”的情感。并且即使他不喜欢袁子才这个人，却唯独对《腌蛋》这一条甚感亲切，只因那介绍的是他家乡的鸭蛋，这包含了他对与故乡有关的一切都无比亲切、荣幸的感情。接着，他用格外详细、生动的笔法，描写了高邮鸭蛋的特点和吃法，以及家乡孩子们关于鸭蛋充满童趣的吃法、用法，作者的字里行间都表达了他真挚的感情，甚至是作为读者的我也忽然想起了自己的老家，一时感触颇深。　你把自己读进去了，老师佩服你！

图二：

八 年级 一 班　　姓名：尹越

我的阅读感受是：

空两格！

这是一篇语言平淡而有味的文章，也从字里行间读出了一种故乡情结。作者用朴素的语言介绍了家乡的端午节风俗习惯，系百索子，做香角子，贴五毒，贴符，喝雄黄酒，放黄烟子，让我们身临其境，也陶醉其中。后文开始介绍家乡鸭蛋味道独一无二，那腌蛋的香气也仿佛飘在空中，萦绕于鼻边。曾经沧海难为水，文字中也体现了作者的家乡自豪感。作者非常讲究语言艺术，全文中（使用）贯穿了许多方言，也有一分幽默的意味，让人读完后回味无穷。如茶般，让我们细细品味，仿佛捏着“鸭蛋络子”的孩子，小心剥鸭蛋的孩子，就浮现在眼前。

图三：

我的阅读困惑是：

在文章开头为什么要写端午节在作者家乡的风俗，在大篇幅的写完端午节习俗后才写出作者家乡的鸭蛋？(28) 为什么要写作者家乡的双黄鸭蛋也可以成批输出？(1) 为什么要把袁枚的《随园食单·小菜单》中"腌蛋"一条袁枚遍在到底在文中写了什么写出来？(13) 为什么要说孩子们把络子里的鸭蛋掏出来后吃了？(1) 为什么最后要写小时候读的故事囊萤映雪？(24)

图四：

我的阅读困惑是：

①作者为什么要花费大量的笔墨来描写和本文无关的内容，这有什么作用？(21)

②作者写端午的鸭蛋可最后写到了车胤读书和用萤火虫来照明，这和端午的鸭蛋没有一点相关之处，那为什么还要写呢？(18)

③本文是要写鸭蛋，那为什么还要写别的菜呢？是为了衬托出鸭蛋吗？(1) 对呀！

④文中"囊"这个字为何要用在鸭蛋身上，这是个描写人的词语，这里用有什么用意呢？(1)

⑤本文的描写顺序是什么？(2) 你梳理一下

⑥作者在题目上为什么要加上"端午"这些字呢？为什么不直接用"鸭蛋"或"咸鸭蛋"来命名。(8)

字写得太急！

师：老师多么希望你书写时稍微慢一点。

师：王曼琪读一下你的阅读困惑！大家注意她提出的疑问（见上图三）。（生读。）

师：你看汪曾祺，也真是的，怎么连《随园食单·小菜单》中的内容也录了来？文中好像作者说自己不大喜欢袁枚袁子才啊！再就是，怎么连孩子们掏出鸭蛋来白嘴吃了也写？

师：韩鸿明（见上图四），你写字怎么这么急啊！不过你读文章读得很精细！

韩鸿明提出的问题④就很精细：文中汪曾祺竟然把“蠢”这个字用在鸭蛋上，这是个描写人的词语！这里有什么用意呢？

师：同学们的感受和疑问写得都很实在！作家汪曾祺说（屏显）：

我始终认为读者读文章，是参与其中的。他一边读着，一边自己也就随时有自己的意见，自己的看法。阅读，是读者和作者在交谈。

——汪曾祺《〈蒲桥集〉再版后记》

……

【我教我说】

妙招可言25：阅读巧指导，引领细无声。

课前交流是进一步熟悉学情的过程，更是对学生自主阅读的指导过程。

比如，在课前交流中展示姚镔珂的感受，旨在强化阅读要“把自己读进去”。再比如，展示尹越的感受，旨在强化读散文要重视“赏读文本语言”。

课前交流不仅让“先学”得到了教师的“教”，而且促进了“先学后教、以学定教”，明确了学的方向、学的动因，激发了学的兴趣。

妙招可言26：要重视培养学生把自己的阅读感受和疑问写下来的习惯。

“基于学生感受和疑问”的新课堂，发放“学情征集单（预习单）”，要学生书面提交阅读感受和疑问，既便于教师掌握学情，又有利于“把自己读进去，把感受、疑问读出来”的阅读习惯培养。同时，学生写出阅读感受和疑问的过程，是再次梳理阅读感悟的过程，是学生进一步与文本对话的过程，是学生阅读走向深入的过程。在这个过程中，更容易养成好的阅读习惯，提高阅读能力。另外，在提问题的过程中，学生多角度、有创意的阅读的能力也将得到培养，学生的创造意识、创新能力也潜滋暗长了。

《端午的鸭蛋》教学实录

【写在前面】

下文中加点部分为依据“这一班”的学情而适当补充、调整的教学内容。

在日常教学中，你的课堂提问的问题来源是什么？

一、设疑激趣，导入新课

师：同学们坐好了，老师给大家讲段故事。北宋婉约派词人秦观，字少游，曾师从苏轼，苏门四学士（黄庭坚、秦观、晁补之、张耒）之一，大家应当记得他的千古名句吧？

生：两情若是久长时，又岂在朝朝暮暮？

师：他是什么地方人？

生：江苏高邮人。

师：时隔900多年，江苏高邮又出了一位著名作家——汪曾祺（屏显），他被誉为"中国最后一个纯粹的文人，中国最后一个士大夫"。他写凡人俗事，记乡情民俗，谈花鸟虫鱼，在不经心、不刻意中成就了当代小品文的经典和高峰。

有人便对汪老说："汪老，除了秦观，高邮——就您了！"汪老听罢笑着说："我只能排老三，前头——还有高邮鸭蛋呢！"（画鸭蛋）汪老怎么把高邮鸭蛋排在自己前面？恐怕事出有因！这节课我们继续走进汪曾祺的散文名篇《端午的鸭蛋》，读课文，品语言，悟情感，去解开这个谜（板书：端午的鸭蛋　汪曾祺　读课文　品语言　悟情感）。

二、品读语言，体悟情感（情趣）

1. 读课文。

师：高邮鸭蛋究竟有何特色，竟然排在作者之前？请同学们自由朗读课文，我们看谁的眼光最敏锐，捕捉语言信息的能力强。

（生自由朗读课文。）

师：刚刚读了课文，浏览一下，文章共有几个自然段？

生：6个。

师：标上自然段序号了没？

生：标了。

师：习惯真好。

2. 检查字词。

师：文中的这些生字词能读准吗？看大屏幕！

（屏显重点字词：掉色、系百索子、用酒和、门楣、腌、苋菜、籍贯、薄罗、鸭蛋络子）

一生尝试读。

师纠正、强调：掉色，"色"读"shǎi"，多用于口语。系百索子，"系"当打结、打扣讲时读"jì"。

师：什么是薄罗？

生：……

师：将词语拆开试试。薄，和厚相反；罗，就是绫罗绸缎的罗，是一种丝织品。但是罗有纱孔眼，纱孔通气性好。后来罗的意义延伸成“网”了，天罗地网，门可罗雀，门口都可以设网捕鸟了，孔更大了。薄薄的，带孔，通气性好的纱，就是薄罗。

师：什么是鸭蛋络子？

生：装鸭蛋的网子。

师：对呀！课文中说端午的头一天，就由（心灵手巧的）姑姑或姐姐用彩色的丝线打好了络子。络子就是根据物体的形状，用线打成的盛东西的网状袋子。你妈妈心疼你，冬天给你打的装杯子的络子，就叫“杯子络子”，端午节头一天给打的装鸭蛋的就叫“鸭蛋络子”。一枚鸭蛋为什么还被装在络子里？高邮的鸭蛋怎么就排在了汪老前面？

高邮鸭蛋到底有何特色，竟然排在作者之前？谁来解这个谜？

3. 品读悟情感。（以下品读次序为预设次序）

①如叙家常，悠闲。

生：“我的家乡是水乡。出鸭。高邮大麻鸭是著名的鸭种。鸭多，鸭蛋也多。高邮人也善于腌鸭蛋。高邮咸鸭蛋于是出了名。”作者虽写得很随意，但为家乡鸭蛋而自豪！

师：这些话平淡自然，如叙家常。老师只知道人多力量大，原来鸭蛋多了也出名呀！谁还有别的发现？

②肃然起敬，幽默。

生：“我在苏南、浙江，每逢有人问起我的籍贯，回答之后，对方就会肃然起敬：‘哦！你们那里出咸鸭蛋！’”可见，高邮鸭蛋很有名。

师：肃然起敬，恭敬、敬仰的感情，敬仰的谁呀？

生：鸭蛋！

师：哟嗬！不是秦观，也不是汪曾祺，原来是鸭蛋！大词小用，挺幽默的。

③一“哦”，一“！”，妙哉。

屏显：

我在苏南、浙江，每逢有人问起我的籍贯，回答之后，对方就会肃然起敬：“哦！你们那里出咸鸭蛋！”

——《端午的鸭蛋》

江浙一带人见面问起我的籍贯，答云高邮，多肃然起敬，曰：“你们那里出咸鸭蛋。”

——《我的家乡》

师：请看屏幕，汪老在他的散文《我的家乡》中有这样一段话，请同学们默读并思考，同样是肃然起敬的表情，这段文字最后一句与课文中的话有何微妙的区别？

生：没有“哦”这个字。

师：观察得细致。谁还有发现？

生：课文中的句子，句末是叹号。

师：加上“哦”字和叹号有何妙处？

生：更能表达外乡人对家乡鸭蛋的肃然起敬！

生：更能表现出作者的自豪。

师：我要是高邮人多好啊！高邮人真是好福气！你肃然起敬地、惊讶地读一下这句话。

（生尝试读。）

师：“哦”后面还立着一“！”呢！眉毛上扬，若惊讶状，肃然起敬地读。

（生读。）

师：感情是深呀，我们一起来读。

（生齐读。）

师：对于“哦”字，大家读得很短，还有没有其他读法？

（生思考，师提示：如果是略做思考，恍然大悟呢？）

生：可以读得长一点。

师：嗯，拖长，再加一点起伏就更妙了。（师边做手势边范读）别忘了最后也还立着个叹号！（师竖大拇指）同学们再读——“哦！你们那里出咸鸭蛋！”

（生齐读。）

师：小小一叹号，妙不可言！标点符号可千万别像写英语那样只用点儿。采访一下，你要是汪曾祺，此刻什么心情？

生：很自豪，家乡高邮真好！

师：一个“哦”字，一个“！”，神情毕现，韵味无穷，真乃妙哉！

④并非矛盾，另有隐情。

师：接下来的这句话，不好理解（屏显）：

我对异乡人称道高邮鸭蛋，是不大高兴的，好像我们那穷地方就出鸭蛋似的！

师：挺自豪的嘛！怎么又不大高兴呢？

生：……

师：噢，这句话的言外之意是……

生：不只出鸭蛋……

师：对，屏幕上红颜色的“就”，在这里是副词，可以用另一个副词“只”代替。同样是在《我的家乡》一文中，汪老这样写道：“我们还出过秦少游，出过散曲家王磐，出过经学大师王念孙、王引之呢！岂止咸鸭蛋！”

师：原来人家“不大高兴”是另有隐情啊，你看人家汪曾祺的家乡，牛不？文字中处处流露出作为高邮人的自豪感！

⑤双黄鸭蛋，挂嘴边。

师：这种“微幽默”而又低调的“微谦虚”别处还有没有？

生：“高邮还出双黄鸭蛋。别处鸭蛋也偶有双黄的，但不如高邮的多，可以成批输出。双黄鸭蛋味道其实无特别处。还不就是个鸭蛋！只是切开之后，里面圆圆的两个黄，使人惊奇不已。”

师：“还不就是个鸭蛋！”言外之意是没什么了不起的。一谦虚，欲扬先抑，打开以后，“使人惊奇不已”。作者心里那个美啊！汪老提起家乡的鸭蛋，就开玩笑说：“打一个双黄，再打一个还双黄，比我有名！你们看我这脑袋，像不像个鸭蛋？都是小时候吃鸭蛋吃的。朝朝暮暮地吃！”作者津津乐道啊！

微谦虚、微幽默真乃妙哉！妙处绝非仅此而已，看谁还有独到的眼光！

⑥特别标明，自豪。

生：“上海的卖腌腊的店铺里也卖咸鸭蛋，必用纸条特别标明：‘高邮咸蛋’。”作者为家乡鸭蛋感到自豪。

师：特别标明，看来不同凡响。如果你去了大上海的某大商店，人声鼎沸，顾客满满，也卖大虾，必用纸条特别标明“青岛大虾”，什么感觉？

生：很自豪，很亲切，因为青岛大虾是我们这儿的特产。

师：与有荣焉吧！青岛大虾蛮有家乡味儿，值得珍视。我们继续破解谜团：鸭蛋到底有什么好，竟排名在汪老的前面？

⑦曾经沧海难为水，重读。

生：“不过高邮的咸鸭蛋，确实是好，我走的地方不少，所食鸭蛋多矣，但和我家乡的完全不能相比！曾经沧海难为水，他乡咸鸭蛋，我实在瞧不上。”其中流露着作者的赞美之情和对家乡鸭蛋的由衷喜爱。

（屏显：将“确实”“多”“完全”“实在”设色突出出来。）

师：同学们，把红颜色的词语重读一下，看有什么效果。

（生尝试，师指一生读。）

师：平平淡淡的话，经他这么一读表达出了什么？

生（竖起大拇指）：更能感觉到家乡的鸭蛋好！

师：曾经沧海难为水——经历过高邮的鸭蛋，他乡的咸鸭蛋谁又瞧得上呢！“所食鸭蛋多矣，但和我家乡的完全不能相比！”“所食鸭蛋多矣”用现代汉语怎么说？

生：我吃的鸭蛋很多。

师：那就把原文改成现代汉语说法，行吗？

生：不行，因为……

师：知道不行，说不出原因，再读读思考一下！

生：用文言，好像有些幽默文雅的感觉。

师：你的感觉很敏锐。的确是这样，“所食鸭蛋多矣”叫人感觉到一种文人士大夫的闲适。汪曾祺写家乡鸭蛋，说到得意处，得意忘了形，摇头又晃脑，如迷又似醉，不禁要拿腔作调一番：所食鸭蛋多矣！读此处请同学们眼微闭，头微摇，得意满足地读：“所食鸭蛋多矣！”

（生很享受地读。）

师：文言和白话，自自然然地交融在一起，温文尔雅，颇为风趣。

⑧除却巫山不是云，方言。

师：“曾经沧海难为水，除却巫山不是云。”（师读屏显内容）：

苏北有一道名菜，叫作“朱砂豆腐”，就是用高邮鸭蛋黄炒的豆腐。我在北京吃的咸鸭蛋，蛋黄是浅黄色的，这叫什么咸鸭蛋呢！

（也难怪汪老说“这叫啥咸鸭蛋”！师用方言读出，生大笑！）

师：“这叫啥咸鸭蛋”，用青岛话怎么说？

生：这叫么鸭蛋呀！（浓浓的青岛味。）

（众笑。）

师：什么意思呀，你？

生（笑答）：他乡的鸭蛋不如高邮的好，对他乡咸鸭蛋嗤之以鼻，不屑一顾。

师：再孬也是咸鸭蛋！别处的鸭蛋一定不好吗？其实未必！情到深处不讲理啊！月是故乡明，鸭蛋还是高邮的好！

汪曾祺在散文《豆腐》一文中也有这么一处，其中有一个词挺有意思（屏显）：

咸鸭蛋拌豆腐也是南方名菜，但必须用敝乡所产的“高邮咸蛋”。

——汪曾祺《豆腐》

生：敝乡。

师：“敝乡”如同称自己家乡“穷地方”一样，低调的幽默，自谦中难以掩饰内心的自豪！好，别忘了解那个谜呀，谁再来说说。

⑨煞费苦心来考证，了得。

生：袁枚的《随园食单·小菜单》有腌蛋一条：“……不可存黄去白，使味不全，油亦走散。”不喜欢袁子才却摘录一条“腌蛋”，作者太喜爱家乡的咸鸭蛋了！

师：不喜欢袁子才，却摘录腌蛋一条，并感到“与有荣焉”。哪个成语能概括这种情感？

生：爱屋及乌！

师：况且，小小鸭蛋作者还煞费苦心考证了一番，不光袁子才《随园食单·小菜单》中有记载，据说900多年以前，北宋词人秦观就是拿高邮鸭蛋馈赠自己的老师苏东坡的，小小鸭蛋很有文化味儿，不得了。

⑩“敲”“冒”和“吱——”，油多无及。

生：“高邮咸蛋的特点是质细而油多。蛋白柔嫩，不似别处的发干、发粉，入口如嚼石灰。油多尤为别处所不及。鸭蛋的吃法，如袁子才所说，带壳切开，是一种，那是席间待客的办法。平常食用，一般都是敲破‘空头’用筷子挖着吃。筷子头一扎下去，吱——红油就冒出来了。”这一处赞美家乡咸鸭蛋的“油多”！

师：敲破“空头”？空头在哪儿呢（师模拟找空头）？终于找到了，这儿，磕破（模拟“磕”的动作）？

生（齐）：敲破！

师：为什么着一“敲”字，而不用“磕”？

生：用力猛了，油就流出来了！

师：噢，用力不能太猛，好（模拟“敲”的动作），敲出一个小口儿，拿着筷子轻轻地挖出一点，放在嘴里咂吧咂吧，柔嫩的蛋白，味道好极了！吃呀！

（众笑。）

师：接着用筷子头一扎下去，吱——红油就——

生（齐）：冒出来了！

师：为什么用“冒”字？

生：突出油多。

师：再读，“筷子头一扎下去——”

生（齐读）：吱——红油就冒出来了。

师：大家读得这个拟声词“吱”，不长不短，不好！要么你就读长点，要么你就读短点，再尝试一下！

（生尝试读。）

（指一生读，读得长。学生说明原因，这样读能表现出油多。）

师：油真多，冒的时间长。有其他读法吗？

（一生读，读得短促。学生说明原因，这样能表现出油冒得快。）

师：也有道理。到底应该读得长点还是短些呢？长短皆宜吧？要不问问汪老？可他老人家过世了。怪不得贾平凹说：“汪是一文狐，修炼成老精。”

汪曾祺的散文《复眼》中有这么一处（屏显）：

凡是复眼的昆虫，视觉都很灵敏。麻苍蝇也是复眼，你走近蜻蜓和麻苍蝇，还有一段距离，它就发现了，噌——飞了。

——《复眼》汪曾祺

师：大家看这段文字中哪个字与“吱”字有异曲同工之妙？

生（齐）：噌——

师：怎么读？

（一生读得很长，众笑。）

师：你读的不是蜻蜓和麻苍蝇飞，是蚊子飞！注意“凡是复眼的昆虫，视觉都很灵敏”。

（生再读，读得短促了。）

师：这才有味儿。这个字妙在何处？

生：写出蜻蜓和麻苍蝇飞得快。

师：对，一下子就飞走了。

生：写动作，还带有声音，生动形象。

师：绘声绘色，富有动感，耐人寻味。汪是一文狐——

生（齐）：修炼成老精！

（众笑。）

4．品读悟情趣。

①只论“囊萤”不言“映雪”，魂牵梦绕。

师：天上又掉下一枚咸鸭蛋，敲破空头用筷子挖着吃，这可是端午的鸭蛋，刚腌了不长时间，只有一点点淡淡的咸味，不用就着馒头吃，白嘴吃就行。“白嘴吃”就是？

生：什么也不用就着吃。

师：作者生于1920年，本文写于1981年。1981年作者应高邮县政府要求回访故乡后写了此文。在作者童年那个贫穷的年代，只有端午节才有如此“白嘴吃”的待遇，吃完了，蛋壳没用了，扔掉吧？

生：不行，还有用，要装萤火虫玩。

师：哦！同学们合上眼睛听老师读（师轻声读，学生沉浸其中）：“孩子吃鸭蛋是很小心的……萤火虫在鸭蛋壳里一闪一闪地亮，好看极了！据说，晋朝的车胤把萤火虫放在练囊里夜读，车胤啊，你怎么不用我们家乡的鸭蛋壳来装萤火虫夜读呢？”

（生笑。）

师：还沉浸在童年的快乐中？睁开眼吧！结尾一段提到的小时候读“囊萤映雪”，只对“囊萤”的车胤感兴趣，怎么对映着雪的反光苦读的孙康只字不提呢？

生：因为映着雪的反光苦读的孙康和鸭蛋没有关系。作者小时由车胤“囊萤”想到了鸭蛋。

师：是啊，家乡的鸭蛋在童年时的作者心里举足轻重啊！

②视蛋为友，化腐朽为神奇。

师：念念不忘端午的鸭蛋啊！不光好吃，就连鸭蛋壳都可以装萤火虫玩。并且，不是每一枚鸭蛋壳都能用来装萤火虫，孩子们还得精挑细选。鸭蛋有什么可挑的呢？同学们想要什么样的？

生：挑淡青壳的。

师：淡青的有格调！

生：挑形状好看的。

师：噢，有的难看，有的好看。汪老可不是这么说的。

生：有的样子蠢，有的秀气。

师：意思不一样吗？“蠢”怎么解释？

生：笨、傻。

师：意思是智商低，难道鸭蛋还有智商高低之分吗？

生：是拟人。把鸭蛋当成自己的小伙伴了！

师：对，鸭蛋就像童年的朋友和伙伴。挑好了，放在络子里，得挂在胸前大襟的纽扣上，时不时地瞧瞧，说不定哪时还和端午的鸭蛋说上几句呢！

“好看”“难看”只能写出鸭蛋的外形，而蠢、秀气两个词赋予了鸭蛋性格，蠢一点的，傻乎乎的，固然可爱，但孩子们更喜欢秀气一点的。《红楼梦》中的探春就长得很美，曹雪芹说她“削肩细腰，长挑身材，鸭蛋脸面，俊眼修眉”。“蠢”“秀气”两个词在汪老的笔下有了化腐朽为神奇的力量。

5. 端午习俗，只拣“最”。

师：其实，作者家乡端午的风俗还有很多。都有哪些？浏览第一自然段迅速找一下。

（生浏览并回答。）

师：不必说系百索子，做香角子，贴五毒，贴符，也不必说喝雄黄酒、用酒和的雄黄在孩子的额头上画王字，单是一枚小小的咸鸭蛋，就有说不完的美妙之处。同学们，在作者的家乡，端午节风俗可谓多矣！但是，让汪曾祺最难以忘怀的还是记忆中的端午节的咸鸭蛋。文章由端午习俗写起，自然而然地引出故乡的咸鸭蛋，可谓妙哉！

作家贾平凹忘不了故乡陕西的那口泡馍，叶圣陶嚼着薄薄的藕片就会想起远在太湖的故乡，周作人甚至认为儿时吃的野菜紫云英的味道无与伦比。他们想念的仅仅是那口泡馍、那片藕、那朵紫云英、那枚咸鸭蛋吗？

生：还有对家乡的怀念。

生：还有对童年生活的回忆与怀恋。

6. 我的家乡，我的爱。

师：汪老写了许多关于家乡美食的散文。立春的蒌蒿，清明的荠菜，端午的鸭蛋，秋天院子里的宽扁豆，雪天的咸菜茨菰汤，以及各家各户腌制的红皮萝卜干，都被他写得有滋有味，无不流露着作者对故乡高邮浓浓的依恋和对童年生活的回忆。汪老说过：“故乡和童年是文学的永恒的主题。”

泡馍也好，藕片也罢，还有紫云英、咸鸭蛋，它们只是载体，所引发的是深深的一段情，叫人思念到如今。

同学们，在你的内心深处，在你的感情世界里也珍藏着这样一枚小小的鸭蛋吧！想一想，与大家分享一下。或者，你再梳理一下，想一想，有没有新困惑与大家交流。

（生畅谈，师点评。）

三、总结提升，推荐阅读

汪曾祺曾说：“写作品得有中国味儿，且是普普通通的家常味。”

汪老总能用最平凡的字眼，组成最平凡的句子，说一件最平凡的事情，却如同水中磨洗过的白石子，干净圆润，清清爽爽，平平淡淡，有滋有味。正所谓“豪华落尽见真淳，平平淡淡才是真”（板书）。读了《端午的鸭蛋》，老师迫不及待地去买了这本《汪曾祺散文选集》，越读越觉得有滋味！

读汪老的作品吧，它能滋润你的心灵，带你发现生活的美好！

下课！

板书设计：

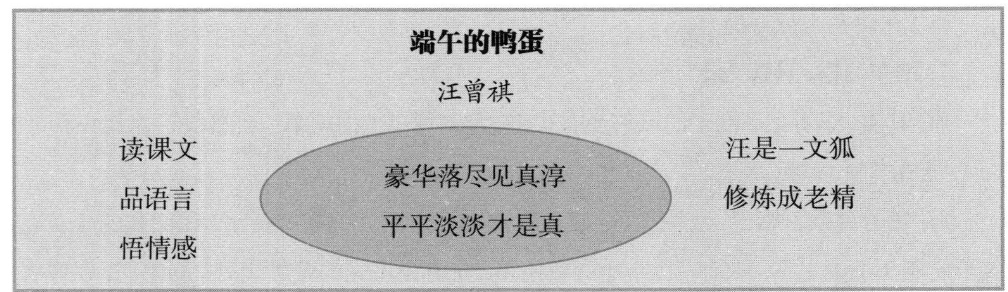

【我教我说】

妙招可言27：巧借机会，妙论背景，激趣学。

百里不同俗。《端午的鸭蛋》中作者对于家乡咸鸭蛋的情感，学生不好理解，甚至难以接受。一般“忆苦思甜”类说教，不如像汪曾祺那样叙说，有滋有味，有情有义。只要课前有机会，我就给学生讲自己的童年往事：

小时候，除了过年，老师所第一盼望的就是过清明了。过清明时母亲就给我们煮鸡蛋吃！

清明节那天，母亲早早就在灶台上忙活着煮鸡蛋了。鸡蛋煮完了，得放在冷水里拔（就是让鸡蛋迅速变凉）！我们急不可耐啊！鸡蛋还没凉下来，就从水瓢中抢一个，还得抢个儿最大的，抢了就想跑。你是跑不了的，因为我们那里有个习俗，清明节家家户户插柳枝，母亲是不让你跑的，赶早得拿着柳枝在我们身上“抽打”几遍，嘴里还念念有词……

妙招可言28：巧妙设疑，一以贯之，整体学。

“解高邮鸭蛋排在散文家汪曾祺之前的谜”是课堂学习的“主问题”，一以贯之，极大地激发了学生的探究欲望，使得课堂教学浑然一体。

妙招可言29：尊重生成，品咂提升，细致学。

朱自清先生说：“只注重思想而忽略训练，所获得的思想必是浮光掠影，因为思想也就存在词汇、字句、篇章、声调里，让学生读书而只取思想，那便是将书中的话用他们自己原有的语汇重记下来，一定是相去很远的变形。这种变形必失去原来思想的精彩而只存其轮廓，没有什么用处。”①

“曾经汪老难为文，除却平淡非佳品”，教学《端午的鸭蛋》唯有“品咂”语言，别无他径。教学设计中，因着学生的感受和疑问预设了以下提升学生赏读的方式、方法。

一是比较品读。

鲁迅先生说：“凡是已有评定的大作家，他的作品，全部就说明着‘应该怎样写’。只是读者很不容易看出，也就不能领悟，因为在学习者一方面，是必须知道了‘不应该那么写’，这才会明白原来‘应该这么写’的。”

比较品读除比较作家修改稿以及同类作品以外，教师也可以探究运用“增、删、调、换”词句的办法，引导学生通过比较“原句和改句”，去体味变换后句子的“不应该那么写”，从而体会原文“应该这么写”。

如把“所食鸭蛋多矣”换成“我吃的鸭蛋多了”，学生立刻察觉到原句的妙处，在此种辩驳品评中完成了深度赏读。

二是感情移入。

古人云：“人情不相远。”朱自清先生说：“‘设身处地’是欣赏的重要的关键，也就是所谓的‘感情移入’。”

如品读“必用纸条特别标明：‘高邮咸蛋’”，让学生感受大上海的某大商店售卖“青岛大虾”也必用纸条特别标明，于轻松幽默中“换位体验”，在自由品评中让学生入境察情，调动学生的情感体验，此类“感情移入”促进了学生深层次的文本解读。

补充材料，追忆背景，“设身处地”地感受作者彼情彼境中的心绪，也是“感情移入”深层次品读的好办法。如：

师（补充）：汪老提起家乡的鸭蛋，就开玩笑说：“打一个双黄，再打一个还双黄，比我有名！你们看我这脑袋，像不像个鸭蛋？都是小时候吃鸭蛋吃的。朝朝暮暮地吃！”

①朱自清：《朱自清论语文教育》，河北教育出版社，1985年版。

师（补充）：对啊，汪老不高兴：你们也太不了解我家乡了，我们还出过大词人秦少游，出过散曲家王磐，出过经学大师王念孙呢！

师（补充）：小小鸭蛋，作者还煞费苦心考证了一番。据说，900多年以前，北宋词人秦观就是拿高邮鸭蛋馈赠自己的老师苏东坡的，小小鸭蛋蛮有文化味儿，不得了。

另外，模拟想象在品读中也能达到“感情移入”深刻解读文本的效果。在处理“敲破空头”与“用蛋壳装萤火虫”两处时，单凭赏读还不能入味，于是让学生去想象、模仿，让学生于遐想中体会童真童趣。

三是以读促悟。

读“高邮的咸鸭蛋，确实是好，……我实在瞧不上”一部分，引导重读“确实”“多”“完全”“实在”这些修饰性的词语，便于学生在朗读中体会高邮鸭蛋“独步天下”的豪情，气势充沛。在重读中细细咀嚼，韵味悠长，让人唇齿留香。

于漪老师说：“重锤敲打关键词句，使它们溅出耀眼的火花。”《端午的鸭蛋》一文中“接着用筷子头一扎下去，吱——红油就冒出来……”“冒”字、“吱”字和“——”让人如观其形、如闻其声。另外，作者《复眼》一文中的“噌——飞了”的用法与原文中“吱——”的用法何其相似！引导学生通过重锤猛敲关键词句，反复品咂，体会“着一字而境界全出”的精妙，定会惊叹汪曾祺“下笔如有神”的文笔。

胡适先生说的“有什么话，说什么话”可视为散文的要义，汪老深谙此要义。采用恰当的方法，在读中品咂汪老的散文语言，是学习汪老散文、使学生爱上汪老散文的要义。

妙招可言30：读写结合，不着痕迹，得体学。

课堂上要求学生分享自己内心深处、自己感情世界里珍藏的那枚“小小的鸭蛋”，在潜移默化中引导学生训练如何“以物感怀”，“招惹”了学生的思乡情和对童年生活的眷恋，读写自然地结合在一起。

1.2 “煲”出浓浓的“语文味儿”

【写在前面】

什么是语文味儿？

果真的话，乃吾生之大幸

“台上一分钟，台下十年功！”教一节“语文味浓”的语文课确实不容易。

2011年10月28日，第二次参加“山东省教学能手评选”，我执教的是《端午的鸭蛋》。课后，好友陈先锋从网上筛选了去现场听课的老师的“博文”，极其兴奋地跟我说：“牛了，牛了，《端午的鸭蛋》好评如潮，我打包发给你了！”

打开老师们的“博文”，我不看便罢，看了一遍，又念一遍，反反复复看了不知多少遍。一会儿心跳加速，一会儿脸颊发热；一会儿自鸣得意，一会儿自惭形秽！

一堂课，得到同人的褒奖，真乃快哉！一堂课，给同人以启发，实是吾生之大幸！摘录一则如下：

品味读，品出文化味儿，灵魂受润泽

“一个人只有具备了高深的思想修养，他才能‘站得高，揽众山于目下；看得远，笼天地于眼前’；有了博大精深的思想，才会有非凡的真知灼见，出言陈词才会掷地有声。”

第三次品味《端午的鸭蛋》，是在听省教学能手于立国老师的课上，于老师的个人素质和文学素养，让我对文本中蕴含的文化味有了更新的认识：

原来，900多年以前的苏门四学士之一秦观，也是江苏高邮人，他曾经用高邮的鸭蛋馈赠他的老师苏轼。原来，汪老先生对自己的家乡着实情深意长，为了写这枚小小的鸭蛋，对袁枚的《随园食单·小菜单》进行了一番考证后，才得出“《腌蛋》这一条我看后却觉得很亲切，而且‘与有荣焉’”这样的看法呀。这不免让我对汪老先生的文化精神又多了一份敬慕之情。

物是情的载体，透过一枚小小的鸭蛋，我们能打开通往汪老精神世界的通道，触摸到他对童年温厚的追忆以及特有的故乡情结。

把书本轻轻合上，平平淡淡的语言，实实在在的生活，真真切切的情感，真乃营养丰富。读中国最后一个纯粹文人的散文，的确滋养和润泽了我们的灵魂。

（http://blog.sina.com.cn/u/327409889）

无独有偶。2013年冬天，在第一届“语参杯”教学研讨会（组织单位：《中学语文教学参考》杂志社）上，我执教了《端午的鸭蛋》。还是挚友陈先锋将网上的评论再次兴致勃勃地转发给了我。摘录一则如下：

成如容易却艰辛

对文章的解读往往是始于“窒闷无语”之时，而终于“欣然独笑”之际。

听一节课有两种状态：一种是“着急上火”；一种是“优哉游哉”。

今天，第一届“语参杯”同课异构活动重磅推出两节课：一是王君老师执教的《老王》；一是于立国老师执教的《端午的鸭蛋》。我“欣然独笑”了，“优哉游哉”了，其乐何如哉！

于老师的这节课我是很熟悉的。于老师之于我，亦师亦友亦兄。今天的课，他上得很轻松。教师挥洒自如，课堂气氛融洽，听课教师时时发出会心的笑声。改用一下《端午的鸭蛋》里的话，这节课“质细而油多，不似一些课发干发粉，入口如嚼石灰”。再套用贾平凹评汪曾祺的话："于是一课狐，修炼成老精。"

他们是如何达到这个境界的？我猜想是两个词：灵性和历练。吓唬一下胆小的老师：成如容易却艰辛。鼓励一下有热情的老师：只有登堂入室，才能享受教学的无上乐趣。

两位老师启发我：人不能拒绝成长。菲德烈大帝的一位侍从向大帝诉苦："大帝，我跟了您十年了，可是我还没得到一次提拔重用的机会。"大帝指了指旁边的一头驴子说："它已跟了我二十年了，可它还是一头驴子。"如果拒绝成长，就永远不能达到"技进乎道"的境界。

（http://video.sina.com.cn/v/b/79045231-2041562123.html ）

我心中美滋滋了好长一段时间，更觉得老师们的学习精神、反思精神是令人感动、令人钦佩的，我也越来越觉得语文老师要有职业操守，要相信我们的职业敏感，要"捍卫"语文。

如是我读《端午的鸭蛋》

——读其人，解其文

2011年10月，我第二次参评山东省教学能手（2003年已被评为山东省教学能手），需要准备四种课：散文、小说、文言文和写作课。当时准备最费劲的就是《端午的鸭蛋》！这一课是我和陈先锋老师一句话一句话地揣摩、解读文本的结果，是我们一个字一个字地把玩文本语言的结果，是我们一个一个地梳理、归纳、讨论、解答学生疑问的结果，是我们一篇又一篇地读汪老作品的结果，是我们一个学校一个学校试讲的结果……

洪荒之力啊！

（一）解读文本是要用上"洪荒之力"的

叶圣陶先生说："有的老师热情有余，可是本钱不够，办法不多，对课文不能透彻理解，总希望求助于人，或是请一位高明的老师给讲讲，或是靠集体备课。这不是从根本上解决问题的办法，功夫还在自己。只靠从别人那里拿来，自己不下功夫或者少下功夫，是不行的。"①

《端午的鸭蛋》一文，言外之意无非是说高邮鸭蛋"甲天下"，言中之情无非是爱家乡、恋童年。但这"平淡有味"的文字如何与学生一起品读呢？学生初读此文会有怎样的感受，又有哪些困惑呢？

为了进一步解读文本备好课，我们开始征集学生的感受和困惑。我和陈先锋分工合作，我做过市教研员，偏远乡镇、一般乡镇、城乡交界处学校学生学情我负责征集。市里

①叶圣陶：《好读书而求甚解——叶圣陶谈阅读》，开明出版社，2017年版。

的三处学校（我们依着一定标准选了三个层次的学校）学生学情由陈先锋负责征集，并且是七年级、八年级各一个班的（“赛课”不论年级、不论教学进度）。

当时，我们搜集了七、八年级各六个班学生的感受和疑问，深感解释学生的那些困惑仅靠一句句解读《端午的鸭蛋》是万万做不到的！

学生的这些困惑，倒逼着我读了好多遍好不容易买到的《汪曾祺散文选集》。2011年仅买到《汪曾祺散文选集》（百花文艺出版社，范培松、徐卓人编，2009年6月版）一书。

准备赛课时间紧，任务重。当时只集中精力精读了《汪曾祺散文选集》中写童年、故乡的文章。如：《故乡的食物》《故乡的野菜》《我的母亲》《我的家乡》《自报家门》等。重点读了作者的《〈蒲桥集〉自序》《〈蒲桥集〉再版后记》《〈汪曾祺小品〉自序》《当代散文大系总序》《〈草花集〉自序》等作品集自序。

读了之后顿觉豁然开朗！略举几例。

1. 读到《昆虫备忘录》中《复眼》一篇，其中有写“麻苍蝇也是复眼，你走近蜻蜓和麻苍蝇，还有一段距离，它就发现了，噌——飞了”。此处“噌——”，绘声绘形，惟妙惟肖，和“吱——”有异曲同工之妙。

另外，《昆虫备忘录》中《独角牛》一篇写有：“吃晚饭的时候，呜——扑！飞来一只独角牛，摔在灯下。它摔得很重，摔晕了。轻轻一捏，就捏住了。”原本是用写“独角牛”的这一处类比体会“吱——”的妙处的。“呜——扑”这一处，更形象。无论是声音，还是飞向光明时独角牛的毫无忌惮，都被一个“呜”一个“破折号”描绘得淋漓尽致。但是，因“独角牛”学生多数没有见过，便忍痛割爱用写麻苍蝇和蜻蜓的“噌——”，结果在龙口（烟台龙口市）参加山东省教学能手评选课的现场，仍有一个很活跃的学生拖着长音读“噌——”，读得像蚊子飞，引得与会师生哄堂大笑！

“噌”之敏捷和“破折号”状其飞远了，是两层意思！而独角牛的“呜——”是“一边一边”的关系，就像火车边鸣笛边往前开动一样！所以独角牛的“呜——”和咸鸭蛋红油冒出来的“吱——”更有异曲同工之妙。红油“吱”的一声冒出来，“——”表示流得多，也是“一边一边”的关系，这是我们最初的解读。龙口一堂课后，就觉得“吱——”中“吱”声短促、一涌而出，“——”状其油多，也是正确的。记得龙口课堂上“吱”字该读得长一些还是短一些，两个学生争执不下，才有了我开玩笑说去请教汪老，可惜汪老已经去世了的诙谐“搪塞”，或许也是因为有了麻苍蝇“噌——飞了”，有了独角牛的“呜——扑”，歪打正着吧！

2.《故乡的食物》里一组文章是读的遍数最多的，《端午的鸭蛋》是其中第二篇。第一篇是《炒米和焦屑》，其中“我们那里”“我的家乡”几乎段段都有；第三篇《咸菜茨菰汤》的结尾竟直接写道：“我很想喝一碗咸菜茨菰汤。我想念家乡的雪。”

接下来的《虎头鲨·昂嗤鱼·砗螯·螺蛳·蚬子》《野鸭·鹌鹑·斑鸠》《蒌蒿·枸杞·荠菜·马齿苋》，作者无不津津乐道，动辄就是“我家乡”“我们那儿”。

《故乡的野菜》不仅介绍了荠菜、枸杞头、蒌蒿、马齿苋、莼菜，在写莼菜时汪老还考证了一番，写秦少游用家乡高邮的土特产馈赠自己的老师苏东坡，还津津乐道了家乡高邮明朝的散曲家王磐，并欣慰地说王磐当时名声很大，与散曲大家陈大声并称“南曲之冠”，并就王磐和他的《野菜谱》特意叙写了一大段。

于是有了以下教学设想：

（1）读写可以这样结合：汪老写了许多关于家乡美食的散文，立春的蒌蒿，清明的荠菜，端午的鸭蛋，秋天院子里的宽扁豆，雪天的咸菜茨菰汤，以及各家各户腌制的红皮萝卜干，都被他写得有滋有味，无不流露出作者对故乡高邮浓浓的依恋和对童年生活的回忆。汪老说过：“故乡和童年是文学的永恒的主题。”泡馍也好，藕片也罢，还有紫云英、咸鸭蛋，它们只是载体，所引发的是“深深的一段情”，叫人思念到如今。启发学生：在你的内心深处，在你的感情世界里也珍藏着这样一枚小小的鸭蛋吧？想一想，与大家分享一下。

（2）“为什么不喜欢袁子才，还要摘录他的文章”的学生疑问，可以解读得更深入：

津津乐道之余，作者喜欢对家乡风物考证一番，深情满满，自豪满满，倍感“与有荣焉”。

（3）文章结尾是赘笔，还是“汪式”风格？“小时候读囊萤映雪的故事，觉得东晋的车胤用练囊装了几十只萤火虫，照了读书，还不如用鸭蛋壳来装萤火虫。”这信手拈来似闲笔之处，在汪老的散文中可谓多矣！如《故乡的野菜》中写王磐的《野菜谱》，看似闲笔，实则笔笔都是情，字字都是爱，满满洋溢着的是作为高邮人的骄傲和对故乡、童年的眷恋。

学生问：文章最后一段，作者提到小时候读的“囊萤映雪”的故事，怎么只写了“囊萤”的故事，对“映雪”的故事只字不提？经学生这一问，实际就问出了汪老的初衷。可以猜想：汪老孩提时对鸭蛋情有独钟，念念不忘，以至于在学习时都开小差了。于是，小时读“囊萤映雪”故事，觉得东晋的车胤用练囊盛了几十只萤火虫照了读书，还不如用家乡鸭蛋壳来装萤火虫夜读；以至于汪老现在想来，那情形历历在目；作者又想和儿时的自己辩论一番——不过用萤火虫照亮来读书，而且一夜读到天亮，这能行吗？车胤读的是手写的卷子，字大，若是读现在的新五号字，大概是不行的。新“我”和旧“我”辩论，追忆“旧我”的天真，蕴含的是情，是趣，是汪曾祺式的“淡而有味”！

“一问千金”！

3. 读汪老《我的母亲》，文中写自己拉了一裤子屎时，汪老把自己浓烈到让人鼻酸、哽咽的亲情写得又真、又简、又直，平平淡淡，甚至还透着淡淡的幽默：

小学一年级时，冬天，有一天放学回家，我大便急了，憋不住，拉在裤子里（我记得我拉的屎是热腾腾的）……

每读到此处，就会忍俊不禁！情不自禁地和鸭蛋“有的样子蠢，有的秀气”联系起来。不就是一枚鸭蛋吗？还言之“蠢”，言之“秀气”！也叫人忍俊不禁！这种淡淡的幽默，让我们也在课上和学生淡淡地幽默了一把：探春长得很美，曹雪芹说她“削肩细腰，长挑身材，鸭蛋脸面，俊眼修眉”。儿时故乡的咸鸭蛋就像童年的朋友和伙伴，“蠢”“秀气”赋予了鸭蛋性格，蠢一点的、傻乎乎的固然可爱，但孩子们更喜欢秀气一点的。

再说汪老那次小学一年级时拉裤子的事，写此文时作者已是72岁的老人，却清楚地记得当时拉的屎是“热腾腾”的，还不是“热乎乎”的，文字里有股热气在悠悠升腾。作者还写道：

我兜着一裤兜屎，一扭一扭地回家了。

此情此境，作者不忘幽默一把。接下来写道：

我的继母一闻，二话没说，赶紧烧水，给我洗了屁股。她把我擦干净了，让我围着棉被坐着。接着就给我洗衬裤，刷棉裤。她不但没有说我一句话，连眉头都没有皱一下。

散文情感的抒写通常是隐藏着的，这一处给我的冲击非常大。

实际上，作者当时激动到什么程度我们可以想见：回忆到此，哽咽的汪曾祺，泪流满面的汪曾祺，却极力控制决堤洪水般的情感，不忘幽默一把。这“送给人间的小温”（汪曾祺语），像涓涓细流，汩汩地流进读者心田。文中继母这“一闻”，闻出了一位继母对“继子”的至真至纯的爱……

4. 读汪老的《我的家乡》，成就了解读和教学《端午的鸭蛋》的几个比较巧妙的点——“雕虫小技”耳。

(1) 在《我的家乡》中云：

江浙一带人见面问起我的籍贯，答云高邮，多肃然起敬，曰：“你们那里出咸鸭蛋。”好像我们那里就只出咸鸭蛋！

我的家乡不只出咸鸭蛋。我们还出过秦少游，出过散曲作家王磐，出过经学大师王念孙、王引之父子。

于是教学中设计了对比赏读：

“你们那里出咸鸭蛋。”——《我的家乡》

“哦！你们那里出咸鸭蛋！”——《端午的鸭蛋》

于是也明白了学生提问较多的“我对异乡人称道高邮鸭蛋，是不大高兴的”中“不大高兴”的原委：嘴上说的、笔下写的是“不大高兴”，其实心里装的是：你们也太不了解我家乡了，我们还出过秦少游，出过散曲家王磐，出过经学大师王念孙、王引之呢！岂止咸鸭蛋！其实汪老内心是美滋滋的。

5. 读汪曾祺的《〈蒲桥集〉自序》，读到：“我是希望把散文写得平淡一点，自然一点，

‘家常’一点，但有时恐怕也不免‘为赋新词强说愁’，感情不那么真实。”这句话成就了课的结束语——汪老曾说，写作品得有中国味儿，且是普普通通的家常味……

6.《〈蒲桥集〉再版后记》中写道：“喧嚣扰攘的生活使大家的心情变得很浮躁，很疲劳，活得很累，他们需要休息，‘民亦劳止，迄可小休’，需要安慰，需要一点清凉，一点宁静，或者像我以前说过的那样，需要‘滋润’。”设计课的结束语便参考了这一句——读汪老的作品吧，它能滋润你的心灵，带你发现生活的美好！

7.《〈蒲桥集〉再版后记》中写道：“我始终认为读者读文章，是参与其中的。……阅读，是读者和作者在交谈。”这句话与我们的阅读习惯指导策略“把自己读进去，把感受、疑问读出来”异曲同工，倍感“与有荣焉”。在后来课堂上评价学生“感受”时，时常引用汪老的这句话。

8. 读汪老的《当代散文大系总序》，深受启发：读汪老的作品要享受他自成一家、平淡幽默、越嚼越有味的语言。贾平凹曾赞叹汪曾祺“汪是一文狐，修炼成老精”。

9. 从《〈草花集〉自序》里，我们读到了他的“写作颇勤快，人间送小温”的诗句。读到了“散文是‘家常的’文体，可以写得随便一些”，“我的散文多轻贱平常”……

（二）既要读其文，又要读其人

孟子云：“颂其诗，读其书，不知其人，可乎？”深入解读文本除了读作家的作品，还得去读作家其人。

2011年为赛课而解读《端午的鸭蛋》，几乎是出于“职业敏感”。汪老其人仅通过他的《自报家门》等几篇文章，略知一二。2013年，在“中语参”年会上执教此课前，我重新解读了汪曾祺其人。

1. 汪老真“文人”。

一本由汪老的儿女合写的《老头儿汪曾祺：我们眼中的父亲》，我断断续续看过几遍，算是距离汪老近了点，但不能妄语——我是知汪曾祺的。

汪老生于1920年，逝世于1997年，60岁以前主要工作是北京京剧团的编剧，是写戏曲的。《老头儿汪曾祺：我们眼中的父亲》一书中有一篇文章叫《60岁后又成了作家》。

汪老被誉为“中国最后一个纯粹的文人，最后一个士大夫”，我至今解读不深。

汪老的人生起伏不定。抗战期间，他到西南联大读大学，是沈从文的入室弟子，文学创作受沈先生的启发很大，比如沈先生讲的“教创作靠‘讲’不成。如果在课堂上讲鲁迅先生所讥笑的‘小说作法’之类，讲如何作人物肖像，如何描写环境，如何结构，结构有几种——攒珠式的、橘瓣式的……那是要误人子弟的”。再如沈先生讲的“要贴到人物来写”，这些都深深地印刻在汪曾祺的脑海中。

在西南联大读书，汪老也创作了一些东西，那时已在文学圈崭露头角。肄业后汪老教过短时间的书，做过将近一年的历史博物馆办事员。再后来全国解放，1950年下半年到1955年上半年，汪老在北京市文联当文艺刊物《北京文艺》《说说唱唱》的编辑。汪老的儿子汪朗回忆说：

爸爸在北京市文联干得好好的，突然换了地方，在1955年2月调到了中国文联的民间文艺研究会。还是干老本行，当《民间文学》杂志的编辑。当时，许多人感到不解。爸爸的同事也是我们家的朋友曹非亚就对我们说过，听说当时你们的父亲并不想离开北京文联。实际情况是，到民间文艺研究会确实是爸爸自己的意愿，其原因是物质利益的“引诱”。

爸爸跟我们说过，当时全国文联的一位负责人（名字我们没记住）拉他去编《民间文学》，并许愿长一级工资。爸爸回绝了，说留在北京市文联一样可以长一级工资。那位负责人说那就长两级，于是爸爸考虑了一下就同意了，因为一级工资在当时毕竟不是小数。看来，汪曾祺还没有清高到连到手的钱也不要的地步。①

据说汪曾祺的待遇相当于当时的副教授级，工资180元，在资历、年龄相近的人中，算是相当高的。

在这期间，汪老在《民间文学》任编辑，权很大，不是对人，是对稿子。到了1956年，在当时较宽松的政治环境下，汪老恢复了文学创作，写了些散文和散文诗。但是，在1957年的“反右”运动中，对政治一向敬而远之的汪老难逃厄运，1958年被打成“右派”。当时是为了凑名额，硬找了些莫须有的原因定汪老为“一般右派”，撤销职务，连降三级，下放农村劳动。工资从180多元减到105元，比起一般的“右派”来，汪老的境遇算好的，没开除公职，没发配到劳改农场！

他被下放到河北张家口沙岭子农业科学研究所，其间汪老体验了生活，后来很多散文就是写此时生活的。对于当“右派”，汪老居然很得意。他写过一篇《随遇而安》的文章，第一句话便是：“我当了一回‘右派’，真是三生有幸。要不然我这一生就更加平淡了。”

1960年10月他被摘掉‘右派”帽子，结束劳动。1962年1月，被调回北京，并且到了北京京剧团做编剧。在这期间才有了给江青编写样板戏《沙家浜》的经历，因此汪曾祺着实“风光”了一阵，当然这也为“四人帮”倒台后自己被审查埋下了伏笔。为了写好这些戏，汪曾祺也多次被安排外出考察。但是，按照上级指令编戏，全都是白忙活。汪老也只是编戏，与政治无缘，并且汪朗说：“爸爸虽然在文艺圈中，但是文人而不是艺人。”学者徐城北在为汪老的散文集《人间有戏》作的序中说，汪老是抓起毛笔就写的文人，是一个内心我行我素的逍遥派。结果，“文化大革命”结束后，汪老被认为是“四人帮”留下的潜伏分子，又被审查了两年。

①汪朗、汪明、汪朝：《老头儿汪曾祺：我们眼中的父亲》，中国青年出版社，2012年版。

1980年，60岁的汪老又成了作家，并且进入了他文学创作的新的高峰期。其子汪朗回忆这个时期的汪曾祺：

尽管一个伟人说过，忘记过去就意味着背叛，爸爸仍然觉得，人们以前受的苦罪已经不少，现在好不容易过得自在一点，实在没必要再把那些陈年老账翻腾出来，弄得大家憋屈难受。一个作家应该通过作品让人感觉生活是美好的，是有希望的，有许多东西弥足珍贵。因此，无论写旧社会的生活，还是写解放后办的一些错事，爸爸都是虚化苦楚，渲染真情。"美化"生活，就是他那个时期的"创作主旨"。①

2. 汪老很"纯粹"。

"汝果欲学诗，功夫在诗外。""台上一分钟，台下十年功。"实际上，课堂教学是越教越不自信。后来每受邀教学《端午的鸭蛋》，我都会重新拜读汪老和他的作品。

读其散文集《人间滋味》之《萝卜》篇，读到汪老的由衷感叹："萝卜原产中国，所以中国的为最好。"深有"月是故乡明"的同感。

读《韭菜花》篇，汪老也对韭菜花考究了一番，写出故乡美食的文化味儿。汪老夸赞家乡韭薹"美不可言"。

汪老在其《食豆饮水斋闲笔》中竟写了《豌豆》《黄豆》《绿豆》《扁豆》《芸豆》《红小豆》《豇豆》篇，另外专门写了《蚕豆》。《蚕豆》开篇就写："北京快有新蚕豆了。"结尾写："北京就快有蚕豆了，谷雨已经过了。"一个"就"字，急切的心情不言而喻。文中还专门考究说，鲁迅家乡的"罗汉豆"就是自己家乡的"蚕豆"。

如汪老所言："故乡和童年是文学作品的永恒的主题。"

读其散文集《人间草木》感受最多。其子汪朗在书的序言中说：

只是觉得他的文章看着不闹腾，让人心里很清净，文字干净通透，不牙碜。这个老头，即便在那种倒霉的境况下，写出的东西还是很放松，很有味儿，还带点儿幽默，真是不可救药。②

此之谓汪老的微幽默。我就此专门读了汪老写做"右派"时、"文革"后期被审查时的文章，依旧轻松，幽默，且是"微幽默"。我倒疑心这"微"的妙处了！"微商""微信""微课"，微得妙哉。这种微幽默叫人真真看到那个"纯粹的文人、士大夫"！

再读《昆虫备忘录》，依旧饶有趣味……

汪老在他的《两栖杂述》中说："我是两栖类。写小说，也写戏曲。"

读汪老的散文集《人间有戏》，倍感"人生如戏，戏如人生"！

读其人，解其文，我仍愧怍。我对汪老纯属无知无解。

---

①②汪朗、汪明、汪朝：《老头儿汪曾祺：我们眼中的父亲》，中国青年出版社，2012年版。

让人喜出望外的“感受”和异彩纷呈的“问题”

【写在前面】

学生的感受和疑问是深化教师文本解读的助推剂，更是课堂教学设计的“泉源”。教学经典文本，你习惯要学生“谈感受、提困惑”吗？

摘取某两个班学生的感受和疑问，摘录如下。

七年级学生感受摘录：

生1：这篇文章，作者没有用华丽的语言来描述，更多的是用通俗易懂的语言，却使人感到别样的趣味，叫人耳目一新。这“端午的鸭蛋”被作者写得特别特别好吃，使我禁不住流口水。我觉得作者写这篇《端午的鸭蛋》，还包含一种复杂的感情，可能是悲伤抑或怀念吧！

生2：《端午的鸭蛋》表达出作者对故乡的思念。本文没有华丽的语言，而用平淡的语言叙述了端午的鸭蛋。我读着课文就能想象出高邮鸭蛋，不禁流出口水。也许就是因为这种平淡，让我感受到了亲切，作者以此表达出了对童年美好的回忆，无忧无虑，开开心心。

生3：本文借“我”对童年端午的回忆，来表达对鸭蛋的喜爱至极与赞美之情，这是别处的鸭蛋无法带来的。文章的语言颇有一番风韵，略带几分孩子质朴的口吻和方言般的亲切；字里行间或表达出些许对家乡和鸭蛋的思念，或表达出对童年美好往事的回忆。虽只写了一个小小的家乡的鸭蛋，表达的感情和趣味却使人回味无穷。

生4：（1）本文语言含有方言的元素，具有幽默的特点，并且语言也很通顺。（2）本文描写生动，介绍了鸭蛋，却又代表了整个江南水乡的民风民俗，以小见大。

学生的感受叫人“喜出望外”，尽管有些感受得费些心思琢磨。但通过学生的感受，依据文本的特质和“需要教什么”的预设，最易确定学习“最近发展区”。看似大同小异的感受，却能反映出个体学情的差异。

七年级学生疑问摘录（梳理归类）：

A类：

（1）作者在最后一段为什么要写囊萤映雪的故事？

（2）为什么结尾没有用鸭蛋收笔，而是用了一个小故事？

（3）为什么作者要在文章的结尾写东晋车胤“囊萤”夜读的故事？为什么“映雪”夜读的故事没有写？

……

文章的结尾与众不同，却又别有情趣！的确耐人寻味！

B类：

（1）为什么作者不喜欢异乡人称赞他们高邮的鸭蛋？这是个荣耀啊！

（2）作者写家乡的鸭蛋，为什么没有提起家乡呢？为什么写家乡的鸭蛋而不写别的？为什么对家乡的鸭蛋久久不能忘怀呢？

（3）第三自然段中，为什么要引用唐代诗人元稹的诗句？

（4）作者写家乡的鸭蛋，单单是因为家乡的鸭蛋出名吗？

……

在这篇文章中，“鸭蛋”成了乡愁的载体，而学生对汪曾祺的文章接触少，感受不到这一点。

C类：

（1）文章第一段为什么先写端午的风俗？

（2）为什么文章的题目是“端午的鸭蛋”，而开头不写鸭蛋？

……

学生关注了题目中的“鸭蛋”，而忽略了题目中“端午”这一定语。

D类：

（1）作者在第二段中引用袁枚的《随园食单·小菜单》中“腌蛋”这一条有什么用？

（2）为什么前面说自己不喜欢袁子才这个人，后来又觉得很亲切？

……

写袁子才这一节，的确是“汪式”风格！可专门引导学生解读。

E类：

（1）文中“如嚼石灰”是对其他鸭蛋的轻视，还是突出家乡鸭蛋好吃？

（2）为什么咸鸭蛋还有“红油”的呢？

（3）为什么高邮咸蛋质细而油多，而别处的却发干发粉，入口如嚼石灰？是鸭蛋不同，还是腌制手法不同？

（4）挑鸭蛋为什么要挑淡青壳的？

（5）鸭蛋络子是什么？

（6）清洗鸭蛋壳的时候不会把鸭蛋壳洗破吗？把萤火虫放进鸭蛋壳里，萤火虫很快就会死，在萤火虫快死之前会把萤火虫放了吗？

（7）城隍庙是干什么的？麻雷子是什么？络子是什么？

（8）端午的午饭为什么要吃“十二红”？

（9）为什么要“贴五毒”？为什么要用酒和雄黄在孩子额头上画“王”字？为什么孩子一高兴时才掏出鸭蛋吃？

（10）什么是“苋菜”？

（11）“一笔虎”怎么写？

……

学生的世界充满了童真、童趣和好奇！

七年级的学生，阅读文本‘贴着语言”读的习惯亟待培养，他们还做不到“到文字中去阅读”！这是习惯的问题，更是教师教学引导的问题！

这实际上是语文教学的大问题！

八年级学生

【写在前面】

阅批八年级学生的感受和疑问，感觉他们的思维更深入，且多具有连贯性，感受、疑问一气呵成。

读以下学生感受和疑问，你有怎样的感觉？

生1：感受。读完这篇文章，我感受到作者家乡端午节的风俗有许多，感受到他小时候童年生活的美好，作者小时候过端午节都有十二道“红菜”。作者小时候抓萤火虫，把萤火虫放入用清水冲干净的鸭蛋壳中，让我感受到作者小时候的乐趣多。从作者长大后在外地吃鸭蛋觉得没有家乡的好，感受到作者对家乡的怀念。

疑问。壁虎也有毒？作者是什么时间写的这篇文章？这篇文章作者想要表达的仅仅是端午节的一系列事吗？作者早期生活如何？端午节是从什么时候开始的？第一个端午节是哪一年？屈原是哪国人？人们为什么要纪念他？萤火虫是什么动物？它靠什么发光的？它的寿命多长？为什么作者老家产双黄鸭蛋最多？雄黄是什么？壁虎的DNA是怎么样的？世界上最长寿的植物是什么？请解答。

学生的世界是何其丰富多彩，他们又是多么珍视自己提问的机会啊！

生2：感受。高邮的鸭蛋比其他地方的鸭蛋都好吃。作者十分爱自己家乡的鸭蛋，文章表达了作者对家乡的思念，对高邮鸭蛋的喜爱。而这普普通通的鸭蛋就是他思乡的情结。本文写得很随意，体现了汪曾祺散文闲适自由的风格。

疑问。作者为什么要以“端午的鸭蛋”为题？这篇课文表达了作者怎样的思想感情？作者写端午的鸭蛋为了表达什么？作者为什么要写别的地方的鸭蛋是什么样子的？题目是“端午的鸭蛋”，是写鸭蛋的，为什么要在文章中穿插端午节的习俗呢？为什么要在最后一段写囊萤映雪的故事？作者在写这篇文章时，是带着什么心情写的？

学生提出的问题中，实际上有很多是经过思考有了答案的问题。

生3：感受。本文形象细腻地写出了作者眼中的高邮咸蛋。高邮咸蛋虽为鸭蛋，但意义深刻，普通的咸鸭蛋中寄托着汪老的思乡之情，满满的童年回忆当中有着深深地对家乡的爱。

疑问。(1) 题目是“端午的鸭蛋”，为什么要在开头写端午节的其他习俗？(2) 为什么上海卖腌腊的卖的鸭蛋上要特别标明“高邮咸蛋”？(3) 作者说高邮的双黄鸭蛋无特别之处，但为什么要介绍它呢？(4) 作者为什么要引用袁枚的《随园食单·小菜单》的一条？(5) 作者为什么不喜欢袁子才？(6) 为什么作者认为蛋黄是浅黄色的咸鸭蛋就不是咸鸭蛋？(7) 为什么作者说用练囊盛萤火虫读书不如用鸭蛋壳装萤火虫？(8) 为什么作者对异乡人称道高邮鸭蛋不大高兴？

这是一个阅读深入、能读进文本的学生，该生对语言文字的关注和解读要予以肯定和表扬。但是，“说话学生腔”是怎么养成的呢？值得研究！

生4：感受。汪曾祺的这篇《端午的鸭蛋》描写细腻，从文章中能体会出他童年的欢乐，高邮的鸭蛋在他手中仿佛有了神韵，令读文章的人都垂涎三尺。他所描写的蛋白的质感，我读后仿佛自己也在吃鸭蛋，柔软的触感仿佛真的在舌尖绽开。蛋黄的油汁多，蛋白的有弹性，蛋壳的美丽……如此平凡的小事在他眼中都是回味无穷的。文中字里行间都描写出了汪曾祺对故乡高邮的热爱，生动地写出了家乡端午节的风俗，也表现出作者作为高邮人的自豪。文章灵动活泼，引人入胜，十分生动。

疑问。(1) 题目是“端午的鸭蛋”，以鸭蛋为主，为什么开头要用这么长的篇幅描写端午节的其他习俗？(2) 为什么要在中间引用袁枚的《随园食单·小菜单》？(3) 为什么“我”不喜欢袁子才这个人？(4) 为什么“我”对别人说“高邮鸭蛋”既不大高兴，又很自豪呢？这不前后矛盾吗？(5) 为什么“我”觉得双黄蛋没什么特别但是还介绍？(6) 为什么在篇末要提“囊萤映雪”的故事？

这是一个思想灵动、有着较高语文素养的学生。

生5：感受。读完这篇文章，被作者轻松的笔调所深深吸引，甚至也想去品尝一下“高邮鸭蛋”，同时佩服汪曾祺先生的写作手法。作者通过写小小的鸭蛋，热爱家乡的情感就不自觉地流露其间。我开始思索起自己家乡过节时的风俗来，开始观察平淡的生活中的乐趣了。

疑问（略）。

该生“联系生活读书”的习惯要予以肯定和表扬。

生6：感受。阅读这篇文章，了解了作者家乡的端午习俗，也了解了作者家乡鸭蛋独特的风味。作者对鸭蛋细致的描写令我隔着文字就感受到鸭蛋的美味，垂涎欲滴。文章字里行间流露出作者对家乡的热爱，对家乡的特产——鸭蛋的引以为豪，对家乡端午的怀恋。文章对鸭蛋的生动描写，令人回味无穷。

疑问（略）。

好厉害的感受——隔着文字就感受到了鸭蛋的美味，且垂涎欲滴。

生7：感受。我读了这篇文章后，觉得作者小时候是非常幸福的。对于我而言，我却体会不到那种农村的乐趣，但我亦感叹时光的流逝。对于青岛这个地方来说，没有多少人知道它的存在，但是一说是卖大虾的，大家都知道。

童年也许是最幸福的吧。

疑问。P131倒数第8行，“小孩子点了黄烟子，常把它的一头抵在板壁上写虎字”，为什么要用“抵”这个字，不能换成“放”吗？P132的倒数第4行，为什么让人惊奇不已？P133，为什么第4段讲咸鸭蛋，第5段却又笔锋一转，开始讲端午节了呢？P134，为什么第6段写的是萤火虫，到最后却又写囊萤映雪了呢？为什么作者不加一个结尾呢？

这是一个善于揣摩文本语言的学生，应予以肯定和表扬！

比较以上两个年级学生的感受，就会发现年级间学生语文素养的差距。这足以证明日常语文教学是有成效的。同时，我们也会发现，不同年级学生所提出的问题有许多共同之处，其中的奥秘发人深思。

1. 文本特质使然？

（1）十里不同音，百里不同俗。再加上年代久远，学生对作者家乡风俗、风物、风情会有共同的疑问。

（2）学生乍读汪曾祺的作品，因其语言别具风格（如幽默）也会产生不少困惑。如关于“袁子才”的困惑，关于“到底喜不喜欢别人对鸭蛋的称道”的困惑。这都源于学生对汪老作品阅读得少，对汪氏语言风格缺少感悟。

2. 教科书的助读内容使然？

（1）学生的阅读感受指向故乡情结，原因在课文前的“阅读提示”。《端午的鸭蛋》阅读提示部分，一上来就给学生阅读情感以定向——故乡情结，制约了学生对文本的解读和感悟。实则“故乡和童年是文学的永恒的主题”（汪曾祺语），文本对童年的回忆、对故乡的依恋是水乳交融的。此外，阅读提示中“超然自在的心”的说法，是距离学生很遥远的东西。

（2）学生不关注语言，对文本的解读在文章表面滑行，跟“研讨与练习”题干的引导“结论化”有关，如“平淡而有味”“淡淡的幽默”等。学生将这些写进了感受，但实际上是学生对文本语言风格“好像一望而知，其实是一无所知”。

3. 教学习惯使然？

（1）教师不习惯基于“学生的感受和疑问”确立教学起点，没有重视培养学生“把自己读进去，把感受、疑问读出来”的阅读习惯。因此，学生总是很浅易地谈阅读感受，较感性地提出阅读疑问。尽管多数问题“弥足珍贵”，但学生会问、善问的能力亟待提高。

（2）学生的“质疑”首先是自发的，自觉的，但通过老师的有效引导，学生的“质疑”会越来越精深。朱熹讲“小疑则小进”，实际上“会疑才大进”。

4. 学习习惯使然？

（1）尽信书则不如无书。学生不少感受是抄录或改造的“阅读提示”。教师要积极引导学生养成“裸读”文本的好习惯，不拘泥于“阅读提示”，要摆脱对“教辅资料”的依赖，要走进文本真阅读。

（2）习惯于关注“研讨与练习”。如《端午的鸭蛋》一课，学生自主研读“研讨与练习”第三题，会引发对文本更深入的思考。然而，学生的思考又有别于该题目的理性，学生多从感性上提出“为什么要写囊萤映雪的故事”的疑问，这些疑问和发现，使学生阅读走向文字和文字背后作者的独特感受。——这是好习惯。

“煲”出语文味儿

我有幸做了近六年教研员。做教研员听课，是坐在台下看台上老师展现才智与热情。“智”恰能称“情”，“情”亦恰能称“智”。教师与学生徜徉文本、移步换景，课堂因之呈现出“和谐生成”的生机与活力，我也沉浸其中，乐不可支。相反，“情”与“智”分离错位，课堂上生拉硬扯、牵强附会，教师困苦不堪，学生烦闷不已，身处其中，我也是疑惑填胸，如坐针毡。

每当感觉到“难受”的时候，我就会联想起做菜。对于厨艺，我知之甚少，但我渴望一种场景——将自己喜欢的食材，放进一口小砂锅里，用干硬的木柴生起一堆小火，食物的香味伴随着升腾的热气慢慢飘散……更渴望一种氛围——找一篇自己喜欢的文章，透彻解读之后，和学生一起走进文本，咀嚼语言，在亲切的对话中循文入义、披文入情……

机会来了。我要讲《端午的鸭蛋》！有朋友劝我：“另选一篇吧，这样的文章不好讲！”我笑了笑，心里的想法依然坚定。一则是因为我喜欢这篇文章，喜欢文章中散发出来的恬淡与随和。二是这篇文章经得起“煲”，不似一些文章，一“煲”就烂，嚼而无味。教学此文和学生一起在文字中品咂生活真滋味，何其悠哉乐哉！

我为上好《端午的鸭蛋》，为找寻那道可口的“语文味儿”的“菜”，开始了“长思量”。

（一）解读文本——读出文章真滋味

做菜得研究食材，上课得解读文本。此文没有刻意布局的起承转合，没有情意深沉的感怀抒情，但随着一遍遍素读课文，却让人越读越觉得有味，越品越入情，就如同与老友举杯把盏般随意闲适，又似和故乡旧知聊天般洒脱自如。似是想到什么妙处就同老友谈谈，想想停停，略加思索接着叙谈，在随意中却是浑然天成、韵味无穷。例如，“我的家乡是水乡。出鸭。高邮大麻鸭是著名的鸭种。鸭多，鸭蛋也多。”一句一断，句句简短，自自然然，如叙家常，读者也乐得随作者不动不惊的叙述去循文探幽。叙述过程中，似是顺口而出的话语更是让人倍感亲切。“好像我们那穷地方就出鸭蛋似的！”“这叫什么咸鸭蛋呢！”这就如同一个率性的朋友在和你亲切谈话，让人不由得会心一笑。“吱——红油就冒出来了”，着一“吱”字而境界全出，如闻其声，如观其形。“萤火虫在鸭蛋壳里一闪一闪地亮，好看极了！”未曾泯灭的盎然童心跃然而出，那童年乐趣定如永恒的光亮闪烁在了汪老的记忆里，也闪烁在读者的视觉里。

作者于淡然的叙述中时常不忘来一个跳转的音符，于幽默中给人新奇，于散淡中暗暗蓄情。“曾经沧海难为水，他乡咸鸭蛋，我实在瞧不上。”“我看后却觉得亲切，与有荣焉”，庄重与诙谐、大雅与大俗相得益彰，和谐从容。油然而生的自豪感，对故乡历久弥新的惦念，赤子之心可见一斑。由此我们也领会了文章首段对端午习俗的赘述，结尾处“囊萤映雪”的补叙，让我们终于悟到一枚小小鸭蛋，承载的既是作者对生活物趣的喜爱，也是对故乡永恒的依恋。

平平淡淡的语言，实实在在的生活，真真切切的性情，营养丰富、色香俱全的食材呈现在眼前，让人按捺不住，只想尽快带学生烹调这丰盈的精神大餐！

（二）广探学情——丰富教学内容

课前探查、梳理出来的学生阅读本文的感受和疑问，既促进了教师对文本的深度、多层次解读，也使得教学内容生动、鲜活、丰富、充盈。这些既构成了教学内容，也是教学的目标归宿。

（三）巧妙设疑——形成教学主线

要想让学生吃得香、吃得饱，就必须吊足他们的胃口。课先由秦少游及汪曾祺的介绍谈起，不动声色地强调他们在文坛上的地位，给学生一定的心理蓄势，再由汪曾祺的话巧妙质疑——“一枚小小的鸭蛋怎么会让汪老如此敬重呢？”借此，学生心中疑惑越大，迫不及待分享精神佳肴的“食欲”就越强，顺势提出“解谜”成了贯穿整个课堂的主问题、主线条。抓住了切入点，整篇文章就了然于胸，再循着学生的思路、随着学生的节奏去赏析，教学路径、目标就明确了：和学生商议怎样把这些食材慢慢进行煨炖，怎样把握火候，怎样适时添加一些“佐料”。有了这个路径、目标，老师就只等着慢慢给炉中加薪，静候学生思维火花的闪现。

（四）品读语言——咂摸文字情趣

食材煨炖的滋味如何，要让学生亲自闻一闻、尝一尝。对于语文味如此浓厚的精神佳肴，实在该多一些“品尝”的方法。教师耐心引导，学生才能领略文字之精妙。

1. 去词比较。“哦！你们那里出咸鸭蛋！”一句，与《我的家乡》中“你们那里出咸鸭蛋。”一句做比较，反复磨读“哦”字和叹号，辅以“肃然起敬”“讶异”的表情和夸张的动作，在“恍然大悟”般的幽默中，身为高邮人的自豪感呼之欲出。

2. 换位体验。品读“必用纸条特别标明：‘高邮咸蛋’。”一处时，让学生换成“必用纸条特别标明：龙口粉丝（青岛大虾）。”去换位体验。“这叫什么咸鸭蛋呢！”一句让学生用方言读并体会，于轻松幽默中换位体验，在自由品评中让学生入境察情。

3. 修饰性词语的“重敲”。“确实”“多”“完全”“实在”这些修饰性的词语，写出了高邮鸭蛋“独步天下”的豪情，气势充沛，细细咀嚼中，悠长的韵味让人唇齿留香。

4. 换词比较。把“所食鸭蛋多矣”“有的样子蠢，有的秀气”中的词语在不动声色中换成更通俗的词，学生立刻察觉到原词的妙处，于辩驳品评中也就完成了深度赏读。

5. 想象模拟。在处理“敲破空头”与“用蛋壳装萤火虫”两处时，单凭赏读还不能入味，于是让学生去想象、模仿，让学生于遐想中体会童真童趣。

6. 拓展比较。“吱”字让人如观其形、如闻其声，如何让学生充分体会其妙处呢？除了品读之外，还补充了《复眼》中的一个语段，其中“噌——”的用法，与原文中“吱——”的用法何其相似！学生在拓展比较的过程中，在类似的语言情境中，体会“着一字而境界全出”的精妙，慨叹汪曾祺的“下笔如有神”。

字数不多的文字，却经得住反复咂摸、赏玩，在不同形式的朗读中、在轻松幽默的品评中，师生畅快淋漓地饱食了一顿色香味俱佳的精神大餐！

（五）领悟情感——激发心灵共鸣

物是情的载体，透过一枚小小的鸭蛋，我们能打开通往汪老精神世界的通道，触摸到的是他特有的故乡情结，以及他对童年温厚的怀念。如果能将作者的情感与学生自身的阅历相联系，就能产生更多的情感火花，让学生萌发对童年、对故乡、对生活的珍爱。如果学生真正“懂”了的话必能受益终生，不“懂”也无妨，但只要让他们明白寻常小事带着慢慢欣赏的心境去思、去悟，必会有无尽的乐趣和风景。

事实证明，学生在畅谈家乡风俗和童年趣事过程中，还是“情动于衷”并能“发之于外”的——过年时饺子里包着的硬币，端午节与妈妈一起包的粽子，甚至是在外地看到的家乡的车牌，都能让学生在回忆的过程渗出深切的情感体验。

（六）和谐生成——期待精彩涌现

对尽在眼底的精神佳肴，如果中规中矩、严肃拘谨地去“品尝”，必定会让学生食而无味，食不知味。关注每一个细节，平等地与学生商议、对话，必定让学生“吃”得过瘾、品得畅快。例如在品读极精彩的“哦！你们那里出咸鸭蛋！”一句时，一个学生因为拘谨，读得没有感情，对此置之不理或是予以否定，都会损伤学生的自尊。在另一个学生评价“没有感情”的时候，我顺势引导说：“读得挺好呀，看来你的要求高。”既尊重了第一个学生，又激发了第二个学生的挑战欲。再如在质疑“鸭蛋有什么可挑的呢”时，学生答：“挑形状好看的。”我则巧妙地提醒：“噢，有的难看，有的好看。”学生略一思考便恍悟，原文用的是“蠢”“秀气”，师生便开始体味“蠢”“秀气”的妙处了。看似随意的引导，却处处关注生成。课堂让我和学生一起沉醉，沉醉在食材的甘醇和佳肴的美味里。

第二节　基于学情的语文新课堂之“纵进式”

2.1　课例展示

《珍珠鸟》

【写在前面】

一、教材：五四学制“鲁教版”六年级下册。学生：淄博市临淄区实验中学六年级四班。授课时间：2017年5月。

二、课前学生自读《珍珠鸟》一文，谈阅读感悟，提阅读困惑。

三、基于学情的语文新课堂之纵进式，是教师依据文本解读的逻辑顺序，从学生的感受和疑问出发，择取典型的学生疑问（感受）贯穿课堂，依照学情纵进地设计、实施课堂教学的类型。这种类型的新课堂，关键在于如何“抽丝”般择取学生典型的疑问（感受），并用学生典型疑问（感受）贯穿全课，将学生提出的典型问题（感受）作为文本解读重点，依学情和文本特质实施课堂教学。同时，课堂教学中要不断融汇学生的新感受、新疑问，让课堂教学真实发生。

四、在观摩研讨课特定的时间和特殊的环境里，唯有充分的预设才能应对“突如其来”的课堂生成。

你是如何教学《珍珠鸟》这类“简单”课文的？

【开课】

师：好，上课。

【交代目标】

本节课我们一块学习冯骥才的《珍珠鸟》，走进“信赖”创造出的美好境界，去读课文，品语言，悟情趣。（板书：珍珠鸟　冯骥才　读课文　品语言　悟情趣）

【教学新课】

一、检查预习，整体感知

1. 读准字词，解释“垂蔓”。（略）

2. 串联复述，整体感知。

师：浏览课文，选用屏幕上的词，注意勾画文中相关语句，把课文内容串联起来，概述文中故事。屏显：

巢、垂蔓、斑斑驳驳、生意葱茏、瞅、雏、眼睑、眸子、呷呷嘴、流泻

（生浏览课文，做复述准备。）

生：朋友送我一对珍珠鸟，我把它挂在窗前，用串生着绿叶的法国吊兰的垂蔓，蒙盖在鸟笼上，这垂蔓生意葱茏。三个月后这对珍珠鸟竟然生出了雏儿，这雏鸟和我渐渐熟悉了。有一天，它竟然落到我的肩上，银灰色的眼睑盖住眸子，这小家伙睡着了，还呷呷小红嘴儿，好像在做梦。我笔尖一动，流泻下一时的感受：信赖，往往创造出美好的境界。

师：真好，词语用得娴熟、自然；故事复述得完整、简洁，还不失生动！作者怎么不说是"流淌"出一时的感受？却说感受是"流泻"下的？

生：流泻是迅速地流淌，比流淌快！

师：言外之意是说这种感受很强烈，这种感受很深刻。读文章就要善于透过语言文字，读出作者的言外之意。本节课学习重点就是尝试读出作者的言外之意，言中之情。

（板书：言外之意　言中之情）

3. 梳理感悟，深化认识。

师：同学们对作者流泻出的情思"信赖，往往创造出美好的境界"，感受深刻。课前大家提交的阅读感悟，老师归纳、整理了12条，请同学们浏览一下（屏显）：

初读感悟

一、信赖类

2. 信赖是人与动物之间爱的表现，只有你真心对动物好，动物才会给予你它的爱和信赖。

3. 人与动物是世界上最好的朋友，彼此之间的信赖能创造出更加美好的境界。

4. 信赖使恐惧变成依赖，虽然说珍珠鸟天性胆小，但在作者的包容下，珍珠鸟便依赖作者了，所以"信赖，往往创造出美好的境界"。

6. 信赖，往往创造出美好的境界。

7. 通过描写人与小鸟之间的感情沟通，表达了作者对互相信赖、和谐美好的世界的渴望和追求。

8. 信赖，是一种美好的情感，人与人之间，信赖是人们心中的线，将彼此牵引到一起。

9. 我体会到了珍珠鸟的可爱、胆小、美丽、调皮和作者对珍珠鸟的信赖，感悟到信赖是人与动物沟通的桥梁。

11. 人与人之间信赖是必不可少的，那么人与动物之间信赖也应是必不可少的。

二、善待动物类

1. 善待动物，动物也会善待人类。

5. 动物是人类最好的朋友，动物也是有灵性的，人若对它们示好，动物也将无戒心，人与动物应和睦相处，从动物身上，人也会学到很多。

10. 信赖是我们的美德，对待动物亦是如此，大自然无比奇妙，我们要尊重大自然的创造。

12. 我觉得作者应该把珍珠鸟放回大自然。

（生浏览。）

师：大家的感受很深刻。老师仔细地从文中找了多遍，全文只有一个“爱”字，是文章第四自然段写珍珠鸟爸爸和珍珠鸟妈妈那处——却见它们可爱的鲜红小嘴儿从绿叶中伸出来。其余段落，特别是类似“我爱珍珠鸟”的话一句没有！老师就纳了闷儿了，文中“爱”的情感，大家怎么读出来的？

生：这些情感在字里行间蕴藏着。

师：厉害了！你已经善于读出“言中之情”了。（板书：爱）

（师读学生感受第“10”条。）

师：更难能可贵的是，咱同学从文章的字里行间还读出了“尊重”。（板书：尊重）

二、教学新课，解惑释疑

1. 解答“4班之问”——文章为什么没有语言描写？

师：同学们的阅读困惑也异彩纷呈，老师依据学习需要归了类。先看第一类（屏显）：

奇思妙想类——文章为什么没有语言描写？

7. 文章为什么没有语言描写？

48. 文中的语言描写和人的神态描写为什么这么少？

10. 为什么心理描写那么少？

20. 鸟儿都是向往自由的，而作者写出的却是鸟儿不喜欢外面的世界，这是为什么？

……

师：文章怎么没有语言描写呢？这个问题有挑战性，是谁提出来的？这不是难为人吗？

（提出该问题的学生怯生生地站起来！）

师：叫什么名字？老师真得感谢你提出的这个奇妙问题！

（该生笑眯眯的，很有成就感。）

师：在咱同学启发下，老师把文章第11自然段做了大胆创编，让小珍珠鸟开口说话了（屏显）：

在横线上填写人称，并演读“人鸟对话”。

冯骥才：“（　）先是离我较远，见我不去伤害（　）。”

小鸟儿：“（　）便一点点挨近（　），然后蹦到（　）的杯子上，俯下头来喝茶，再偏过脸瞧瞧（　）的反应。”

冯骥才："（　）只是微微一笑，依旧写东西。"

小鸟儿："（　）就放开胆子跑到稿纸上，绕着（　）的笔尖蹦来蹦去。"

冯骥才："（　）跳动的小红爪子在纸上发出'嚓嚓'响。"

师：默读第十一自然段，根据以上提示创编情景剧并演读。

（同桌间极其兴奋地演读着。指名演读时个个跃跃欲试。两女生演读。演珍珠鸟的学生蹦蹦跳跳的，活泼可爱。）

师：老师采访一下"小珍珠鸟（饰演珍珠鸟的女生）"。你歪着脑袋、偏过脸，干吗瞧人家？

生：我看看他的反应。

师：他什么反应？

生：微微一笑。言外之意是：唱吧，我允许。

师：然后呢？

生：我胆子更大了——绕着他的笔尖蹦来蹦去！

师：快不快乐？

生：快乐！自由自在。

师：我再采访一下冯骥才。冯老，它喝你的茶你也愿意？

生：愿意！

师：那可是我读了您的《俗世奇人2》，仰慕您，专门送您的上等西湖龙井啊！

（生咬着嘴唇思索，有部分学生偷偷地笑。）

师：冯老，它绕着笔尖蹦，影响您创作了，我们还等着读您的《俗世奇人3》呢！

生：我看它这么可爱、顽皮、活泼，我很惬意，很享受。我很享受珍珠鸟亲近的情意。

（我采访"珍珠鸟""冯老"时，有一名学生一直在摇头。）

师：同学们，这情景剧莫非是童话大王郑渊洁叔叔在给我们讲童话？我们创编得好极了！好——极了！好——极——了！

（我越一本正经地说，刚刚摇头的学生头摇得越厉害，最后该生"腾"地站起来。）

生：老师，本文不是童话，不能这样写。

师：太棒了！本文不是童话，是散文，的确不能这样写。散文是写实的，散文的第一要素是"表现自我的真情实感"。阅读散文，就是用我们的心去感受作者的心（屏显）：

散文的第一要素是"表现自我的真情实感"。

读散文，就是以己之心，分享作者之心。

师：请同学们记下上面这两句话。读散文还要善于读出言外之意，言中之情（屏显）：

在散文中作者抒发思想感情有两种方式：直接陈述；隐藏在语言文字中。读散文，我们不但要善于从作者的直接陈述中领悟到作者的思想感情，更要善于体悟隐藏在语

言文字中的作者的思想感情。

2. 解答“4班之问”——信赖是如何建立起来的?

师:实际上,同学们编演的这个情景剧,人鸟之间的脉脉温情、浓浓爱意都蕴藏在作者朴实的语言中,我们可从第十一自然段中体会到。

老师将大家提出的关于“信赖的建立”方面的问题分了三类(屏显):

第一类:信赖建立的过程。

6. 作者为什么不掀开叶片看它们,为什么要用吊兰挡住鸟笼?

15. 为什么鸟有了雏儿,作者不会看一眼?

38. 文中我和珍珠鸟的信赖关系是如何建立起来的?(归并问题1、14、20、25、35)

第二类:信赖可以创造美好境界。

29. 小鸟对大鸟的两次呼唤的反应有什么不同?这说明什么?(归并31)

4. 信赖可以创造美好的境界,创造了什么样的境界?(归并问题2、5、13、21、30、33、36、43)

第三类:作者喜爱珍珠鸟。

40. 用“小家伙”称呼小珍珠鸟,表达了什么感情?(归并37、39)

师:人鸟之间的信赖是怎么建立起来的?据此,半数以上的同学提出了困惑。透过以上这三类问题可以感受到,同学们的思考并非停留在“信赖”建立的过程上,而是深入到信赖产生的背后:大家都在思考信赖建立的基石是什么!也就是说小珍珠鸟对作者的信赖,是建立在什么基础上的呢?

生:是爱。

生:给小鸟自由。

生:尊重生命。

师:文章的字里行间,都流露着这种脉脉温情、浓浓爱意,是喜爱,是珍爱,是尊重的爱。

3. 解答“4班之问”——用“小家伙”称呼小珍珠鸟,表达了什么感情?

师:请看屏幕——

用“小家伙”称呼小珍珠鸟,表达了什么感情?

①找称呼“小家伙”处。

师:请同学迅速跳读课文,把带“小家伙”的句子找出来,勾画下来。

(生跳读勾画称呼珍珠鸟“小家伙”的地方。)

师:找到了,谁来读读?

生:第六自然段——哟,雏儿!正是这小家伙!

生:第八自然段——起先,这小家伙只在笼子四周活动。

生：第十二自然段——我不动声色地写，默默享受着这小家伙亲近的情意。

生：第十四自然段——有一天，这小家伙竟趴在我的肩头睡着了。

②体会神奇的“小”字。

师：经大家这么一读，老师在想：作者怎么用“小家伙”称呼这“雏儿”呢？请看屏幕：

三个月后，那一团越发繁茂的绿蔓里边，发出一种尖细又娇嫩的鸣叫。我猜到，是它们有了雏儿。我呢？决不掀开叶片往里看，连添食加水时也不睁大好奇的眼去惊动它们。过不多久，忽然有一个更小的脑袋从叶间探出来。呦，雏鸟！是这家伙！

（读这段文字最后一句，老师用莱芜方言读出来。学生感受到一种“厌恶”，偷笑。）

师：用临淄话读最后一句，怎么说？

（学生用临淄话读，没有惊喜，语义平淡，隐约中有讨厌之嫌。众笑。）

师：你读出了不喜欢？

生：是这家伙！去掉“小”和“已”表现不出对小鸟的喜爱之情。

师：“是这家伙”，不仅不表示喜爱，还表示些许厌恶。文中带“小”字的语句真不少，老师找了几处，大家读一读。请重读加点的部分（屏显）：

我便用吊兰长长的、串生着小绿叶的垂蔓蒙盖在鸟笼上……

小鸟的影子就在这中间隐约闪动，看不完整，有时连笼子也看不出，却见它们可爱的鲜红小嘴儿从绿叶中伸出来。

（生读。）

师：重读就是用力读吗？

生：不是。

师：重读就是要根据语言环境，把需要重读的地方读得与众不同。在例句的环境中加点部分要读得重一些，还是轻一些？

生：轻一些。

师：要读得快一些，还是相对慢一些？

生：相对慢一些。

师：好，大家一起读，注意加点部分要读得轻一些，慢一些。预备，读！

（生读。）

师：读出了隐藏在“小”字中的喜爱之情。以上是写鸟爸爸和鸟妈妈的，透过一个“小”字，作者对它们的喜爱之情溢于言表。看下面两组词语（屏显）：

清新　确幸　祖宗　东西

坏蛋　孬种　玩意儿　王八蛋

师：请看这些词——坏蛋、孬种、王八蛋，都是贬义词，加上“小”字呢？读读看，神奇不神奇？

生：神奇。“清新、确幸、祖宗、东西”感觉不出多么可爱来，加上“小”成了“小清新、小确幸、小祖宗、小东西”，都很可爱；更神奇的是“坏蛋、孬种、玩意儿、王八蛋”这些骂人的话，加上“小”，“小坏蛋、小孬种、小玩意儿、小王八蛋”不光可爱，还叫人觉得很亲昵！

师：你的回答也很神奇，一如这“小”字！一个“小”字化腐朽为神奇，喜爱之情蕴藏在其中。

③辨析“儿化”的作用。

师：观察该段最后一句，想想老师还做了什么改动。请看屏幕：

呦，雏鸟！正是这家伙！

生：“雏鸟”不如“雏儿”，雏儿表达作者的喜爱、喜欢之情。

师：文中使用儿化的地方多矣！这些地方无不流露出作者对珍珠鸟的喜爱之情。请读一下课文使用儿化的句子（屏显）：

从中传出的笛儿般又细又亮的叫声，也就格外轻松自在了。

小鸟的影子就在这中间隐约闪动，看不完整，有时连笼子也看不出，却见它们可爱的鲜红小嘴儿从绿叶中伸出来。

（生动情地读。）

师：生着鲜红“小嘴儿”的珍珠鸟，叫声“笛儿”般动听。这还是写鸟爸、鸟妈，尽管着墨不多，可是作者多么喜爱它们呀！新生出的“雏儿”肥肥的，毛茸茸的，像一个蓬松的“球儿”。一用儿化，喜爱之情溢于言表，对吧？

④赏读精准细腻的“哟”。

师：老师改得最微妙之处在于原文是“哟”，老师改成了“呦”！这是最新的第七版《现代汉语词典》中的解释（屏显）：

呦，yōu，叹词，表示惊异。

哟，yō，表示轻微的惊异（有时带玩笑的语气）。

师：三个月后，作者从那“尖细又娇嫩的鸣叫”声里，猜到鸟爸、鸟妈们有了雏儿。因此，是轻微的惊喜，带点玩笑的语气。作者用了“哟”字，是何等的精准！没准那时作者惊喜地自言自语，谁读？（屏显）：

哟，雏儿！正是这小家伙！

（一生读得既惊喜又充满爱恋之情！全班鼓掌。）

师：“哟”读得又轻又短，嘴角的弧线让老师看到你内心的小惊喜！读得很准确——“yō”。轻微的惊异，轻轻的，别吓着那小家伙！伸出手指，撮起嘴——嘘，极其享受的，轻微惊异地，读：嘘——哟，雏儿！正是这小家伙！

（生神神秘秘地读，读完相视而笑。）

师：读“哟”的时候，眉毛上扬，读“雏儿”得把嘴角弯成弧线。再读！

（生读。上扬的眉毛告诉人内心的惊喜，甜蜜的嘴角弧线叫人感受到内心的惬意。）

师：不管多轻微，这种惊喜中的享受是不言而喻的。同学们棒极了！

4. 解答“4班之问”——文中有很多关于小鸟外貌的描写，作用是什么？

师：再往后解答问题，得迅速抢答！抢答时要到文本语言中去找答案。空口无凭！请看屏幕：

①文中有很多关于小鸟外貌的描写，作用是什么？

②为什么要用“逃”，在第8段？

③第13段“挤”有什么作用？

④第11段中的象声词“嚓嚓”合适吗？

⑤文中的声响都加了引号，为什么“呷呷嘴”的“呷呷”没加？

师：谁抢答？抢答第几题？

生：抢答第①题。文章第7段写小鸟的外貌：“瞧，……”表达了作者的喜爱之情。

师：噢，这一段中说珍珠鸟“肥”，还漂亮？

生：可爱。肥肥的像个蓬松的球儿，很可爱！

师：胖乎乎的跟个蓬松的球儿一样可爱。此“肥”堪比杨贵妃之“肥美”了吧？堪比李清照笔下那“绿肥红瘦”的绿叶之“肥”了吧！你注意文中描写颜色的词了吗？嘴的颜色？脚的颜色？毛的颜色？红嘴红脚，灰蓝色的毛，想象一下，漂亮不？可爱不？

生：漂亮，可爱。

5. 解答“4班之问”——“逃”“挤”“嚓嚓”“呷呷”。

师：请继续选择并抢答。请看屏幕：

①文中有很多关于小鸟外貌的描写，作用是什么？

②为什么要用“逃”，在第8段？

③第13段中“挤”有什么作用？

④第11段中的象声词“嚓嚓”合适吗？

⑤文中的声响都加了引号，为什么“呷呷嘴”的“呷呷”没加？

（1）关于第8段的“逃”。

生：我回答为什么要用“逃”。在第8段中，小珍珠鸟“神气十足”地“逃”，将小鸟儿拟人化，加上“一会儿”的排比，写出小珍珠鸟的可爱、淘气。

师：文中说“一会儿把灯绳撞得来回摇晃，跟着逃到画框上去了”，请再用“逃”字组几个词看看。

生：逃跑，逃难，逃生，逃命，逃学。

师：用“逃”组的这些词，都是用来形容人的。说鸟儿用“逃”，将鸟儿拟人化。看似普通的词，蕴含着作者对这顽皮、淘气、活泼的小家伙儿的喜爱之情，以至于近乎溺爱了。“逃”的拟人化，小珍珠鸟儿俨然是冯骥才的“安琪儿”。作者享受着“安琪儿”给自己带来的境界。

师：还能从哪些地方读出小珍珠鸟的淘气、活泼、调皮？

生：“一会儿……一会儿……一会儿……”，这组排比句。

师：这组句子在朗读的语气、语速等方面，读的时候要注意。

（师指导学生轮流读这组排比句，要求语气要轻，语速要慢，要极其享受地去读，感受信赖创造的这美好境界。）

（2）关于拟人化的“挤”。

生：“挤”也把珍珠鸟拟人化了。珍珠鸟肥肥的、圆圆的身子，挤进笼子里，可爱极了。

（3）关于拟声词和叠词。

师：除了“跳动的小红爪子在纸上发出‘嚓嚓’响”，还有一处类似的词，谁找到了？

生：珍珠鸟索性用那涂了蜡似的、角质的小红嘴，“嗒嗒”啄着我颤动的笔尖。“嗒嗒”也是拟声词。

师：“嚓嚓”“嗒嗒”。听“嚓嚓——嚓嚓——”“嗒嗒——”“嗒嗒——”，叫人疑心这是世间优美的天籁了。投鸟以自由，报我以天籁。匪报也，永以为好也！

师：文中的声响都加了引号，为什么“呷呷嘴”的“呷呷”没加？这问题是谁问的？

（一男生徐徐起立，自己兴奋地回答自己的问题。）

生：“呷呷”不是声响！

师：是什么？

生：是动作。

师：像“嚓嚓”“嗒嗒”这类模拟声音的词叫“拟声词”。“呷呷”呢？

生：是动作。

师：什么动作？是撮起嘴，吸液体（酒、茶）的动作。

（学生模仿“呷”。）

师：似乎也有声音。看，听（老师模仿呷呷），有动作（老师撮嘴并开张，做“呷”的动作），有声音。小鸟仿佛在呷着嘴回味。它在回味什么呢？莫非是在回味我送给冯老的龙井茶香（学生会意地笑）？此情此景，温馨极了！大家一块读第十四自然段。

（生读。）

师：真好，投鸟以怜爱，报我以温情。匪报也，永以为好也！

6. 解答最著名的“4班之问”。

师：请看屏幕——

本文是写爱护动物的文章，为什么不写放鸟呢？大自然才是它们的家！（归并问题19、22、44）

师：谁来回答？

（生满脸疑惑。）

师：请看（屏显）——

珍珠鸟，雀形目、梅花鸟科，英文名为Zebra Finch，也叫锦花鸟、小珍珠等。原分布于澳大利亚东部和印度尼西亚东部的热带森林中，成鸟体长10厘米左右，易于饲养，很有观赏价值，20世纪七八十年代由澳大利亚引进我国。

（生依旧迷惑不解。）

师：同学们，这最著名的“4班之问”，我实在解决不了，便请教了我班的学生。我班文静的文娱委员柳名姝跟我说：“老师，我们家去年冬天买了一对珍珠鸟，现在下蛋了。”我惊喜地问：“好喂不？”柳名姝说：‘好喂，只喂谷子，它们自己嗑去谷糠；还得喂鸡蛋壳，鸡蛋壳得擀碎；喂菜叶，菜叶得放到水里泡好长时间，得把农药残留泡掉，晾干了才能给它们吃。”

我恍然大悟了！淘气的、可爱的、活泼的、红嘴红脚的珍珠鸟啊，尊重它们生命，就不能放飞，你说呢？

生：老师是说如果珍珠鸟放飞了，它就不能活吗？

生：它们没有在自然环境中存活的本领！它们是靠人工繁育的观赏鸟！

师：大家觉得呢？感兴趣的同学，课下可以继续探究。

（多数同学觉得意犹未尽！）

师：冰心先生有一篇文章叫《冰心说冯骥才散文〈珍珠鸟〉》。结尾这样写道（屏显）：

终于有一天，它竟然落在他的肩头上睡着了，“睡得好熟！还呷呷嘴，难道在做梦？”于是美感涌上了他的心头。

他“笔尖一动，流泻下一时的感受”：

“信赖，往往创造出美好的境界。”

其实，人和人，社会和社会，国家和国家之间，又何尝不是如此？世界和平的日子，只有从彼此信赖中才能得到！

——冰心《冰心说冯骥才散文〈珍珠鸟〉》

其实，人和人，社会和社会，国家和国家之间，又何尝不是如此？世界和平的日子，只有从彼此信赖中才能得到！

下课。

板书：

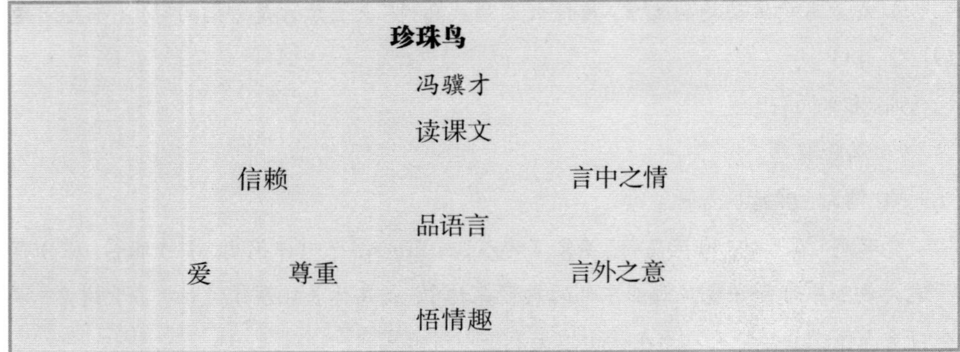

2.2 我教我说《珍珠鸟》

【写在前面】

日常教学中，你是如何设计课堂教学起点的？又是如何基于学情实施课堂教学的？

教学起点之文本特质

《珍珠鸟》一文教什么？怎么教？学什么？怎么学？如何学得更好？如何更好地学呢？

一、找专家把脉——探散文教什么

鲁教版五四学制《语文》教科书中的《珍珠鸟》一课，编排在了六年级下册。教学此文，我仔细读了王荣生主编的《散文教学教什么》一书，像吃了定心丸。

该书指出，教材中的散文实际上是“狭义的散文”，专门指“文学性散文”。教学中体裁和文体特征认识比较清楚、已经形成相应读法的文章，都从散文中分化了出去，比如新闻、通讯、报刊文章、传记、回忆录、科普作品、演讲词、寓言、童话等，余下的就是“文学性散文”，平常说的散文指的就是这一类。

教材中，《散步》《荷叶·母亲》《春》《济南的冬天》《紫藤萝瀑布》《从百草园到三味书屋》《爸爸的花儿落了》《珍珠鸟》《安塞腰鼓》《阿长与〈山海经〉》《背影》《台阶》《老王》《藤野先生》《我的母亲》《云南的歌会》《端午的鸭蛋》《吆喝》《春酒》《谈生命》《那树》《地下森林断想》《人生》等，都是此类“狭义的散文”，虽然有的偏重叙事，有的偏重写景抒情，有的偏重说理。

在《散文教学教什么》一书中，王荣生教授强调了现代散文的“无规范”（“不拘一格”和“张扬个性”）的特点，指出了“散文阅读教学的原则”，给日常备课和课堂教学带来了很多启示。如：

（一）“不拘一格”“张扬个性”对散文教学的启示。

“不拘一格”“张扬个性”，是现当代优秀散文家刻意追求的散文境界。散文“无规范”，但教学必须以明了规范为前提；对“无规范”的散文，也必须找到对应“无规范”的办法。

1. 现代散文不拘一格，这就意味着在散文阅读教学中，决不能用一种固定的套路去对付所有散文。

2. 现代散文不拘一格，这就意味着决不可以拿古代散文刻意考究的章法和技法，比如“以小见大”“伏笔照应”“一字之骨”等，去描摹、套用于现代散文。

3. 现代散文张扬个性，这就意味着在散文阅读教学中，必须找准“这一位”作者散文的特质，必须找到“这一篇”散文的特质，包括所谈论的话题，所抒发的情思，所运用的言语。

（二）“文学性的散文”的着眼点对散文教学的启示。

1. 散文阅读教学，始终在“这一篇”散文里，要驻足散文里的“个人化的言说对象”；严防跑到“外在的言说对象”，演变为谈论“外在的言说对象”活动。

2. 散文阅读教学，要着眼于主体，触摸作者的情思；严防滞留在所记叙、描写的客体，演变为谈论那人、那事、那景、那物的活动。

3. 散文阅读教学，要关注作者独特的情感认知，引导学生往“作者的独特经验里”走；严防受既成经验的遮蔽，演变为谈论各抒己见的活动。

4. 散文阅读教学，要由言及意，往散文中的个性化言语所表达的丰富甚至复杂、细腻甚至细微处走；严防脱离语句，跑到概念化、抽象化的“思想”“精神”，演变为谈论口号的活动。

（三）散文阅读的要领对散文教学的启示。

1. 散文阅读教学，要引导学生学会区分人我，引导学生体察在散文中表露的、对学生来说很可能是陌生的经验。

2. 散文阅读教学，要引导学生学会分享，在认识和理解别人的所见所闻、所思所感的过程中观照自我。

3. 散文阅读教学，要引导学生细读，体味作者言语表达的功力，体味精准的言语表达所蕴含的意味，体味语言的滋味和作者的情调。

4. 散文阅读教学，要培养学生以言逮意的追求，要唤起学生对以言逮意的功力的敬重。[①]

---

①王荣生：《散文教学教什么》，华东师范大学出版社，2014年11月版。

二、裸读课文——我从文本中读出了什么

《珍珠鸟》，看似极其简单易懂的一篇文章，平时教学这一课，师生都“轻松自在”。借班上课，在规定的时间内展示课堂教学，看似简单的《珍珠鸟》，教起来，同样叫人颇费脑筋。

散文的教学不同于其他文体教学那样有定数。

我们无论教哪一种、哪一篇课文，都要先考虑我要教什么东西，达成哪个目标。因为教材没有给一个明确的规定。一篇课文到底要教什么？怎么教？为什么要教这个？这样教好，还是那样教高效？这些都得斟酌！

为此，我在解读《珍珠鸟》上下了狠功夫。

在我苦心孤诣地解读教材时，母校（初中）的一位老师要参加区里教学能手评选，赛课课题是林清玄的《飞翔的木棉子》（教研员自选的）。这位老师抽到课题以后，在他学校老师们共同研讨下，很快整理出了教学框架并发给我，心急火燎地要求我再给“整点特色”。

母校、恩师命难违。我没看他的课堂教学设计，无奈放下手中的《珍珠鸟》，读起了林清玄的《飞翔的木棉子》来。

我像学生那样，边读边提出了阅读困惑并和那位老师交流。让我目瞪口呆的是，这位老师对文本生疏到连我几遍就能感受的东西，他都说不上个一和二来。我于是给他“整了”最急需的“特色”：征集同年级学生的感受和困惑，教师通过解读文本来解答学生的这些困惑，从而确定“教什么”。“文本读透了，学生的疑问解决了，教学设计基本上就出来了。”我反复强调让他解读文本。为此，我给母校另一位语文老师打了电话，要他帮我说服这位要执教《飞翔的木棉子》的老师。

实际上，课堂教学的特色不在设计的形式上；文本解读不好，任何技法都形不成特色。《珍珠鸟》写了什么、怎么写的、写得如何，要设计好教学，得反复读文本，真正“把自己读进去，把感受、疑问读出来”才行！我一遍一遍、逐字逐句地读课文，解文本，悟文本。

几轮教学下来，只要教材不变，我始终用同一本教科书。每次文本解读的零星感受，都记在课本上。教科书里，角角落落、密密麻麻写的都是我裸读的感受和发现。这些批注文字大体有以下几类。

一是基础类。如：重点字词的注音、释义；文本涉及的一些常识等。

二是教学设计类。平日上课，我就在课本上简单地标注一下教学设计。

最繁乱、芜杂的批注是常读常新的感受类。如：

1. 第三段：“从中传出的笛儿般又细又亮的叫声，也就格外轻松自在了。”旁批：

声音“细”了就“尖”，又细又亮的笛儿一样的叫声，怎么不说是“又尖又亮”的笛儿般叫声，“细”的笛声若何？

此句中表示喜爱之情的儿化音——“笛儿”，显得也轻松自在，于是我再读时在“笛儿”旁批注：

珍珠鸟在安全、舒适又温暖的巢中，像躲进幽深丛林一样，轻松自在了，笛儿一般的叫声，清脆极了。“尖”的声音刺耳，“细”的声音清脆，着“细”字妙哉！“又细又亮”的“笛儿”般美好的叫声，耐人寻味。言为心声，作者很享受地聆听的心境，用儿化了的“笛儿”，幸福、享受地表达了出来。“细”者温婉、悦耳；“尖”者犀利、刺耳。

2. 第四段圈出了“闪动”一词，旁批：

轻快敏捷。

此段勾画出了“却见它们可爱的鲜红小嘴儿从绿叶中伸出来”，圈画了“小嘴儿”的“儿”，旁批：

去掉会怎样？

当时想，假如去掉“小嘴儿”中的“儿”的话，表达效果受不受影响。于是旁批：

品读“儿化”，引导学生感受珍珠鸟的可爱，体会作者喜欢它们，享受这种和谐相处的情趣。“儿化”应该是不错的语言赏读点。

3. 第五段“我很少扒开叶蔓瞧它们，它们便渐渐敢伸出小脑袋瞅瞅我”中，将“小脑袋”的“小”圈了起来，旁批：

坏蛋、孬种、王八蛋，贬义词加上“小”成了小坏蛋、孬种、小王八蛋，立刻变得可爱了。“小”了就可爱；“大”脑瓜，就大得不伶俐。这是语言点，值得品读。汉语很神奇！

还把“瞅瞅”的“瞅”圈了起来，批注：

着“瞅”较之“看”时间短，“看”不一定时间短。

后来从《教参》上看到这样一句话，觉得有意思：“瞅瞅”，是说珍珠鸟妈妈和珍珠鸟爸爸像一个顽皮的孩子，初到新环境中流露出忐忑好奇的神态，想看又不太敢看，不敢看又想看，就瞅一眼，更可爱，憨态可掬！于是增加批注：

“瞅瞅”，真好，这对家伙太可爱了，作者很享受和鸟儿们相处。

4. 对第六段首句“三个月后”批注了阅读时的联想：

三个月来，作者为珍珠鸟干了些什么？精心照料，并且很享受。没准这期间，这对小家伙还双双伸出小脑瓜，看着作者发呆呢！作者很享受这种氛围和陪伴。

在此段中的最后一句“正是这小家伙！”旁批注：

作者猜到过，似曾相识的一种喜悦或者叫“喜出望外”。

5. 第七段说雏鸟“肥”，“肥”字被圈起来，还做了相关解读（我把解读打印出来夹在书中）：

肥，指的是脂肪多，怎么不说“胖”呢？含脂肪多，圆溜溜、肉墩墩儿的，“肥”化腐朽为神奇。

李清照《如梦令》作：昨夜雨疏风骤，浓睡不消残酒。试问卷帘人，却道海棠依旧。知否，知否？应是绿肥红瘦。

绿叶之肥是“生机和绿的张力”，那雏鸟之“肥”呢？

《现代汉语词典》对“肥”的解释：形容词，含脂肪多（跟“瘦”相对，除“肥胖、减肥”外，一般不用于人）；对“胖”的解释：形容词，（人体）脂肪多，肉多（跟“瘦”相反）。

动物“肥”了，似乎人们都喜欢，相反“胖”多数情况下用在人身上。就像“绿肥红瘦”一样，绿“肥”得有生机，这里珍珠鸟“肥”得可爱，就像一个毛茸茸的球儿。绿“胖”红瘦也好，雏鸟“胖”也罢，不仅没有了张力，更重要的是表达不出作者喜爱、喜欢、怜爱的心情。着一“肥”字，化腐朽为神奇。

唐代钱起有诗云：“竹怜新雨后，山爱夕阳时。”在文中，冯骥才“鸟怜新生雏，雏爱正肥时”，自己在读书、写作以及画画时，对鸟儿们的陪伴是很享受的，这不禁叫人想起了国学大师季羡林和他的散文《老猫》。文中写道：

这样过了几年，小咪咪大概有八九岁了。……而小咪咪则出我意料地露出了下世的光景，常常到处小便，桌子上、椅子上、沙发上，无处不便。如果到医院里去检查的话，大夫在列举的病情中一定会有一条的：小便失禁。最让我心烦的是，它偏偏看上了我桌子上的稿纸。我正写着什么文章，然而它却根本不管这一套，跳上去，屁股往下一蹲，一泡猫尿流在上面，还闪着微弱的光。说我不急，那不是真的。我心里真急，但是，我谨遵我的一条戒律：决不打小猫一掌。在任何情况之下，也不打它。此时，我赶快把稿纸拿起来，抖掉了上面的猫尿，等它自己干。心里又好气，又好笑，真是哭笑不得。家人对我的嘲笑，我置若罔闻，“全等秋风过耳边”。

这种生活情趣，这种生活雅趣，我们是不能仅仅用珍惜爱护动物来解读它。这的的确确是一种雅趣，文人的雅趣，更是一种大爱。

6. 第八段中，读的时候圈起“神气十足”来，感觉珍珠鸟的这一神态被人格化了。旁批：

区区一只乳臭未干的雏鸟，神气十足地站在书架上，还啄着书背上大文豪的名字，莫非你想叫醒长眠的智者和你聊天？太不自量力了，神气啥你？

这“神气十足”的雏鸟，叫人浮想联翩，满心喜欢。透过这一“神气十足”，我仿佛感受到冯骥才嘴角的弧线；仿佛感受到冯骥才作画思路阻滞时，抬头望见“神气十足”的雏鸟后又茅塞顿开；抑或是冯骥才读书入境，凝眉静思时看到“神气十足”的雏鸟而灵感顿生！

7. 解读文本时翻阅《冯骥才散文》（人民文学出版社，2005年版），在《遵从生命》一文中读到：

艺术家浸在艺术里，如同酒鬼泡在酒里，感觉当然很好。

我补充了自己的感受：

遵从生命，作家、画家、艺术家的情趣和生命态度使然。对待自己的生命，对待宇宙众生，这不仅仅是一种爱，更是一种生命的态度，欣赏小珍珠鸟的“神气十足”，季羡林的“全等秋风过耳边”，都是一种大爱，无疆的大爱。

8. 第十一段的叠词“瞧瞧”被我圈了起来，还有第五自然段的“瞅瞅”，叠词的使用叫人浮想联翩：“瞅瞅”，“瞅”出来的是人格化的忐忑和好奇；“瞧瞧”，“瞧”出来的是何等的信任、顽皮、狡黠、俏皮，仿佛瞧完转回身去，趾高气扬地说：“这茶好喝，真好喝！”

将“跳动的小红爪子在纸上发出‘嚓嚓’响”中“嚓嚓”圈了起来。读课文时，我甚至微闭双目，想象那“嚓嚓嚓嚓”声。这仿佛是自然界的天籁，令人陶醉——信任所创造出的境界何其美好！

冯骥才惬意地、默默地享受着“这小家伙”亲近的情意。

于是，我不禁感慨地批注：

从大处看，我们可以把这种境界称之为文人的“雅事”。“琴、棋、书、画，诗、酒、花、茶”，再加上冯骥才的珍珠鸟，都是雅事。从小处看，抑或是雅人的“小确幸”。

我还查找了“小确幸”，意思是微小而确实的幸福，出自村上春树的随笔，由翻译家林少华直译而进入现代汉语。“小确幸”的感觉在于小，每一枚小确幸持续的时间3秒至一整天不等。

小确幸就是这样一些东西：摸摸口袋，发现居然有钱；电话响了，拿起听筒发现是刚才想念的人；你打算买的东西恰好降价了……它们是生活中小小的幸运与快乐，是流淌在生活中每个瞬间且稍纵即逝的美好，是内心的宽容与满足，是对人生的感恩和珍惜。

当我们逐一将这些阅读的“小确幸”拾起的时候，也就找到了最简单的快乐！

于是，第十二至十四自然段我重点圈出了“享受”“友好”“陪伴”，还有表达惊喜之情的“居然”。

着重圈画了：

“我不动声色地写，默默享受着这小家伙亲近的情意。”

“我用手抚一抚它细腻的绒毛，它也不怕，反而友好地啄两下我的手指。”

“白天，它这样淘气地陪伴我。”

“有一天，我伏案写作时，它居然落到我的肩上。”

“睡得好熟！还呷呷嘴，难道在做梦？”

这温馨、这和谐、这意境，“天人合一”的境界，何等的美好、惬意！

也难怪冯骥才笔端流泻一时的感受：信赖，往往创造出美好的境界。

也难怪作家的笔端流泻出如此美文！

这源于父母再三呼唤才肯回家的小顽皮，它扭动滚圆的身子挤开绿叶钻回家去，让创作累了的冯骥才偷偷地弯起嘴角，惬意地享受着这纯真、活泼、顽皮！珍珠鸟是冯骥才的安琪儿！

9. 第十四自然段，“鸟睡作者肩”这最温馨的一幕，我仿佛听到了人、鸟的心灵对话：

冯骥才：唉，我的安琪儿！

小珍珠鸟儿：嗯，主人，让我睡会儿！

冯骥才：小心着凉！

小珍珠鸟儿：我盖着绒毛被！让我做完这个梦！

……

“我”抚摸它细腻的绒毛，它友好地啄两下“我”的手指，小鸟儿安睡在“我”的肩头，满足地做着梦，还呷呷嘴……这种境界，何其惬意！感谢陪伴。此刻，我浮想联翩：

《西厢记》中《拷艳》一节，说的是莺莺私会张生之事被相国夫人发现后，拷问红娘的故事。金圣叹激赏红娘机智泼辣，快人快语，于是一口气写下三十三条人生“不亦快哉”。全是平凡人家触手可及的美好惬意，换句话说，这是金圣叹的“小确幸”。录其一：

重阴匝月，如醉如病。朝眠不起，忽闻众鸟毕作弄晴之声，急引手搴帷推窗视之，日光晶荧，林木如洗，不亦快哉！

让金圣叹更感觉是“小确幸”的，录其二：

其一，推纸窗，放蜂出去，不亦快哉！

其二，看人风筝断，不亦快哉！

对于冯骥才而言，有小珍珠鸟陪伴的一幕一幕，都是“小确幸”。回想起来，每每让作者倍感“不亦快哉”：

珍珠鸟胆子越来越大，就落在我的书桌上，不亦快哉！……

小鸟儿就放开胆子跑到稿纸上，看鸟儿绕着我的笔尖蹦来蹦去，不亦快哉！……

小鸟完全放心了，索性用那涂了蜡似的、角质的小红嘴，“嗒嗒”啄着我颤动的笔尖。我用手抚一抚它细腻的绒毛，不亦快哉！……

这小家伙竟趴在我的肩头睡着了，银灰色的眼睑盖住眸子，小红脚刚好给胸脯上长长的绒毛盖住。我轻轻抬一抬肩，它没醒，睡得好熟！还呷呷嘴，难道在做梦？此景此境，不亦快哉！……

我揣测了冯骥才的“不亦快哉”！后来，又在冯骥才散文《水墨文字》中读到：

爱比被爱幸福。

作家、画家、艺术家冯骥才的血脉里流淌着“爱与美”的血液，笔端就会流淌出如此清新、精准、唯美的文字。

至于《教师教学用书》，裸读后我只是约略浏览，旨在找寻方向。大方向没错，我首肯自己的解读。

教学起点之学生的感受和疑问

《珍珠鸟》一文教什么？怎么教？学什么？怎么学？如何学得更好？如何更好地学呢？

一、基于学情

在深入解读《珍珠鸟》这篇课文之前的一周，我有意识地重新翻看了孙绍振、钱理群、王富仁三位老师关于“文本解读”的文章。孙绍振老师的话再次警示我——课堂教学要“以人为本”。他说：

在语文课堂上重复学生一望而知的东西，我从中学时代对之就十分厌恶。从那时我就立志，有朝一日，我当语文老师一定要讲出学生感觉到又说不出来，或者以为是一望而知，其实是一无所知的东西来。

二、煞费苦心

在学生的感受中有“我觉得作者应该把珍珠鸟放回大自然”的大胆提议，在困惑中有“本文是写爱护动物的文章，为什么不写放鸟呢？大自然才是它们的家”的疑问，这些问题一度困惑着我。

几经周折，课前终于得出结论——对于珍珠鸟这种观赏鸟而言，“不放生”才是对笼子里鸟家庭最大的尊重。这是无疆的大爱。

我欣喜若狂！

如何善待动物？对于观赏类的珍珠鸟而言，冯骥才的遵从生命就是最大的善待生命。这是学生望而不知的。“作者应该把鸟放回大自然”一类的学生感受和“为什么不将珍珠鸟放回大自然”的疑问是极具轰炸性的，引发了我颇多的思考和专门的研读。

我从网上查找了几位名师关于《珍珠鸟》的课堂实录和教学感悟。他们对文本的解读都极具个性化，有的还解读出冯骥才“欣赏囚禁”。以至于一开始我在解读时，觉得文中作者沾沾自喜与津津乐道，实有“欣赏囚禁”之嫌。后来一想，这是欣赏囚禁吗？那么人们在室内养花种草，也是囚禁？在大大小小的鱼缸里养千奇百怪的鱼，也是囚禁？

在解读此文的一个下午，我沿着小区河边转悠，同事老田带着一只异常娇美的小狗遛弯。他家的小狗通体白色，耳朵大，下垂着，卷曲的白毛遮盖不住小狗闪射的瞳仁。其实我喜欢养花（有些花移入室内不行，有些花放到室外花又太娇嫩）。我恭维地夸赞：“老田，这只小狗太可爱了，你看这毛雪白雪白的，毛色也不单调，眼睛下面鼻翼两侧的毛暗褐色，衬托得这小家伙更可爱了。”老田却说：“这只不好养，专吃狗粮，狗粮一调配不好，吃了就流泪，褐色部分是它淌泪淹的。”我似乎从老田的话里听出了点什么。

此刻，我越发讨厌自己的孤陋寡闻了！又一想，老田这人也真是的，遛上一只小狗（上只小狗褐色、娇小、无尾巴），小狗在前面自由自在地走走停停，老田悠闲地跟着；这只小狗被老田拴着，老田被小狗拽着走。这多限制小狗自由啊！可是，老田又边拽着小狗边气愤地跟我说：“这只狗，我养够了，出来拽不住，乱跑，乱吃。乱吃了东西后就淌泪。”

哦！此刻我想：其实，对待这小狗，老田“牵着”是对它生命最大的尊重！

“冯骥才怎么把这么可爱的鸟困在笼子里？”“应不应该放回大自然？”这些问题一时间还在困扰着我，此刻答案并不明晰。

我和学校老教师甄老师谈起《珍珠鸟》，谈起学生的问题，谈起“囚禁说”。甄老师意味深长地为我讲述了他母亲养虎皮鹦鹉的故事：虎皮鹦鹉可根据鼻子的颜色分辨雌雄（一种肉皮色，一种蓝色）；虎皮鹦鹉必须雌雄成对地养，一只笼子只能放一对；笼子里的巢必须做成小房子状，小房子的口尽量小到仅容鹦鹉钻进去；小房子必须是隔开的两层，上下、前后、左右，只要两层都行；这样的小房子，一间是居室，一间是育儿室。这样鹦鹉就能生蛋，孵出小鹦鹉，一窝多则六七个……

最后甄老师说：“鹦鹉只能放在笼子里养，偶有飞出去的，它还会再飞回来，因为它不能在自然环境中生存。”

我似乎觉得甄老师的母亲颇“尊重生命”！

在外出上课前的一节课上，我着急地跟我的学生商量说：“同学们，老师要去外地上《珍珠鸟》一课，那里的学生提出一个问题来，可把老师难为死了。”我如实地向学生道出了原委。

我把这个“该不该放走珍珠鸟”的问题抛出来，班里一下子就炸开了锅。学生各执一词，莫衷一是！这时，文静的柳名姝讲了她家养的珍珠鸟，我喜出望外！

柳名姝煞有介事地讲：“老师，我们家去年冬天买了一对珍珠鸟，现在下蛋了。”我问：“好喂不？”柳名姝说：“好喂，只喂谷子，它们自己嗑去谷糠，还得喂鸡蛋壳，喂菜叶，菜叶得放到水里泡好长时间，得把农药残留泡掉，晾干了菜叶，才能给它们吃……”柳名姝滔滔不绝地讲开了！

我恍然大悟了，淘气的、可爱的、活泼的、红嘴红脚的珍珠鸟啊，尊重你的生命，就不能将你们放飞。放飞，预示着死亡！

我又百度了资料：珍珠鸟，学名叫斑胸草雀（英文名为Zebra Finch），也叫锦花鸟、小珍珠、锦花雀等。隶属雀形目、梅花鸟科、草雀属，原分布于澳大利亚东部和印度尼西亚东部热带森林中。体长大约10厘米，珍珠鸟较易于饲养，很有观赏价值。中国在20世纪七八十年代由澳大利亚引进。这种鸟羽色艳丽，体形娇小玲珑，叫声细柔，给人以美的享受，是驰名世界的人工繁育鸟。

言冯骥才“欣赏囚禁”，太骇人听闻了吧！我读《冯骥才散文》，越读越觉得冯骥才无论如何是不会囚禁珍珠鸟的。当然，冯骥才“囚禁险恶和黑暗”。我是无论如何也解读不出“囚禁”的，更何况“欣赏囚禁”。《精读指导举隅》一书前言中说：“倘若死守住这几百篇文字，不用旁的文字来比堪、印证，就难免化不开来与知其一不知其二的弊病。”①

冰心先生有一篇叫《冰心说冯骥才散文〈珍珠鸟〉》的文章，令我恍然顿悟——其实，人和人，社会和社会，国家和国家之间，又何尝不是如此？世界和平的日子，只有从彼此信赖中才能得到！

读《珍珠鸟》体会到：作家冯骥才有这样一种情调，有这样的感受和思量。足矣！那些优秀课例，费力不讨好地延伸与拓展，要不得，不得要。

学生对作者的情感、情趣、情调通常不会一望而知，很多情况是一望而知，但又说不出来。于是，我将教学重点确定在“品语言，悟情感（情调）”上来了。

仁者见仁，智者见智。不必说“欣赏囚禁”荒谬（至少是偏颇的），不必说“信赖说”浅薄，也不必说“距离说”附会；单是冯骥才的生活情趣，就是教学前所要了解的。

三、“纵进式”

基于“这一班学生”，“这一堂课”，《珍珠鸟》一文到底教什么呢？这是最劳心、劳神的。我始终觉得至于“怎么教”，在明确了“教什么”后基本上就明确了。

文本的特点和学情决定着“教什么”。至于编者的目的、课程标准等，在文本解读、揣摩文本特质时就已渗透了。

1. 基于学生感受的整体感知。

借班上课，学生书面谈了阅读文本的感受，提出了疑问，该班语文老师整合、梳理出学生的十二条感受、五十三个疑问给了我。

在这十二条感受中，其中有三条是说信赖可以产生美好境界的；有六条对“信赖往往创造出美好的境界”，做了习惯性的道德延伸，觉得“信赖是把人牵引在一起的线，是一种美德，应当成为人的一种追求”。（这和冰心先生的解读是一致的，学生很厉害）

其实，在我的感受中，作者不只是在推崇信赖，而是在享受信赖所创造的境界，是一种诗情画意的雅趣，是一种生活的情调，是一种不可言说的美好。水到渠成，作者卒章显志，流泻下自己的哲思——信赖，往往创造出美好的境界。但是，学生的这种延伸是必要的，既然四分之三的同学感受到了，教学的浅层情感就由学生自己解决了。然而，学生感受中更有倡导善待动物者，究其原因是学生从阅读提示中捕捉到要善待动物的说法。

①叶圣陶、朱自清：《精读指导举隅》，中华书局，2013年4月版。

学生阅读文本后的感受是深刻的。因此我决定整体感知课文从略，教学设计采用了串联词语复述故事的办法。

2. 由学生的疑问推进课堂教学。

依着文本特质和学生提出的问题，《珍珠鸟》到底“教什么”已经确立。那么到底该不该“教这些”呢？为此，我专门读了《散文教学教什么》（王荣生主持编写），以印证自己“该不该教这些”。择书中观点摘录如下：

散文中的言说对象，是个人化的言说对象，它唯有作者的眼所能见、耳所能闻、心所能感。而所见、所闻、所思、所感，落根在“这一篇”，通过独抒心机的谋篇、个性化的言语表达、流露心扉的语句来体现。

我们阅读散文，是在感受作者的所见所闻，体会作者的所感所思。

散文的精妙之处，阅读散文的动人之处，在于细腻，在于丰富。唯有通过个性化的语句章法，我们才能感受、体认、分享它所传达的丰富而细腻的人生经验。与“这一篇”散文所传达的作者独特经验的链接，也就是引导学生往“作者的独特经验”里走，也就是往“这一篇”散文之语句章法所表达的丰富甚至复杂、细腻甚至细微处走。

阅读散文，不仅仅是为了知道作者所写的人、事、景、物，而且通过这些人、事、景、物，触摸写散文的那个人，触摸作者的心眼、心肠、心境、心灵、心怀，触摸作者的情思，体认作者对社会、对人生的思量和感悟。①

《珍珠鸟》一文，作者对珍珠鸟的喜爱，对人鸟和谐相处的享受，对信赖产生美好境界的思量，是需要重点体悟的。意，是散文表现的内容。而作者表达的这种意，这种独特的人生经验，落根在“这一篇”，通过独抒心机的谋篇、个性化的言语表达、流露心扉的语句，作者将人生经验融汇在他的语文经验里。

像《珍珠鸟》这样的优秀作品，无不追求精准的言语表达——那些个性化的言语所表现的，是丰富甚至复杂、细腻甚至细微的感官所触、心绪所致。《珍珠鸟》之个性化语言，夥矣！我们择其重要处与学生赏读，足矣！

为什么要品读语言？朱自清说：“文字里的思想是文学的实质。文学之所以佳胜，正在它们所含的思想。但思想非文字不存，所以可以说，文字就是思想。”②

朱自清还强调说：“只注重思想而忽略训练，所获得的思想必是浮光掠影。因为思想也就存在语汇、字句、篇章、声调里，中学生读书而只取思想，那便是将书中的话用他们自己原有的语汇重记下来，一定是相去很远的变形。这种变形必失去原来思想的精彩而只存其轮廓，没有什么用处。”③

①王荣生：《散文教学教什么》，华东师范大学出版社，2014年11月版。

②朱自清：《朱自清选集（第三卷）》，河北教育出版社，1989年版。

③朱自清：《朱自清论语文教育》，河南教育出版社，1985年版。

此时，又感到学生提出的问题的价值所在：

①文章为什么没有语言描写？

人鸟无法对话，如果对话，就是童话或者寓言了。散文是来抒发自己个性化情思的。变式读，让人鸟对话，会带来怎样的教学效果呢？我想在课堂上尝试。

②为什么心理描写那么少？

散文是写实的，关于小鸟的心理，读者可以凭借文本语言去想象。作家心理是主观的，写出内心对小鸟的情感就是直接抒情。一如：我的“安琪儿”，你太可爱了！再如：我的“小确幸”，你太美丽了，感谢有你的陪伴，有你陪伴是多么和谐、多么惬意啊！实际上在散文作品中这种直抒胸臆，叫人觉得并不舒服，而那种含蓄的不露声色的抒情，也就是隐藏在文字中的情感，读者读得出、悟得到，觉得有嚼头、有滋味。

作家汪静之在《诗歌原理》中指出，诗歌比较注重情调，散文比较注重描写。作家李广田认为，小说宜做客观的描写，即使是第一人称的小说，那写法也是比较客观的；散文则宜作主观的描写，即使是客观的事物，也每带主观的看法。两位作家的意思就是散文在客观描写的时候融入了作者的三观情感，言中有情，言外有意，但是散文的抒情不像多数诗歌那么“夸张”，而是老实朴素的。因此，散文的抒情常表现为有节制的抒情。

③文中有很多关于小鸟外貌的描写，作用是什么？

表达情感用的，讲述感受用的。

④为什么要用“逃”，在第8自然段？

这是我没有注意到的，此问题难能可贵，这一“逃”字，逃得调皮、逃得可爱、逃得叫人喜欢，有一种情感在“逃”中：小鸟的无拘无束、自由自在，乃至放肆，这源于作者给予鸟儿们的尊重和爱。同类的以下问题，无不指向文本语言，指向作者的情感，指向作者独一无二的感受：

⑤第11自然段中的象声词“嚓嚓”合适吗？

⑥文中的声响都加了引号，为什么“呷呷嘴”的“呷呷”没加？

⑦第13自然段中“挤”有什么作用？

挤得可爱。

⑧小珍珠鸟睡得怎么这么快？

自由自在。

……

教学设计思路越来越明晰：用学生的问题来贯穿课堂教学，顺应了解读层次，又指向文本语言，由浅入深，由文到意，由点到面，走进了“这一篇”。这无疑是不错的选择。

3. 解决学生疑问的办法最终是品读语言。

作者的人生经验，通过精准的言语来表达，也存活于这些言语中，唯有通过对言语的体味，我们才能把握作者的独特经验，才能感受、体认、分享散文所传达的丰富而细腻的人生经验。《珍珠鸟》怎么教？学生的困惑直接指向文本语言，并且解决困惑的方法也是品读语言。

怎样品读语言？习惯上是要学生找寻喜欢的语句，再通过读这些句子去体会作者的感情。可这是一个放之散文教学而最不可取的办法。看似尊重了学生的感受，实际上则是没有办法的低效办法。

赏读语言要落到细处。要引导学生去体味散文精准的言语表达。

体味必须细读。散文阅读，最忌浮皮潦草。浮皮潦草的结果，是不成熟的读者以自己的语文经验"篡改"作者的言语，把自己的经验"幻觉"为作者的经验。①

教读散文忌浮皮潦草。跟教读其他文本一样，就内容一问一答，要学生从文本中抽取内容信息，那不叫教散文。体味就是仔细领会。读散文要仔细领会作者言语表达的功力。《珍珠鸟》中作者用精准的语言捕捉精微的感觉和知觉，用语言贴切地传达丰富而细腻的人生经验。比如：

例1：儿化，"小"字的使用，长短句变化表现出的音乐美。

将"过不多久，忽然有一个更小的脑袋从叶间探出来。哟，雏儿！正是这小家伙"改成"过不多久，忽然有一个更小的脑袋从叶间探出来。呦，雏鸟！是这家伙"。

要学生：①比较"呦"和"哟"的区别；②比较"雏鸟"和"雏儿"，体会"儿化"效果；③比较"家伙"和"小家伙"，体会"小"字的奇特效果；④比较"正"字的表达效果。

在比较中体会作者的惊喜；再演读体悟作者彼时彼境中的心境。

例2：叠词、拟声词表现出的音乐美。

①叠词。斑斑驳驳、瞅瞅、瞧瞧、呷呷，表意丰富，绘声绘形，耐人寻味。

②拟声词。"嚓嚓""嗒嗒"，似聆听天籁，享受这信赖所产生的美好境界，优哉游哉！

例3：颜色和细致逼真的描摹表现出的绘画美。

①颜色的使用。鲜红小嘴儿；红嘴红脚，灰蓝色的毛，只是后背还没生出珍珠似的圆圆的白点；小红爪子；小红嘴；银灰色的眼睑。

②细腻传神的描摹。它好肥，整个身子好像一个蓬松的球儿。

"文字之所以佳胜，正在它们所含的思想。"品读，要仔细领会精准言语表达所蕴含的意味。品味语言，实质是发掘文学作品字里行间所蕴含的意思、意味。就这一点而言，我们在感受作者语言表达的功力时，将品味语言的"言外之意、言中之情"作为教学重点。

---

①王荣生：《散文教学教什么》，华东师范大学出版社，2014年11月版。

体味就是体会、寻味。体会寻味语言的滋味，体会作者闲适恬静的情调。散文的阅读教学，就是这样由言及意，往散文中的个性化言语所表达的丰富甚至复杂、细腻甚至细微处走；要严防脱离语句，跑到概念化、抽象化的“思想”“精神”中，演变为谈论口号的活动。

一词、一句总关情。

对话散文教学

【写在前面】

在“2017年淄博市淄川区初中语文散文阅读课堂教学研讨会”上，我执教了《端午的鸭蛋》。会前，老师们书面提出了散文阅读教学的一些困惑，以期交流，我很受感动。

你对以下老师们的疑问，又有怎样的见解呢？

教师问：散文阅读和教学，始终都在“这一篇”散文里。现代散文的最大特征，是每一位作家在每一篇散文里所表现的个性，如何把握“这一篇”的特质？有无规律可循？

我答：有，而且是很明确的。那就是：读其人、解其文，左右逢源，有备无患；品语言、悟情感，逮言外之意，悟言中之情。

教师问：散文阅读要体味，体味必须细读，如何把握“细”的度？

我答：“细”有两个维度：一是文本特质；二是学情。从这两个维度出发，文本特质的体味，要“细”到传达作者“独特感受”的字句，乃至标点符号；体察学情，要“细”到关注每一个学生的阅读感受和疑问。

教师问：散文课堂教学是否需要助读资料？如果需要，如何把握引用资料的度？

我答：助读资料需要的时候必须要，不需要的时候必须不要。把握材料的度：满足学生学的需要。例如：在教学《珍珠鸟》的课堂上，一位学生回答完问题后自言自语地说：“我很羡慕珍珠鸟和作者的亲近，我们家也养过珍珠鸟，逮都逮不着，所以我挺羡慕作者！”我既兴奋又激动，感觉学生真正把自己读进去了，便追问：“你知道你为什么逮不着它吗？”学生直截了当地说：“它怕我！”我接着问：“它为什么怕你？”这时学生们纷纷说：“不信赖你！”“它为什么不信赖你呢？”我追问这位学生。她有点不太服气地将头扭向一边，我故意凑近了问她：“你没事儿，逮它干吗？”这位同学理直气壮地说：“因为它在家里到处乱跑，满处拉屎啊！”同学们听了哈哈大笑！我真的很庆幸，大家都把自己读进文本了。

我边走上讲台，边指着板书说：“你就没有冯骥才的这种情趣了！”这时大家（包括与会老师）还在笑！这位学生有点不好意思了！

这个学情绝对不能放过，我心里想着，便再次说道："你就没有冯骥才的情趣了！"这位同学着急了，说："到后来，到后来好点儿了！它满处飞，我就把食物放在手心，说'过来过来'，它就飞我手上了！"我欣喜地说："对呀，多有趣，还嫌人家拉屎吗？"没想到的是，这位学生依旧说："还是拉呀，拉到高处，打扫都够不着！"我半开玩笑地说："够不着，找你妈呀，你把老师扯远了，远就远了，咱们扯扯鸟拉屎这事！"大家都笑了。

我这时候引用了资料（备课时想到过的）：

国学大师季羡林喜欢小动物，曾养过两只猫。一只叫咪咪，一只叫虎子。小咪咪大概有八九岁了。虎子比它大三岁，十一岁的光景，依然威风凛凛，脾气暴烈如故，见人就咬，大有死不改悔的神气。而小咪咪则出我意料地露出了下世的光景，常常到处小便，桌子上、椅子上、沙发上，无处不便。如果到医院里去检查的话，大夫在列举的病情中一定会有一条的：小便失禁。最让我心烦的是，它偏偏看上了我桌子上的稿纸。我正写着什么文章，然而它却根本不管这一套，跳上去，屁股往下一蹲，一泡猫尿流在上面，还闪着微弱的光。说我不急，那不是真的。我心里真急，但是，我谨遵我的一条戒律：决不打小猫一掌。在任何情况之下，也不打它。此时，我赶快把稿纸拿起来，抖掉了上面的猫尿，等它自己干。心里又好气，又好笑，真是哭笑不得。家人对我的嘲笑，我置若罔闻，"全等秋风过耳边"。

讲完了，我顿了顿，扫视了全场。大家都很沉静，刚刚挂在脸上的微笑一下子被一种美好而又说不出来的东西笼罩了，出奇的宁静！我理了理思绪说："这种生活情趣，是季羡林先生之雅趣，更是一种大爱，一种无疆的大爱，不是吗？"边说边转向嫌珍珠鸟到处拉屎的同学，她眨巴着眼睛冲我笑了笑。

季羡林养猫这一助读资料，在此课堂情境中是非常需要补充的！

教师问：散文教学中怎样引导学生品味语言？除了修辞，还可以从哪些方面入手？

我答：从字，从词，从标点符号，从语句，从段落，从修辞，从结构，从作者言语表达特点突出的地方。这些都可以作为品味语言的点，要依文而定，依学情而定。

教师问：怎样避免把一篇散文教"散"？

我答：千篇一律地教，就散；教诸如"散文形散神聚"类知识就散。品语言，悟情感，就不散。再者，老师们说"散文阅读和教学，始终都在'这一篇'散文里"，所言极是！就连散文结构安排也是为了表达特殊感受的需要。

如五四制鲁教版教材六年级下册第六单元，如果习惯了以下这样教，就"散"，甚至会"乱"。这种"千篇一律"，实际上就是"乱教"一气。对比以下例子，最容易看出"怎样教能避免把一篇散文教散"。

（一）“千篇一律”地教：

《珍珠鸟》教学设计

a. 我和珍珠鸟的感情是怎样一步一步建立起来的？

b. 作者为我们刻画了一只什么样的珍珠鸟？

c. 请用“我喜欢__________(句子)，是因为________________”的形式赏读！

《鹤群翔空》教学设计

a.《鹤群翔空》为我们描绘了几个生动的场景？

b. 作者热情颂扬了鹤群怎样的精神？

c. 请用“我喜欢__________(句子)，是因为________________”的形式赏读！

《绿色蝈蝈》教学设计

a. 绿色蝈蝈有哪些特征？

b. 作者为我们刻画了绿色蝈蝈的哪些习性？

c. 请用“我喜欢__________(句子)，是因为________________”的形式赏读！

《马》教学设计

a. 马有哪些特征？

b. 你更喜欢驯养的马，还是野生的马？

c. 请用“我喜欢__________(句子)，是因为________________”的形式赏读！

《森林中的绅士》教学设计

a. 森林中的绅士豪猪有哪些“绅士”的地方？

b. 作者表达了什么样的感情？

c. 请用“我喜欢__________(句子)，是因为________________”的形式赏读！

这样教，就教散了，教乱了，教得语文索然无味了！

散文阅读和教学，始终都在“这一篇”散文里，现代散文的最大特征是每一位作家在每一篇散文里所表现出的个性。

（二）教在“这一篇”里：

《珍珠鸟》字字句句含情：“哟，雏儿！正是这小家伙！”不论是“小”“儿化”“叠词（瞅瞅、瞧瞧、呷呷）”“拟声词（嚓嚓、嗒嗒）”，都情真意切。

《鹤群翔空》中的“鸟语”撼人心魄。多处“啼鸣”“啼叫”，声声震颤心灵。设计“我懂鸟语”环节，体会这啼鸣声里的勇敢、团结和奋勇搏击的精神，学生会乐此不疲、深受鼓舞。再者，文章准确使用动词，让场景动人，画面可感，接下来可让学生找最传神的动词，并说出该动词如何感动了自己。此种解读形式简单，但能使学生的体悟更情真意切。

《绿色蝈蝈》《马》《森林中的绅士》是小品文。可以把它们列在“文学性散文”中，将品味语言落到细处，落到“这一篇”里。

《绿色蝈蝈》可重点探究两个问题：在这篇文章里，作者对绿色蝈蝈有哪些称呼；狂热的狩猎者、笼里的囚犯、蝉的屠夫等称呼中含有怎样的情感。

《马》中作比较的写法是值得细读的。

《森林中的绅士》可先介绍国外、国内的绅士，师生共同勾勒“绅士”的形象。接下来，要学生边读课文，边使用“呵呵、嘻嘻、哼哼、哈哈哈”等拟声词批注阅读感受，并就批注处做细致赏读。

“豪猪”之绅士风度，让学生忍俊不禁！如：豪猪的战术是掩起鼻子“挨打”。“挨打”是加引号的，它浑身是可以膨胀、长着倒钩、足以让对方毙命的空心针似的刺毛。记得有同学此处标注了“哼哼”，我问为什么。学生答：“我觉得这家伙也太阴险了吧！‘哼哼’是我笑这家伙阴险！”我说：“就是，别看绅士提笼架鸟的，一脸慈祥，指不定有什么损招！”学生笑，我也笑。

教师问：散文教学从哪几方面入手？

重点交流，即指上面结合具体课例的交流。

教师问：散文教学到底教什么，是教写作方法，还是思想内容？

重点交流，即指上面结合具体课例的交流。

教师问：《语文课程标准》要求知识与能力、过程与方法、情感态度和价值观三维目标有机统一，散文属于文学作品，需要用文学的方法鉴赏，如何处理阅读方法和人文教育的关系？

我答：散文的人文教育是不可缺少的！但“人文教育”并非“文学作品”的专利。我们把三维目标看成三条线，它们支撑起语文教学的三棱锥，阅读方法和人文教育是三棱锥的两个面，散文的教学还包括语言、情感等其他的面。处理阅读方法和人文教育的关系，要依文、依学情而定。

教师问：如何找好、找准散文阅读的切入点？

我答：从学情、教师的解读、阅读提示和课后研讨与练习等几方面均可以找，但首先从学情中找，更能找好、找准教学的切入点。

教师问：怎样把学过的散文名篇或积累的散文素材应用到写作中？

我答：我们从作家那里“学得”的是语言表达和思维方法，问题中的“散文名篇”和“散文素材”如果指的是语句的话，应用到写作中是不容易表达个人独特感受的。散文既然是作者有个性的“这一篇”，是作者特殊的感受，我们积累的散文名篇或素材也是很难用到自己作文中去的。

教师问：怎样引导学生创造性地阅读文本？

我答：培养学生"把自己读进去，把感受、疑问读出来"的阅读习惯是良策。

教师问：抒情性散文，让学生反复朗读、品味语言很关键。除此之外，如何才能更好地让学生走入文本，实现真正意义上的与文本对话，做到个性化解读？

我答：教师先走进文本，做自己个性化解读。

教师问：课堂上怎样平衡不同层次学生对散文的整体把握与感悟？

我答：尽可能关注到每一个学生的"阅读感受和困惑"。

教师问：散文教学中教师如何引领学生真正理解文本？

我答：体察学情是关键；细解文本是基础；体味语言是根本。

教师问：教师对文本解读的深度和教学中引领学生对文本解读的深度是否一致？

我答：不一致。可以用"一泉水"和"一碗水"来比方。

今天看来，这些问题是"难问题"，是直戳散文文本解读和教学要害的"真问题"！

第三节　春风十里，不如你

【写在前面】

“十年磨一剑。”

2010年我从教研员岗位重返学校课堂，研究实践“以学为主”的语文教学，直到2017年“基于学生感受和疑问”的语文新课堂教学基本范式确立，一路摸着石头过河，彳亍前行，磕磕绊绊。

我积极参加省内外各类语文教学研讨活动，执教观摩课并交流基于学情的语文新课堂教学，渐渐意识到——基于学生感受和疑问的语文新课堂，是充满人性、充满灵性的智慧课堂。

十里春风，不如基于学情的语文新课堂。你说呢？

3.1　极简的生活法则

一直觉得冯唐的这首小诗是写给语文，写给语文教师，写给基于学生感受和疑问的语文新课堂的。

春水初生，/春林初盛，/春风十里，不如你。

你是什么？你是语文，你是语文教师，你是融语言构建与运用、思维发展与提升、审美鉴赏与创造、文化传承与理解于一炉的基于学生感受和疑问的语文新课堂。春风拂面、夏日凉风、秋日硕果、冬日暖阳，都是语文新课堂的代名词。

基于学情的语文新课堂，引领师生诗意地栖居在语文的天地里！

夸美纽斯说：“寻求一种教学方法，使教师因此少教，但学生可以多学。”基于学生感受和疑问的新课堂，就是这样一种让课堂充满智慧的方法。

俗话说：理解万岁，将心比心，换位思考，推己及人……这些都是极简的生活法则。《晏子春秋·内篇谏上》记述了这样一则故事：

景公之时，大雪三日而不霁。公披狐白之裘，坐于堂侧陛。晏子入见，立有间。公曰：“怪哉！大雪三日而天不寒。”晏子对曰：“天不寒乎？”公笑。晏子曰：“婴闻古之贤君，饱而知人之饥，温而知人之寒，逸而知人之劳。今君不知也。”公曰：“善！寡人闻命矣。”乃令出裘发粟与饥寒者。……孔子闻之曰：“晏子能明其所欲，景公能行其所善也。”

将心比心，推己及人，国兴民旺。

《出师表》中诸葛孔明涕零道：

诚宜开张圣听，以光先帝遗德，恢弘志士之气，不宜妄自菲薄，引喻失义，以塞忠谏之

路也。……陛下亦宜自谋，以咨诹善道，察纳雅言，深追先帝遗诏。臣不胜受恩感激。

《邹忌讽齐王纳谏》中齐威王下令：

“群臣吏民能面刺寡人之过者，受上赏；上书谏寡人者，受中赏；能谤讥于市朝，闻寡人之耳者，受下赏。”

结果：

令初下，群臣进谏，门庭若市……燕、赵、韩、魏闻之，皆朝于齐。此所谓战胜于朝廷。

善于倾听，从谏如流，齐威王得以兴利除弊、治国安邦。

当今微信群、QQ群，各种“圈子”，从某种意义上说是人对存在感的需求。基于学生感受和疑问的新课堂，充分满足了学生在语文学习中对存在感的渴求；“倾听学生”，融洽了师生关系。

下图寥寥数语，师生间的真诚互动可见一斑。亲其师，焉能不信其道？

课题： 壶口瀑布

八 年级 五 班　　姓名：朱永琨

我的阅读感受是：

河水急跌而下，汹涌奔腾，声震天地，那姿势如千军万马，水啸嘶鸣，使得阴不能抑制，有时却也柔和，似位女生，只要有那柔情刚强，抗不服，压而不弯，不平则呼，遇强则抗，死地必生，美得是心，是那颗坦的心，积极的心，是那颗绝境求生的勇气，也似那《回延安》中后生的激情。让人无不想喊出一句美我中华山河。

那气势直冲天。

是《安塞腰鼓》吧！

是的

我的阅读困惑是：

1. 为何作者全文都十分高亢，但却使人感到疲惫？　疲惫在何处？具体说来！

2. 这文章前两段写的回去看壶口到底有何用意？的段写了那些东西起了什么作用？

3. 作者仅到壶口两次为何却有如此深的情感？

字可否写慢点？可。

指的人阅读时的疲惫。

基于学情的语文教学是“战胜于课堂”的不二法门。

陈隆升老师的《语文课堂“学情视角”重构》一书中有份调查报告，看得叫人心惊肉跳。摘录如下：

学生对语文课堂学习效果的看法

问卷的数据显示，认为在语文课堂上收获较大的学生仅占21.6%。学生认为语文课堂学习收获不大的原因主要有这么几种：

一是自己语文成绩的提高主要靠课外阅读获得的知识，教师在课堂里讲的东西大多是没有用的。

……

五是自己上了语文课和没上语文课一样，没有什么进步。“不上语文课，我是我自己；上过语文课后，我还是原来那个我。”“对于语文课，一直以来都是抱着无所谓的心愿，想听就听，不想听就干别的事，成绩一直是老样子。”

六是只要自己先看一遍课文，就不用听讲，教师所讲的内容对提高语文能力没有什么帮助。有相当多的学生认同这个观点，所谓“课前预习好，不听也知晓”。①

陈老师从中得出了这样的结论：

从问卷中获得的信息表明，学生对语文课堂学习效果是不满意的。这从一个侧面揭示了语文课堂存在的困境。困境的出现，折射出教师的教学未能充分关注到学生的学习需要，这应该引起广大语文教师的充分关注。②

心惊肉跳之余，我暗自庆幸：好歹我的语文教学是关注了学情的。

早在钱梦龙老师为《听李镇西老师讲课》一书写的《序言》里，读到过以下内容：

镇西的课，似乎很容易学，你看他每教一篇课文，无非是这样几大步：1. 学习字词；2. 学生交流读后感受；3. 学生质疑、讨论、解疑；4. 老师淡自己的体会，与学生共享。这种再简单、再朴素不过的“流程”，几乎在镇西执教每一篇课文的过程中重演着，任何一位听课的老师都不难“学到手”。但镇西的课堂教学艺术又是最难学的，难就难在它不假雕琢的朴素，这使一切形式上的模仿都归于徒劳。镇西的同事魏智渊老师说过一件事：有位语文老师一心想学李镇西上课，却屡试屡败，过度的焦虑使他患上了精神分裂症，竟至于发了疯。这个令人感慨的实例，正好提供了“学李镇西难”的佐证。③

一开始，我觉得钱梦龙老师说得有点骇人听闻！细细想来，不禁想问：这位“发了疯”的老师学李镇西上课，是执着于形式，还是执着于理念？是执着于教，还是执着于

---

①②陈隆升：《语文课堂“学情视角”重构》，上海教育出版社，2012年6月版。

③李镇西：《听李镇西老师讲课》，华东师范大学出版社，2005年10月版。

学？应该都不是！是东施效颦？是邯郸学步？是描头画角？是婢作夫人？应该都不是！他既没有李镇西老师的学养和语文课堂教学素养，也没有我们提前了解学情的“土办法”——课前征集、梳理并归纳学生的“感受和疑问”的方法、策略。

同样，李镇西老师在这本书的《自序》中写道：

我一直反对“借班上课”……成功教学的基本前提之一，是教师对学生的了解。如果是在本班上课，一般来说这是不成问题的。但如果是“借班上课”，至少我很难在课堂上与素不相识的学生“水乳交融”。①

李镇西老师接下来写到了自己的“土办法”，较之我们的“土办法”似乎缺少谋略：

尽管刚才说了，我绝大多数时候借班上课，得到的评价都还不错；但我清楚，不管我在课堂上多么“机智”，最后都是想方设法把学生置于自己的思想框架之内；不管学生在课堂上多么热闹，显得多么有“主体性”，其实他们或多或少或明显或隐约地都成了我表演的道具。

但这也怪不得我。试想：连“知己知彼”（在教学上就是师生互相了解）这个起码的要求都达不到——我们从参加教育工作第一次备课起就被告知必须“备”学生（这个学生可不是抽象的整体，而是具体的个体），教师怎么能上课？但这课又必须上，那当然就只有由教师制定一个比较完美而又巧妙（即看不出痕迹）的教学框架，包括设计一系列“问题”等等。在这样的课堂上，教师不得不提前做好“预制板”——于是教师完全掌握了学生思维的主动权，“以不变应万变”，当然“游刃有余”。

我丝毫不怀疑有的教师能够借班上出真实的好课——这样的课，我也经常上的。但我完全不敢保证百分之百的成功——在事前一点不了解学生阅读基础的情况下进行一堂真正有效的课堂阅读教学，对我来说，难于上青天。即使我借班上课“成功”了，心里也很别扭，因为这种成功并不是自然状态下的成功。②

我暗自庆幸，李老师您怎么不提前征集一下学生的“感受和疑问”呢？恍然明白——智者千虑，必有一失！接下来，李老师还写道：

其实我是想到了这一点的，我在外面讲学的题目常常是“尊重与引领”，应该说理智上我也明白，最理想的课堂教学，是尊重（学生）与（老师）引领的和谐统一。但可能是出于对过去过分强调教师深度解读，因而造成课堂上教师话语霸权的反感，我在课堂操作上，生怕自己的思想侵犯了学生的思想，因而情不自禁的是尊重有余而引领不足。

如何真正实现两者水乳交融？这是我下一步努力的方向。③

李老师，我是多么想得到您对我们“基于学生感受和疑问”的课堂教学的肯定和指

---

①②③李镇西：《听李镇西老师讲课》，华东师范大学出版社，2005年10月版。

导啊！虽然后生步您后尘，可是求您写个序言更是“癞蛤蟆想吃天鹅屁了(胡屠户语)”！那位学李老师“疯”了的同人，您也来用用我们的“基于学生感受和疑问”的课堂教学的方法策略，就凭您的执着致疯精神，您的疯病定会痊愈的！

张志公先生说：“几乎可以断言，能够写好一段，一定能写好一篇，反之，连一段话也说不利落，一整篇就必然更加夹缠不清。”从学生的“感受和疑问”中探查获得的，不仅仅是学“这一篇”“这一内容”的学情，同时学生的语文素养也“跃然纸上”。

在《听李镇西老师讲课〈序言〉》中，钱梦龙老师还说：

任何一本教学论的书都告诉我们：成功的教学必定是目中有“人”的教学。镇西的过人之处，也就是最值得我们学习之处，就在于此：“人”不仅在他的“目”中，而人进入了他的“心”里；不仅进入了“心”里，而且占据着“中心”的位置。……他是“很功利”的，一切教学行为都是为了学生发展的“利益”。在他心灵的那杆秤上，无论怎样“高深”的理论、无论怎样“必要”的规范，都必须服从、服务于“学生发展”的利益；如果这些理论、规范对学生的发展不利，它们便是无足轻重的伪理论、应该推倒的死规矩。……①

钱梦龙老师肯定李镇西老师的“溢美之词”，也是在肯定我们“基于学生感受和疑问”的语文新课堂吧！钱老师对李老师的勉励，也是给予我的勉励！

我信心百倍！

3.2 “碰撞”出来的诗意

学生是活泼的生命体，不是简单的“容器”！课堂里“基于学情”这一源头活水，总会不断激起翡翠般晶莹剔透的课堂浪花。我在教学《济南的冬天》一课时，学生的感受和疑问将课堂引向深入，引向丰富，引向诗意！

片段一：写济南的冬天为什么还写“盼春”？

生1：为什么写济南的冬天的时候，还写“盼春”呢？

师：是啊！值得思考！王湾诗云：海日——

生(众)：海日生残夜，江春入旧年。

生2：冬天来了，春天还会远吗？

师：“冬天来了，春天还会远吗？”好一个大诗人雪莱！好一个“写冬天为什么还要写‘盼春’”的追问！

……

①李镇西：《听李镇西老师讲课》，华东师范大学出版社，2005年10月版。

片段二：冬天美，济南的春、夏、秋怎样？

生：为什么老舍觉得济南的冬天美，为什么不是春天、夏天、秋天呢？

师：是啊！你的困惑也曾经困惑过我，但是我现在明白了！

（生疑惑不解。）

师：给大家看一些文章片段，想想老舍都写了哪些季节的济南。

一些印象（摘选）

老舍

（一）

济南的秋天是诗境的。设若你的幻想中有个中古的老城，有睡着了的大城楼，有狭窄的古石路，有宽厚的石城墙，环城流着一道清溪，倒映着山影，岸上蹲着红袍绿裤的小妞儿。你的幻想中要是这么个境界，那便是个济南。设若你幻想不出——许多人是不会幻想的——请到济南来看看吧。……

（二）

对于一个在北平住惯的人，像我，冬天要是不刮大风，便是奇迹；济南的冬天是没有风声的。……

（三）

到了齐大[①]，暑假还未曾完。除了太阳要落的时候，校园里不见一个人影。那几条白石凳，上面有枫树给张着伞，便成了我的临时书房。手里拿着本书，并不见得念；念地上的树影，比读书还有趣。我看着：细碎的绿影，夹着些小黄圈，不定都是圆的，叶儿稀的地方，光也有时候透出七棱八角的一小块。小黑驴似的蚂蚁，单喜欢在这些光圈上慌手忙脚的来往过。那边的白石凳上，也印着细碎的绿影，还落着个小蓝蝴蝶，抿着翅儿，好像要睡。一点风儿，把绿影儿吹醉，散乱起来；小蓝蝶醒了懒懒的飞，似乎是做着梦飞呢；飞了不远，落下了，抱住黄蜀菊的蕊儿。看着，老大半天，小蝶儿又飞了，来了个楞头磕脑的马蜂。……

生2：老舍先生不仅写过济南的冬天，也写过济南的秋天和夏天！

生3：从《一些印象》来看，老舍先生写了"济南的秋天"，又写了"济南的冬天""济南的夏天"。

生4：老舍有没有写"济南的春天"呢？

师：就是，有没有写呢？老舍先生的《一些印象》是写了对济南的秋、冬和夏的印象，老师印发给大家，课下好好读一下。感兴趣的同学，还可以买《老舍散文》来读（出示《老舍散文》，人民文学出版社，2008版）。读读看，老舍有没有写过"济南的春天"？老舍先生写过其他地方的春天吗？

①齐大：齐鲁大学，简称齐大，旧校址在今济南，诞生于1864年，1952年解体撤销。

……

于漪老师说：教作用于学，学反作用于教，老师与学生相互作用，形成学习网络。师生关系亲密、和谐，是指导与被指导的关系，是互为诱发的关系，更是共同探求真理，共同寻找解决方法与途径的伙伴关系。一般来说，教师的水平总体上是超越学生的，但学生一旦进入兴奋状态，全神贯注，就会超水平发挥，闪现出智慧的火花，给教师、其他学生以启发。课堂上不是教师一个人发光，“能者为师”，每个学生都是发光体，把光照射到别人身上。①

教学相长。

学学半。

满满的诗意。

3.3 金子般的疑问

钱学森问：“为什么我们的学校总是培养不出杰出人才？”巴尔扎克说：“打开一切科学的钥匙都毫无异议的是问号。”

学生是愿意提出问题并能提出有价值的问题。而且，学生的问题是弥足珍贵的，如金子一般！

片段1：小村庄怎么“卧”在山坡上？雪如何“卧”在房顶上？（《济南的冬天》）

生：文章第五自然段怎么说“山坡上卧着些小村庄，小村庄的房顶上卧着点儿雪”？

师：什么意思？

生：村庄怎么是“卧”在山坡上的？雪怎么是“卧”在房顶上的？

师：就是像睡觉一样躺在那里呗？

生（先是摇头）：是怎么躺呢？

师：……

师：至于怎么躺？要不我们课下去研究一下。

（课堂上，我刚刚和学生一块探讨了“树尖上顶着一髻儿白花，好像日本看护妇”中，“为什么是日本看护妇”的学生疑问，学生紧接着又提出上面新的疑问。）

（在又一节课上。）

师：同学们研究“卧”是怎么躺了吗？

（学生嬉皮笑脸地做着不同的“卧”的姿势。）

---

①陈小英、于漪：《中国当代著名教学流派：于漪与语文教育》，国际文化出版公司，2003年8月版。

师：卧，躺下。躺下，就是一个人不是竖在那儿，而是横在那儿。

躺的姿势有三种。仰面朝上——躺；面朝下——趴；还有一种——侧卧。

以下四处“卧”，是如何“卧”呢？请看屏幕：

试填写：此“卧”是________（形容词）的“卧”：________（具体“卧”姿）。

（一）清平乐·村居

辛弃疾（宋）

茅檐低小，溪上青青草。醉里吴音相媚好，白发谁家翁媪？

大儿锄豆溪东，中儿正织鸡笼。最喜小儿亡赖，溪头卧剥莲蓬。

师生讨论明确：此“卧”是调皮的（形容词）“卧”——趴着，圈起小腿，不住地用脚后跟敲打屁股（具体“卧”姿）。

师：看这一处“卧”（屏显）：

（二）十一月四日风雨大作

陆游（宋）

僵卧孤村不自哀，尚思为国戍轮台。

夜阑卧听风吹雨，铁马冰河入梦来。

此“卧”是________（形容词）的“卧”：________（具体“卧”姿）。

师生讨论明确：此“卧”是悲哀的（形容词）“卧”——直挺挺地躺在那儿，无声息，似枯木，类僵尸（具体“卧”姿）。

师：看这一处“卧”（屏显）：

（三）卧佛

卧佛，严格意义上指的是侧躺或者侧卧的佛像。

卧佛（一卧千年）图（略）。

此“卧”是 ________（形容词）的“卧”：________（具体“卧”姿）。

师生讨论明确：此“卧”是慈善、慈祥的（形容词）“卧”——安详、静谧的侧卧，“一卧千年”，成为亘古永恒（具体“卧”姿）。

师：看这一处“卧”（屏显）：

（四）山坡上卧着些小村庄，小村庄的房顶上卧着点儿雪

结合语境体会：

①小山整把济南围了个圈儿，只有北边缺着点口儿。这一圈小山在冬天特别可爱，好像是把济南放在一个小摇篮里，他们安静不动地低声地说：“你们放心吧，这儿准保暖和。”

②就是下小雪吧，济南是受不住大雪的，那些小山太秀气！

③山坡上卧着些小村庄，小村庄的房顶上卧着点儿雪。

④一个老城，有山有水，全在蓝天下很暖和安适地睡着，只等春风来把他们唤醒，这是不是个理想的境界？

此"卧"是________（形容词）的"卧"：________（具体"卧"姿）。

师生讨论明确：此"卧"是安适、温暖、舒服的（形容词）"卧"——此卧为侧卧，且蜷腿曲臂团缩着，暖和、安适地卧着（具体"卧"姿）。

师：山坡上卧着的小村庄，就像卧在暖和、舒适的摇篮里的婴儿（抑或是卧在母亲肚子里的没出生的婴儿），小村庄的房顶上卧着的雪，就像卧在主人膝上晒太阳的猫，一切都那么温暖、惬意又温馨。

……

在教学马致远的小令《天净沙·秋思》时，学生关于"断肠人"的追问，叫我长了学问。

片段2："断肠人"是指哪种人？

生1："断肠人"是哪种人？

生2：漂泊在外的游子。

生3：长年漂泊在外的愁苦的人。

师：对呀，羁旅他乡，漂泊无定，热衷功名，却因元朝统治者实行民族高压政策一直未能得志，困窘潦倒一生，愁苦而肝肠寸断，马致远是也。

生1：我是不明白为什么愁苦使人断肠，难道说"愁苦"和"断肠"有关系吗？

师：……

（我是真的无法在课堂上给予解答，更不用说指导学生去解释了。于是，我只能坦诚地对学生说下课后再研究。）

师：这里面一定有它的道理，有文化内涵在里头。我们课后探究一下，大家也想办法帮孟清晨（打破砂锅问到底的那个学生）弄个究竟。

（课下，我在曲黎敏的《生命沉思录2：人体文化解读》"大肠——运输快乐和忧伤"一节找到了解释，课上向学生展示。）

师：著名的"孟清晨"之问，大家研究得怎样了？

生：……

师：没有一点进展？

生：我问我爸，我爸说这个不用问，人们常说"笑得肚子疼"，笑过了头就肚子疼，所以伤过了头也就肝肠寸断，是一种很伤心、很难过的感觉。

师：真不错，谢谢你爸爸！老师倒是从这本《生命沉思录2：人体文化解读》中找到了解释，请看大屏幕：

大肠

——运输快乐和忧伤

肠，畅也。承载并运输着人体的“垃圾”，也承载并运输着人的快乐与忧伤。当事物失控或生活出现混乱时，大肠及其连带系统会出现问题；当过度紧张和遭遇恐吓时，大小肠及其连带系统会出更大的问题。

……

肝肠寸断。过去形容人受到打击伤心欲绝时会用到这个成语。肝，与理智和仁德有关，当你的理性受到冲击、你的仁德被黑暗的现实击倒时，你会怎样呢？小肠，与心相关，当现实失衡，你吸收的现实已不能滋养你的精华，而是要命的悲伤……一寸寸地崩盘吧，肉身已被悲伤压倒……①

（学生认认真真地阅读着以上资料，到底学生能明白多少，我没有再问……）

“学者先要会疑。”——程颐

“在可疑而不疑者，不曾学；学则须疑。”——张载

“怀疑不仅是消极方面辨伪去妄的必需步骤，也是积极方面建设新学说、启迪新发明的基本条件。”——顾颉刚

果真如此。我们培养的学生不仅要基础扎实、知识面宽，而且要思维活跃，富有创造精神。因为科学以前所未有的速度发展着，而我们又不可能及时把日新月异的概念和知识补充到课标和教科书中去。为此，语文教学一切活动须为培养能积极主动地吸收知识、发现问题、分析问题并能解决问题的人才服务。

“基于学生感受和疑问”是课堂充满人性和灵性的不二法门，它开启了学生的“发问”之门。

①曲黎敏：《生命沉思录2：人体文化解读》，长江文艺出版社，2014年版。

3.4 感受和疑问举隅

（一）

课题：《壶口瀑布》梁衡

八 年级 五 班　　姓名：李云起

我的阅读感受是：

我曾去过壶口瀑布，那时大概算雨季吧！我们大概在几十米开外就听到壶口瀑布中黄河水的狂吼声，那声音足以将人吓震喝住，那吼声好似神龙啸天，又似飞虎冲天，总之，那是一种响彻天地之势！

读此文时，我想，即使是未尝去过壶口的人，也应被他所描述的一团白烟吓住了。第二段的雨季中壶口瀑布确实是无法靠近的，生动地写"吸"这个字，简直惟活灵活现，黄河水似被窄小的壶口吸进无底洞中，行人站在旁边也像被要"吸"进去似的。我想，如此无拘无束自由奔腾的黄河水，应是经不起那狭窄的，所以河水你闹我挤，互相"排挤"。而此情景，即使在枯水季，也毫无减缓。

我的阅读困惑是：

1. 唯一一点困惑在于，第4段无论写惊人的水声、汹涌的河水也好，涓涓流水也罢，是否在意识到"壶口即世界"上，差一点东西、一点火候呢？差点什么东西？如何使火候刚刚好呢？

2. 感觉全篇有很多的黑色调，让人看着没有情绪，有一种惊人、吓人、害怕之感。难道壶口瀑布不可以用"活跃"来写吗？可以做深入探讨的！

课题：《壶口瀑布》梁衡

八 年级 五 班　　姓名：李云起

我的阅读感受是：

我曾去过壶口瀑布，那时……

十米开外就听到壶口瀑布中黄……

震喝住，那吼声好似神龙啸……

的天地之势！

读她文时，我想，即使是未……

一团白烟吓住了，第二段的西季中……

写"吸"这个字，简直惟活灵活现……

底洞中，我人站在旁边也像被要"……

自由奔腾的黄河水，应是经不起……

而当作者终于描写完一味吼叫的瀑布后，他笔锋一转，变得宁静了，像小石潭一样。那些散到两边滩壁沟壑中的水流变得缓慢了，如溪流一般潺潺了，如泉眼一般泂泂了，如旋涡一般打转了。出来彩虹，望着远处白烟中的远山，青绿色的山峦，突然又如画了。变成了母亲，变得柔美，温和。

又写被河水凿的千疮百孔的石头，是岁月的象征，即一种即使最柔和的水也能在不断奋斗中，将石击破，是否有一种"有志者事竟成，破釜沉舟，百二秦关终属楚。苦心人天不负，卧心尝胆，三千越甲可吞吴"之感呢？！

为师太感动了！你给点个老师心目中最大的赞！

This is the starting point of my daily life.
There will be hope tomorrow.

我的阅读困惑是：而此情……

1. 唯一一点困惑在于，第4段……

也好，泂泂流水也罢，是否……

东西，一点火候呢？ 差点什么东西……

2. 感觉全篇有很多的黑色调，让人看着没有情绪，有一种惊人、吓人、害怕之感。难道壶口瀑布不可以用活跃"来写吗？ 可以做深入探讨的！

（二）

【写在前面】

2018年5月，我去济南市实验初中执教《壶口瀑布》一课。

以下摘录的学生感受为实录，疑问有删减。学生预习并整理感受、困惑用时45分钟。

在平常的课堂教学中，你会怎么使用学生的这些感受和疑问呢？

1. 黄佳萌：我很喜欢作者对于壶口瀑布的描写，笔法自由洒脱，把壶口瀑布本该有的雄浑壮阔、令人胆战心惊的感觉写了出来，让人仿佛是正在面对如此壮观的场面。

文章第四段后半段又与前文呈现的壶口瀑布不一样，“钻石觅缝”，“如丝如缕”，又给壶口瀑布增添了与前文壮美不一样的柔情美。对比之下，反差十分大，给我的冲击感更强。描写完景色后又抒情，但作者要抒发什么情感却没太看懂。

壶口瀑布如何兼容一个人的喜、怒、哀、怨等情感？在文中哪里能体现出来？

2. 李乐阳：读完此文，我首先感觉到了壶口瀑布的奔放豪壮、势不可挡。作者运用多种写作手法及修辞手法将壶口瀑布的态势展现得淋漓尽致，其法可学。其次，看到后文，我以为作者就不单单只是描写壶口瀑布的状貌及奔流的样子了，还上升到了人格、人性的剖析，借物喻人。在第五段中写道：“至柔至和的水一旦被压迫也会变得怒不可遏，当她忍耐到一定程度时，就会奋力抗争。”这，又让我想到了中华民族的历史，中国曾饱受屈辱，现在我们站起来了，正如文中所说“挟而不服，压而不弯”。我认为此文上升到了民族精神的高度，赞美了中华民族不屈的精神。

此文第四段后面写壶口集纳了所有水的情态、人的情感，我以为此处作者赞扬了壶口包容万态、宽和的形象，但文末为何又一转笔锋写到黄河的品格呢？

3. 张钰汭：读完这篇文章，蹦出来的第一个词便是“气势”，而后又想到“刚柔相济”“力量”等。最让我感到特别有劲儿的地方就是第三段和第四段，这两段句式很有特点，小短句连续使用，尤其是第三段，给人一句一景的感觉，仿佛置身于“壶口”，作者在身后推着你，想让你领略壶口之美景。利索，尽兴！第四段结尾的“喜、怒、哀、怨、愁”也很有意思，若是仔细读几遍课文，也不难推测出前面的描写就是对这五个字的解释。写景而旨不在于景，却在于情上、人上。

应该怎样理解“造物者难道是要在这壶口中浓缩一个世界吗”？第五段为何要写石？

4. 孙英桐：本文描写了壶口瀑布的雨季与枯水季的景色，运用了大量比喻、拟人、夸张的修辞手法，多种修辞并用，写景十分细腻传神。雨季时声如响雷、浪沫横溢，写出了雨季瀑布气势磅礴、令人畏惧的特点；又写枯水时期如钢板出轧，如丝如缕，将水的各种姿态做比较，鲜明地突出了壶口瀑布刚柔相济的特点。文章巧妙地描写石头被千万年黄河水冲刷后的状貌，从侧面烘托了瀑布之力。这是一篇借景抒情的游记，充分体现了壶口瀑布雄壮浑厚之气势，赞叹了中华民族黄河一般勇往直前、无坚不摧的民族精神，读后使我心潮澎湃；发扬民族精神在我心底扎根。

5. 崔舜瑶：我认为这篇文章抓住了壶口瀑布奔涌的声、形、势来写，读过以后让人仿佛真的置身于那个地方，不仅领略壶口瀑布的磅礴、壮美，也能体会到黄河奔腾的气势。

通过作者的大段描写和渲染，壶口瀑布的气势我们可以体会到，但只看这些似乎不够具象化。其实，文章最令我感到震撼和不可思议，也最容易体会到壶口瀑布湍急汹涌的，是作者在文中引用的一个小例子。文中说有一头黑猪掉进"壶口"，浮上来时竟一毛不剩了。试想这是多么大的冲击力，多么大的水流量，多么急的漩涡，才能将长在身上的毛都给拔了去。想到这，我不禁如作者般打了个寒噤，同时也更直观地感受到了壶口瀑布的翻江倒海，飞流直下。不仅如此，通过作者景情结合的描写以及最后一段的升华，我便感受到了一种精神。黄河历经曲折，最终形成如此伟大、奔腾的河。黄河是我们的母亲河，她反映出我们中华民族百折不挠、自强不息的民族精神。

作者第一次去壶口是在雨季，但作者只大体描写了奔涌的河和已出现的洪峰，可是第二次去的时候正值枯水季，河水为何这般的迅猛奔腾、气吞山河？

作者写了壶口的水、河、瀑以及它们不断互相碰撞、挤压的宏伟场景，为何在文章第四段却写壶口瀑布浓缩了整个世界？

6. 杨育沣：对这篇文章感受一般。文章亮点是全篇的景色描写，文笔质量高，能够尽显磅礴黄河在壶口飞泻而下的气势，令人身临其境，而且写法丰富，侧面描写之美亦有涉及，且文章结构紧凑，一气呵成，读来感觉十分畅快。文章还是稍有缺陷的，首先文笔固然优美，但大量的修辞不免让人审美疲劳。词藻堆积过多，全文中实质的黄河流动之感不明显，太注重于某几个镜头。第二是本文中心虽为游记，既然值得记录，必定是有所启发，文章几乎只有景色，没有或仅有少许与"人"相连接。

壶口瀑布既为瀑布，应当是雨季最为壮观，为什么作者却将大量笔墨用于描写旱季的瀑布，而且说旱季的瀑布雄伟？如果是想突出旱季，开始雨季的描写又有何用处？

最后几段写壶口瀑布集喜、怒、哀、乐等情感于一体，为什么前面对于水的形态描写却又牵引出情感？不同的情感又对应怎样的水？

7. 李国豪：犹如黄河就在眼前，黄河在壶口奔腾不息，浪沫横溢，但却丝毫没有陌生感，如同我见过的瀑布，给人一种雄浑、激昂、壮阔的感觉。第二次叙述就有河中河的感觉，有一层神秘的面纱罩着，通俗的话语写出了瀑布到底什么样，怎样形成的，写得非常精彩，让人身临其境。此段遣词造句非常有气势，使瀑布的特点鲜明。后文总体概括了整个瀑布的情况，重新让人对壶口瀑布有了更明确的认知，特别是黄河柔中带刚、挟而不服、压而不弯的品质。

石和水为什么分开写，融为一体不更能体现黄河的雄浑壮美吗？两次游壶口都是同一番感受，为什么？后文形容词滥用，过多的形容词不显得太夸张吗？

8. 邵珂瑶：黑猪掉进去再漂上来，为什么毛会被拔得一根不剩呢？河水里会有什么呢？

9. 朱永煜：河水急跌而下，汹涌奔腾，声震天地。势如千军万马，水似猛兽，愤怒得不可抑制。有时也柔和，似位女生。那柔中有刚、挟而不服、压而不弯、不平则呼、遇强则抗，美的是心，是一颗向上的心、积极的心，是那知晓绝境求生的勇气。这情景也似那《安塞腰鼓》中“后生”的激情，让人喊出一句——美哉，我中华河山。

气势直冲天。

为何全文写得都十分高亢？这样的节奏使人感到疲惫。

10. 赵连宣：作者写的不仅是黄河之水，也映射出一种人生的姿态。黄河是中华民族的母亲河，黄河的性格也正是中华民族的性格，所以作者赞美黄河，正是赞美中华民族百折不挠、自强不息的精神。本文通过对水的描写，生动形象地写出了人的喜、怒、哀、怨、愁，寓情于景，体验到的是人的感情。本文写出了黄河的柔中有刚。全文描写生动，运用了叠词、比喻、拟人、反问、联想、侧面描写，同时前文与后文形成对比，让人感受到了壶口瀑布的气势磅礴，令人胆战心惊，波澜壮阔。

11. 刘皓枫迪：本文作者善用文字，大开大阖，生动且极富画面感地写出了黄河在壶口瀑布处的恣肆宣泄，借两次看瀑布分别写出不同时节瀑布的景观特色。写脚下的石，借石“窟窟窍窍”的状貌描写出水刚直而凝重、升腾而猛烈的特点，让读者仿佛身临其境，直面黄河浩荡之威。一发不可收拾。

12. 韩笑：读完全文，有种“黄河之水天上来，奔流到海不复回”的感觉，仿佛看见了大河奔流的壮丽景象。

文中作者用了比喻、拟人等手法，写了两次观看壶口瀑布的场景，写出了黄河磅礴的气势。第一次，作者从“听、视、感”三方面入手，写出了壶口瀑布声响之大，形之壮阔，态势之磅礴。第二次，写枯水季的壶口瀑布，写出了其水势之急。

此文不仅写瀑布，更突出了中华儿女不服输、坚强的性格。

13. 陈雯静：读《壶口瀑布》，想起黄河，忆起那句“黄河之水天上来，奔流到海不复回”的千古名句，梁先生笔下的《壶口瀑布》让人感到了“天下黄河一壶收”的无尽澎湃。比起旺季，我更喜欢春寒过后的枯季，源于那段“其势如千军万马，互相挤着、撞着，推推搡搡，前呼后拥，撞向石壁，排排黄浪霎时碎成堆堆白雪”。翻江倒海，波涛汹涌，真切地描绘出了无坚不摧的黄河风情。结尾升华颇有趣味，通过写“脚下石”表现母亲河的博大胸怀，并以人生百态赋予壶口瀑布，印证了“以柔克刚，上善若水”。

……

（三）疑问举隅

《济南的冬天》

1.“山坡上卧着些小村庄，小村庄的房顶上卧着点儿雪”，为什么说“卧”着呢？

2.“树尖上顶着一髻儿白花，好像日本看护妇”，为什么比喻成“日本的看护妇”？怎么不是“中国的看护妇”？

《智子疑邻》

为什么《智子疑邻》故事发生在宋国，而且大多讽刺寓言故事都发生在宋国？

《从百草园到三味书屋》

1.“油蛉在这里低唱，蟋蟀们在这里弹琴。”“Ade，我的蟋蟀们！Ade，我的覆盆子们和木莲们！”为什么写“油蛉”时没有“们”，写蟋蟀、覆盆子、木莲就有“们”，是作者不喜欢油蛉？“Ade”是德语，作者小时候就会说德语？

2. 学生念的“仁远乎哉我欲仁斯仁至矣”“笑人齿缺曰狗窦大开”“上九潜龙勿用”“厥土下上上错厥贡苞茅橘柚”等没有标点符号；老师念的“铁如意，指挥倜傥，一座皆惊呢～～～；金叵罗，颠倒淋漓噫，千杯未醉嗬～～～……。”怎么就有标点符号？“～～～”又代表着什么？

《最后一课》（都德）

1. 阿尔萨斯小镇的人们，谁最爱国？

2.“法兰西万岁”是五个大字，怎么课本上说是“两个”？

3. 铁匠华西特在最后一课的课堂上吗？

4.“屋顶上鸽子咕咕咕咕地低声叫着，我心里想：‘他们该不会强迫这些鸽子也用德国话唱歌吧！’。”最后一堂课了，怎么“小弗郎士”还在“开小差”？

《天净沙·秋思》

1. 课本上的插图中，马不瘦，人也不瘦，可诗中为什么说“古道西风瘦马”呀？

2.“断肠人在天涯”，为什么“愁”的人就说是“断肠人”？人愁了怎么就会断肠呢？

《望江南·梳洗罢》

“过尽千帆皆不是”中的“千帆”是实指，还是虚指呢？

《木兰诗》

“出郭相扶将”的“郭”是“外城”，直接说“出城相扶将”不行吗？

《伤仲永》

1. 文中最后一段“王子曰”中“王子”是谁?

2. 方仲永确有其人吗?

《爸爸的花儿落了》

“我”非常珍视毕业典礼，在毕业典礼上怎么老是开小差?

《端午的鸭蛋》

1. 题目改成“高邮鸭蛋”或“故乡的端午节”行吗?

2. 最后一段作者引用“囊萤映雪”的故事，怎么只写了“囊萤”的故事，对“映雪”的故事却只字未提?

3. 鸭蛋还有“蠢”的?

《藤野先生》

作者为什么要写一位“日本”的老师?

《范进中举》

1. 中国的读书人怎么这么喜欢当官儿?

2. 范进中了举，一高兴怎么就“疯”了呢? 中了秀才怎么没疯?

3. 范进疯了，果真由岳父“一巴掌”就能打好?

……

3.5 经营基于学情的语文新课堂

基于学情的新课堂，是关注了学生、解放了学习力的语文新课堂! 要当成事业去经营。

一、学生是善于发问的

鲁迅先生是善问的学生。

“先生，‘怪哉’这虫，是怎么一回事? ……”我上了生书，将要退下来的时候，赶忙问。

“不知道!”他似乎很不高兴，脸上还有怒色了。

学生是好问善问的，而且鼓励学生提问，将会极大地激发学生的学习兴趣。卢梭说：“教育的艺术是使学生喜欢你所教的东西。”于漪老师说：“在人的心灵深处，都有根深蒂固的需要，这就是希望感到自己是一个发现者、研究者、探索者。”①

为此，基于学情教语文，教师要做学生思维的指导员，做能够教会学生思考的人，让课堂成为一个积极思考的王国。

①陈小英、于漪：《中国当代著名教学流派：于漪与语文教育》，国际文化出版公司，2003年8月版。

孙绍振老师说："在语文课堂上重复学生一望而知的东西，我从中学时代对之就十分厌恶。从那时我就立志，有朝一日，我当语文老师一定要讲出学生感觉到又说不出来，或者以为是一望而知，其实是一无所知的东西来。"①我将此话作为我为师之荣耀和教学座右铭。

二、经营基于学情的新课堂

1. 教师要培养学生"质疑问难"的习惯。

教育教学之最难是把问号装到学生的脑子里！其次是教师想方设法让学生把脑子里的问号表达出来！第三是师生努力将学生的一个个"问号"拉直成"叹号"。

苏霍姆林斯基说："学生的脑力劳动是教师脑力劳动的一面镜子。"教师要给予学生积极思维、创造思维的空间，得给予学生善于提问、敢于提问的机会，教师得为学生做好善思敢疑的表率。语文教学过程，是教师有步骤地启发学生生疑、质疑、解疑，再生疑、再质疑、再解疑的持续不断的过程。

教师首先要坚信，伟大的发现都应当归功于"为何"，而生活的智慧大概就在于没事问个"为什么"。教师要坚信：学源于思，思源于疑；疑是思之始，学之端；小疑则小进，大疑则大进，无疑则不进。

教师更要善于培养学生质疑问难的习惯，培养自己善于关注学生感受、疑问的习惯，要致力于基于学情教语文。

2. 教师要培养自己精解文本的习惯。

基于学情实施语文教学，要有"精""略"之分。日常教学中，精读（统编本教材又改称"教读"）篇目是基于学情设计实施教学的极佳材料，教师要精读文本，要基于学生的感受和疑问精心设计实施教学；而略读（统编本教材改称"自读"）篇目，则要强调学生自学，教师对学情的关注和解读教材、设计教学，宜简略些。需要强调的是，只有对经典文本的精读，才能有基于学情的语文新课堂的动态生成。教材中的经典文本既要精读，还要常读，要做到常读常新。

毕淑敏大约8岁的时候，第一次读《人鱼公主》，读完后泪流满面，抽噎得不能自已。大约18岁的时候，她很容易地就读出了爱情。到了28岁的时候，做了妈妈的她竟深深地关切起人鱼公主的家人来。到了38岁的时候，因为她开始写小说，读人鱼公主的时候，不由自主地探讨起安徒生的写作技巧来了……

毕淑敏把自己读进了故事，做到了常读常新。《人鱼公主》就教学而言，8岁学生的感受，肯定不会和28岁、38岁、48岁老师的感受一样。同一位老师在28岁、38岁、48岁乃至58岁，读《人鱼公主》的感受也肯定是不一样的。

①孙绍振：《名作细读：微观分析个案研究》，上海教育出版社，2009年6月版。

教科书中的经典文本要常读，更得常读常新。

3. 精准确定教学内容。

课堂教学的特色不在于教学设计的形式，而在于教师对文本教学内容的确立。无论教哪一篇（类）课文，要先考虑教什么东西。“教什么”先于“怎么教”，比“怎么教”更重要。

教什么？要精准确立教什么，教师需要把对文本特质的解读跟学生的感受和疑问有机地融合在一起。要遵循教学内容确定的“三一”原则，即：这一文本，这一班学生，这一节45分钟的课。

4. 精心设计教学。

基于学生感受和疑问设计课堂教学，教师首先要精解文本。第二步，由学生的感受和疑问倒逼着教师再解读文本。第三步，梳理、归并学生的感受和疑问。第四步，依据学情和教师对文本的解读做好教学设计。

（1）梳理学生的感受和疑问。

梳理学生的感受和疑问，一般分两步完成。

第一步，梳理、归并学生的感受和疑问，做好引导，重视学生“谈感受、提问题”阅读习惯的养成。

首先，收齐“预习单（阅读感受和疑问单）”并在右上角标好序号。在学生养成“把自己读进去，把感受和疑问读出来”的阅读习惯后，预习单可简化为谈“阅读感受”和“阅读疑问”两部分。

第二步，浏览、批注学生的感受和疑问。

批注学生的阅读感受从简，一般是圈红或给出“棒”“厉害”等鼓励性评价。学生疑问则分类批注。下面以《端午的鸭蛋》为例介绍梳理、归并和批注学生疑问的方法。

学生的感受不同，疑问更是五花八门，异彩纷呈，但总体上来看大致可以分为以下类型。

第一类：教师直接给出回答（或提示）的问题。如：

①作者家乡的鸭蛋怎么就那么“质细油多”？

师批注：有水土原因，还有……

②作者为什么要用“鸭蛋”来表达自己对家乡的怀念，而不是那些比鸭蛋有意义的事物呢？

师批注：多的是呢！你可以买汪曾祺的散文集来读。

③高邮不只有鸭蛋，为什么就写鸭蛋？

师批注：汪曾祺也写了别的，而且很多！只是此文着重写了端午的鸭蛋。

作用：像这样在学生的疑问后面简单批注、作答，首先是对学生疑问的肯定和尊重。其次，告诉学生这些问题略作思考或讨论即可解决。

第二类：引导学生深入文本阅读后思考的问题。“读而不思则罔”，有些问题是学生浮皮潦草地读文本，未经深入阅读就提出来的。此类问题要提示学生继续深入文本，到文本语言文字中去思考作答。如：

①作者家乡的端午节有哪些习俗呢？

师批注：读文章第一自然段，去找找看。

②文章最后一段为什么要写“囊萤映雪”的故事？

师批注：仔细阅读最后一段，看看是写了“囊萤映雪”的故事，还是只写了车胤“囊萤”的故事？

③文章后半段只描写了高邮的鸭蛋，没有提端午，为什么以“端午的鸭蛋”为题？

师批注：文章第四自然段开头就说“端午节，我们那里的孩子兴挂‘鸭蛋络子’”，没有提“端午节”吗？

作用：教师给出这样的批注、引导，久而久之学生便容易养成认真读书、深入思考的习惯。

第三类：可批注、可不批注的问题。

①汪曾祺为何要追求“平淡而有味”的语言风格？优美而生动的语言不是更好吗？蛋壳不是很容易就破碎的吗？作者又是怎样保护蛋壳不破的？

师批注：多读一些汪曾祺的散文，你会发现“平淡有味”的语言风格的妙处。作者小时候怎样保护蛋壳不被碰破，可以结合文章倒数第二段去想象，也可以去试着玩鸭蛋壳呀！

②我不明白作者小时候是怎样用黄烟子在壁板上写“一笔虎”的。

可不批注。

③为什么以前端午节那些有意思的习俗现在没有了？

可不批注。

④散文有什么特点？

师批注：余秋雨说：“散文是作者内心的外化。”你觉得呢？

作用：以上问题可以给出简单的批注、指导，也可以不予批注、指导。学生对自己感兴趣的问题会在以后的学习、生活中留意的。

第四类：需要学生整合的问题。有的学生喜欢在文本的某处纠缠或钻牛角尖，会不假思索地提出一串问题。教师要引导学生去整合这些问题。

①为什么要引用袁枚的《随园食单》中的“腌蛋”一条？为什么作者不喜欢袁子才这个人？为什么不喜欢人家还要引用人家的？

师批注：这三个问题宜合并成一个。

②作者为什么要写家乡的鸭蛋？作者对家乡的鸭蛋真的难以忘怀？这篇文章表达了作者怎样的情感？

师批注：以上三个问题如合成一个该怎样表述呢？

作用：这样可以提高学生的思辨能力，让学生的思维更有条理性。

第五类：激发学生探究兴趣的问题。

①文章写孩子们在端午节时做的事情，为什么写孩子笔墨多而没有写成人呢？

师批注：就是，怎么回事呢？作者说："故乡和童年是文学作品的永恒的主题。"

②为什么文章结尾没有点题？

师批注：对呀！是不是得点题——啊，难忘故乡的端午，难忘端午的咸鸭蛋？

作用：此类问题可以用"对啊！""就是！""怎么回事呢？"等激励性的话，"诱发"学生探究的兴趣。

第六类："幽默"一下、不置可否的问题。

壁虎也有毒？萤火虫是怎样发光的？寿命多长？为什么作者家乡的鸭蛋双黄的多？雄黄是什么？世界上寿命最长的植物是什么？

师批注：跟老师较真了？老师等着你的研究结果呢！

作用：教师用简单幽默的话语"搪塞"过去，保护了学生质疑问难的兴趣。

第七类：以其人之道还治其人之身的问题。

高邮鸭蛋真的那么好吃吗？

师批注：作者觉得特别好吃，是否真的那么好吃，你去尝尝回头告诉老师呗。

作用：这样可以培养学生严谨、认真地提出问题的习惯。

以上问题多数是不用标注序号、不用在课堂上专门求解的问题。只要不是抄袭来的，发问本身就是它的意义。但是，重要的问题是以下这类的问题。

第八类：需要标注序号并做好数据统计的问题。

对于学生普遍提出的构成教学内容的疑问，要标注序号。比如，共收集预习单40份。收齐预习单后，在右上角标注序号1~40。此类需要标注序号并做好数据统计的问题要标记好，如26号同学提出的某问题，前面已经有10个同学提出过类似疑问，就在26号同学此问题后标注11，以此类推。序号越大，说明问题越普遍；序号越大，说明探究解决的必要性越大。

第二步，浏览、筛选典型的感受和疑问，为课前展示交流做好准备。筛选典型的感受和疑问，旨在引导学生触摸文本语言。因此，此处要筛选出学生关注文本语言的感受和疑问。

（2）基于学生的感受和疑问来设计课堂教学。

一是熔铸式。如《端午的鸭蛋》。

二是纵进式。如《珍珠鸟》。

就以上两种设计范式，前面有专门介绍。需要强调的是，学生好像感受到但又说不出来的困惑，也是我们教学的重点。

（3）要关注学生课堂表现，重视课堂生成。课堂上要适时、适当地让学生不断质疑、问难和探究。

基于学情实施课堂教学，是一种追求，是一种情怀，是一种担当。教师要用“基于学生感受和疑问”这把钥匙，不断拧紧学生思维的发条，使学生饱尝思维劳动的快乐，体验到一种思考家的自豪感，从而满怀激情地去研究新事物，学习新知识，提高语文核心素养，此乃语文教学之正道！

第四节　春风化雨　润物无声

——基于学情实施学科德育

课例展示

《范进中举》

【写在前面】

语文教学，必须看清、看“活”小说“言”在字里行间的那个“人”。

学科德育是“实施”，而非“渗透”，你觉得呢？

一、导入新课

师：同学们，今天继续学习《范进中举》，文章节选自长篇讽刺小说《儒林外史》，作者是清代小说家吴敬梓。（板书：范进中举　吴敬梓）

课前，大家提出了很多疑问，老师做了梳理。老师在这儿只提问一个问题：范进是多大岁数中的举？

生：50多岁。

师：选文前面，《儒林外史》中写道：明代（吴敬梓是清代人，假托故事发生在明代，创作了《儒林外史》）广东省新上任的学道（学道，学习的“学”，道理的“道”。明、清时期各省主管教育的官，相当于现在教育厅厅长）叫周进。广东省教育厅新上任的周厅长、周学道，新官上任三把火，先考了两场生员（在明、清科举考试中童生考秀才，叫考生员，也叫“院考”“道考”，考中就是“秀才”），第三场的时候进来一个童生（没有考中秀才的读书人，不论年龄大小都叫“童生”，八十岁也叫童生，童生又叫“小友”，朋友的“友”，九十岁的童生也是“小友”。屏显）：

落后点进一个童生来，面黄肌瘦，花白胡须，头上戴一顶破毡帽。广东虽是地气温暖，这时已是十二月上旬，那童生还穿着麻布直裰（zhí　duō，长衫），冻得乞乞缩缩，接了卷子，下去归号……

师：请浏览。注意：此童生什么时间参加的院考？

生：十二月上旬。

师：穿的什么长衫？

生：麻布的。

师：麻布的特点是透气性好，管凉快的，旧时价钱便宜。此童生，冻得乞乞缩缩，换

件破棉夹袄也行啊！

生：应该是穷得穿不起！

师：直裰，类僧袍，明、清时代是读书人身份的象征，这童生真是穷得换不起。归号，就是到号房考试。科举考试每人一单间，这考试用的单间叫“号房”。号房内设两块号板，一块是答卷用的，另一块睡觉用。猜，此童生乃谁？

生：范进。

师：对，老童生范进，冻得乞乞缩缩，去参加入学考试。穿麻布长衫，头上捂着顶破毡帽。明、清时代，考中秀才，进了学，就可以戴方巾。方巾也称儒巾，是一种戴上后有两翅的帽子（有别于乌纱帽，更有别于冠、冕）。这都是明、清时代的规矩，封建礼教的东西。此时范进多大年龄？

生：估计得五六十岁吧！

师：不用估计，小说中写到，老童生范进第一个来交卷（屏显）：

周进问：“你就是范进？”范进赶忙下跪道：“童生就是。”周进接着问：“你今年多少年纪了？”范进道：“童生册上写的是三十岁，童生实年五十四岁。”周进又问：“你考了多少回数了？”范进道：“童生二十岁应考，到今考过二十余次。”

（男生读周进的话，女声读旁白，老师饰演范童生。师生合作演读。）

师：老师读得怎么样？范进此时多大岁数？

生：54岁！还谎称是30岁！范进唯唯连声，毕恭毕敬，害怕周进。

师：这广东周学道、周厅长，曾有过范进同样艰难的科举经历。54岁的范进，花白胡子，穷困潦倒。范进这次考中算烧高香了。周厅长同情他，给他取个第一名，他才考上秀才，进了学。范进中秀才时已54岁，那范进多大岁数考中举人的呢？课文第一、二自然段开头说（屏显）：

①范进进学回家，母亲、妻子，俱各欢喜。正待烧锅做饭，只见他丈人胡屠户，手里拿着一副大肠和一瓶酒，走了进来。

②次日，范进少不得拜拜乡邻。魏好古又约了一班同案的朋友，彼此来往。因是乡试年，做了几个文会。不觉到了六月尽间，这些同案的人约范进去乡试。

师：范进考中秀才归来，成了相公，不再是“小友”了，摇身变成“老友”了。秀才是追求功名的起点，范进正式踏上追求功名之路。考秀才是在十二月间，本文第二段说“不觉到了六月尽间”，这很明显是第二年的六月间，省城的乡试在八月份，又叫秋闱。也就是说范进考举人时已55岁。结果这次一举真的中了举人，20岁开始考，考了35年才中举，一高兴，竟然疯了。从此，范进、胡屠户，还有生活在范进周围的人，均判若两人，文章描绘得惟妙惟肖。

二、交代目标

师：这节课继续读课文，解读“众人之变”，感受小说中对比、夸张的讽刺艺术。看看大家的疑问能否得到解决。（板书：变？）

三、教学新课

1. 师：课文很长，共11个自然段。先读准字音（屏显）：

①不知累（lěi）了我多少，单独用读“lěi”；连累，拖累，读轻声。②带挈（qiè）。③相公（xiàng），明清时代指秀才。④行事（háng）。⑤长亲（zhǎng）。⑥扒粪的（pá），刨、挖个坑，读“bā”；聚拢到一起读“pá”。⑦亲家母（qìng）。⑧腆着肚子（tiǎn）。⑨啐（cuì）。⑩嗑西北风（hé），现在写作“喝”水的“喝”。⑪噫（yī），文言词，表感叹。⑫头发都跌散了（sǎn），松开，分散开。⑬邻居各自散了（sàn），由聚集到分离。

2. 师：下面，根据提示回顾课文故事情节（屏显）：

□□□□　借钱被啐　范进卖鸡　邻居寻人

范进发疯　众人献策　掌掴制疯　□□□□　范进致谢　乡绅祝贺　范进赠银

师：中举前后空缺的两处情节，谁来补充一下？

生：开头是岳丈训导；中举后一处是屠户夸赞自己的女婿。

师：看准示例，是四个字。

生：屠户训进。

师：可以从范进的角度概括，胡屠户是范进的岳丈（故意强调二人的至亲关系），也可以概括为“岳丈训斥”。后面的空缺处情节内容呢？

生：岳丈夸进！

师：很好。胡屠户这岳丈是个杀猪卖肉的主儿，我们还可以概括成“屠户赞婿”。

3. 牛气十足的胡屠户。

师：本文情节分中举前和中举后两部分。文章较长，本节课选范进中举前后各两个自然段解读“众人之变”。重点研读第一、二、八、九段，打个勾，标记一下。

（生勾画。）

师（啪！师轻拍桌子，模拟“说评书”状）：话说范进考中秀才，进学回家，老岳丈胡屠户，拿着一副猪大肠，一瓶酒，前来贺喜！且看这不同寻常的贺喜，谁读？屏显：

胡屠户道：“我自倒运，把个女儿嫁与你这现世宝穷鬼，历年以来，不知累（lěi）了我多少。如今不知因我积了甚么德，带挈（qiè）你中了个相公，我所以带个酒来贺你。”

（一生不紧不慢地读。师接着追问。）

师：“现世宝”，现在世上的一宝？

生：不是。意思是丢脸的家伙。

师：不是来贺喜吗？

师：什么是"带挈你中了个相公"？

生：说范进沾了胡屠户的光，中了相公。

师：这是来贺喜吗？朗读，是将无声的文字变成有声的语言，朗读能力是非常重要的语文素养。如何朗读胡屠户的这段话，请看屏幕：

神态惟妙惟肖　肢体语言丰富　切合人物身份

读时得斟酌人物说话时的神情，神态要惟妙惟肖，肢体语言要丰富，这些要切合人物身份。说到肢体语言，大家想象一下，一个"白刀子进去，红刀子出来"杀猪卖肉的主儿，"我自倒运"一句，他会用食指指着自己的鼻子；"把女儿嫁与你这现世宝穷鬼"一句，他会用手指着范进。

酝酿一下，注意肢体语言，老师权且是那穷困潦倒，54岁烧着高香才进了学的范相公，范"老友"，范秀才。接下来，一起读一下胡屠户的这些话（屏显）：

胡屠户道："我自倒运，把个女儿嫁与你这现世宝穷鬼，历年以来，不知累（lěi）了我多少。如今不知因我积了甚么德，带挈（qiè）你中了个相公，我所以带个酒来贺你。"

（按：学生重读了人称代词"我""你"，语气、语调恰当，加上了拇指或食指等适当的肢体动作，凸显人物神情。学生兴致起，一边读，一边手指女婿范进——指着我，语气中有"恨铁不成钢"之愤慨，读完纷纷相视而笑。）

师：接下来，想象人物神情，伸出右手食指，请一位同学读（屏显）：

胡屠户又吩咐女婿道："你如今即中了相（xiàng）公，凡事要立起个体统来。比如我这行（háng）事里都是些正经有脸面的人，又是你的长（zhǎng）亲，你怎敢在我们跟前装大？若是家门口这些做田的，扒（pá）粪的，不过是平头百姓，你若同他拱手作揖，平起平坐，这就是坏了学校规矩，连我脸上都无光了。你是个烂忠厚没用的人，所以这些话我不得不教导你，免得惹人笑话。"

（生读。兴致起。教师继续饰演范进，低眉顺眼地说："岳父见教的是。"）

师：这一段要是能读出点胡屠户的优越感来，读出点教训的口吻来，读出点等级观念来，就更好了。酝酿酝酿。自由读，感受一下！

（按：同学们兴致勃勃地演读，我继续饰演老秀才范进，此刻学生没觉得自己饰演胡屠户"有什么不对劲"，而是入情入境，读到"你"字，用食指指向我；读到"我"字，用食指或大拇指指向自己，大有妄自尊大、训斥他人之快感。学生在训斥、吩咐完后，心满意足。我俨然成了学生心目中活脱脱的范进了。）

师：胡屠夫训导完女婿，结果喝得醉醺醺的，横披了衣服，腆着肚子去了（师模仿）。

此刻，胡屠户什么神情？

生：傲。

师：胡屠户又叫女婿立体统，又吩咐女婿别坏了学校规矩。其实，正如胡屠户所说，明、清时期，学校、社会都讲规矩。就科举取士而言，选当官的，规矩讲究可就多了，像刚刚提到的没进学的读书人叫“小友”，中了秀才的称“老友”。注意“小友”和“老友”，也就是童生和秀才不能序齿，就是不按照年龄排长尊，小友和老友不能平起平坐。

明、清时期社会规矩，属于封建礼教。当时有官，有民。皇帝是最大的官，朝廷有三品、四品的官等，地方有七品芝麻粒儿大的小县官，都是官。退官的乡绅，像张乡绅，举人出身，做过知县（就是县长），退职成了乡绅。再加上地主，都在民之上。民就是百姓，通常分士、农、工、商四个阶层。士是指还没取得功名的读书人。农是农民，就是平头百姓，不准戴官帽，不允许戴方巾，就是胡屠户说的种田的，扒粪的。胡屠户一杀猪的主，算是最低的工商阶层了吧，见了张静斋、张乡绅都得藏起来。但他在范秀才面前，牛气哄哄，他傲啥？

生：比范进强。生活条件比范进好！

师：有猪油吃，有衣穿，对吧。

（按：课堂上众人笑。）

师：范进，区区一“饿死不卖书”的穷秀才，穷困潦倒的“儒生”，只是踏上追求功名之路，并无功名富贵可言。遇到如此岳丈，犹如“秀才遇到兵，有理说不清”，只能“哑巴吃黄连，有苦难言”。

4. “辱骂大王”胡屠户。

师（“啪”用黑板擦轻拍桌子）：大家继续听书——

哎，不过，周进，范进的周宗师，说范进火候已到，得去省城参加乡试，并提醒他说：“即在此科一定发达。”

花开花落又一年，不觉已是六月尽间，55岁，考了35年的范进，想去乡试，发愁没有盘费啊，打算向岳丈去借。好家伙，范进来到岳父家，刚想张嘴：“岳父大人，今年是乡试年，我想……”话没说完，看屏幕（屏显）：

范进因没有盘费，走去同丈人商议，被胡屠户一口啐在脸上，骂了一个狗血喷头。

师：何谓“啐”？

生：唾。

师：何谓“唾”。

生：用力吐唾沫。

师：想想，这个动作伴着哪个拟声词？

生：呸！

师：老师还是那范进，你是那岳丈，咱俩再现一下此情节："岳父大人，今年乡试年，我想……"

生："呸！"

（按：学生发出的有可能是"吐"音！学生用力发出"呸""吐"声来，且吐出唾沫。老师弓腰，手抚额头后退。课堂上哄堂大笑！）

师：唾沫星子都吐出来了！

（按：课堂上再次哄堂大笑！）

师：接下来，一起读起来（屏显）：

范进因没有盘费，走去同丈人商议，被胡屠户一口啐（cuì）在脸上，骂了一个狗血喷头道："不要失了你的时了！你自己只觉得中了一个相公，就'癞虾蟆（lài há ma）想吃起天鹅肉'来！我听见人说，就是中相公时，也不是你的文章，还是宗师看见你老，不过意，舍与你的。如今痴心就想中（zhòng）起老爷来!这些中老爷的都是天上的'文曲星'！你不看见城里张府上那些老爷，都有万贯家私，一个个方面大耳。像你这尖嘴猴腮，也该撒抛尿自己照照！不三不四，就想天鹅屁吃！趁早收了这心，明年在我们行事里替你寻一个馆，每年寻几两银子，养活你那老不死的老娘和你老婆是正经！你问我借盘缠，我一天杀一个猪还赚不得钱把银子，都把与你去丢在水里，叫我一家老小嗑（hé）西北风！"

师：手指呢？没拿出来！这些不同寻常的责骂，是快一点骂得起劲，还是慢一点骂得过瘾？

生：快一点。

（一学生伶牙俐齿，极快速地读："像你这尖嘴猴腮，也该撒抛尿自己照照！不三不四，就想天鹅屁吃！"）

生：慢一点。

（一学生漫不经心、极度讽刺地读："趁早收了这心，明年在我们行事里替你寻一个馆，每年寻几两银子，养活你那老不死的老娘和你老婆是正经！"）

师：快得过瘾，慢得叫人心惊胆战！实际上语气、语调也很耐琢磨！带着你的理解，注意语速、语气、语调，再自由朗读这一部分。

（按：学生极其夸张地、咬牙切齿地、语速或快或慢地、语调或高或低地、语气或轻或重地读着，有的还用手指敲打着桌子，似乎桌子就是书中的范进。极尽嘲笑、讽刺、漫骂之情状。）

师：老师略举最后一处，注意观察老师手势、语速、语调、语气："你问我借盘缠，我一天杀一个猪还赚不得钱把银子，都把与你去丢在水里，叫我一家老小嗑（hé）西北风！”

（按：老师极其夸张地演读，让学生和听课者先是目瞪口呆，后又拍手称赞！胡屠户淋淋漓漓地从文本里跳了出来。）

师：连嘲带讽，破口大骂，骂得范进狗血喷头，该快则快，该慢则慢，宜高则高，宜低则低。这么狠，这么损，骂得范进“摸门不着”，找不到北了。胡屠户啊，胡屠户！你好糊涂啊！范进可是你的女婿啊，常言道：“一个女婿半个儿啊！”大家猜此刻范进心里会怎么想。

生：人在屋檐下，不得不低头。

生：唉，老岳丈就这么势利，我范进非要去考它一考。

生：唉，和他争辩几句，我范进没那底气！你看，我是要钱没钱，要功名，没功名，现如今这人又……唉！只好受着！

师：范进们都忍气吞声啊！

（按：众笑。）

师：范进啊，范进！范秀才！范相公！55岁，也是年过半百的人了！被岳父骂得晕头转向，可心里仍旧嘀咕：“宗师说我火候已到，自古无场外的举人，如不进去考他一考，如何甘心？”

5. 胡屠户掌掴范进的手。

师（啪，轻拍桌子，若说评书状）：多亏范进不灰心，瞒着丈人，借钱进省城参加乡试，被胡屠户知道后又骂了一顿。回家来，母亲饿得眼都看不见了，范进不得不去卖鸡买米煮粥喝。

世事难料，这次范进高中广东乡试第七名亚元，终于中举了！在明、清时期，考上举人，意味着从此踏上仕途。进京会试，若取得贡士资格，可参加殿试；殿试考中进士，就可以做官了，那就功成名就了；中举后不再考，或者考不上，举人也可以做知县，还可以在教育部门做官，举人是享受俸禄的。

三十五年遭人白眼，低三下四，被岳丈骂得狗血喷头，范进备受压抑。中举的大喜从天而降，他承受不住这强烈的刺激，痰迷心窍，疯了，精神失常了。

中国传统医学（中医）讲：心主喜，肝主怒，脾主思，肺主悲，肾主恐。大喜过望，心窍打开，人体的一种黏稠的液体，就是小说中所说的“痰”，黏稠的液体把打开的心包裹住，就是小说中所说的“痰迷心窍”，人就昏厥过去，用水灌醒后，人就神志不清，疯疯癫癫了！

怎么办呢！中国传统医学中还讲：心主喜，五行（水、木、金、火、土）属火，大喜而疯，是心火过旺；肾主恐，五行属水，恐就是害怕，恐惧。让喜极而疯的人恐惧、害怕，找胡屠户抽范进一大嘴巴子，吓唬他说：“该死的畜生！你中了甚么？”用肾水浇灭范进的心火，让他忧愁抑郁而心窍关闭，就会神志清醒起来！

在众人撺掇下，酒壮屠户胆，胡屠户卷一卷油晃晃的袖子，找到范进，骂了一句：“该死的畜生！你中了甚么！”“bia”一巴掌打过去，范进倒是不疯了，可胡屠户……请浏览（屏显）：

不想胡屠户虽然大着胆子打了一下，心里到底还是怕的，那手早颤（chàn）起来，不敢打到第二下。范进因这一个嘴巴，却也打晕了，昏倒于地。众邻居一齐上前，替他抹胸口，捶背心，舞了半日，渐渐喘息过来，眼睛明亮，不疯了。众人扶起，借庙门口一个外科郎中“跳驼子”板凳上坐着。胡屠户站在一边，不觉那只手隐隐的疼将起来；自己看时，把个巴掌仰着，再也弯不过来。自己心里懊恼道：“果然天上‘文曲星’是打不得的，而今菩萨计较起来了。”想一想，更疼的狠了，连忙问郎中讨了个膏药贴着。

（按：学生默读，入神，生疑。）

6.“变脸大王”胡屠户。

师：齐读（上面）屏幕上加点的句子。

（生齐读。）

师：再读画横线的句子。

（生齐读。）

师：两处加点的句子是什么描写？

生：心理描写。

师：你们看心理描写刻画得真细腻。两处画横线的句子是什么描写？

生：动作描写。

师：也属于细节刻画，叫细节描写。这真叫人纳闷？胡屠户一个天天“白刀子进去，红刀子出来”杀猪的主儿，在女婿面前牛气冲天，怎么这会儿，又是喝酒壮胆，又是害怕、懊恼，打女婿的巴掌都弯不过来，有这么严重吗？不可思议啊！

（按：学生都变得沉静了。教室里一片安静！）

师：接下来，还有更叫人匪夷所思的。先前胡屠户那“现世宝”“滥中厚没用的、尖嘴猴腮、不三不四就想天鹅屁吃”的女婿，摇身变成（屏显）：

胡屠户上前道：“贤婿老爷，方才不是我敢大胆，是你老太太的主意，央我来劝你的。”邻居内一个人道：“胡老爹方才这个嘴巴打的亲切，少顷范老爷洗脸，还要洗下半盆猪油来！”又一个道：“老爹，你这手明日杀不得猪了。”胡屠户道：“我那里还杀猪！有我这贤婿，还怕后半世靠不着也怎的？我每常说，我的这个贤婿，才学又高，品貌又好，就是城里头那张府、周府这些老爷，也没有我女婿这样一个体面的相貌。你们不知道，

得罪你们说，我小老这一双眼睛，却是认得人的。想着先年，我小女在家里长到三十多岁，多少有钱的富户要和我结亲，我自己觉得女儿像有些福气的，毕竟要嫁与个老爷，今日果然不错！”说罢，哈哈大笑。众人都笑起来。看着范进洗了脸，郎中又拿茶来吃了，一同回家。范举人先走，屠户和邻居跟在后面。屠户见女婿衣裳后襟滚皱了许多，一路低着头替他扯了几十回。

（生默读，课堂上静得出奇。）

师：该段中，胡屠户的言行各两处，你觉得哪一处最叫人匪夷所思？

生：先前胡屠户那“现世宝”“滥中厚没用的、尖嘴猴腮、不三不四就想天鹅屁吃”的女婿，摇身变成“贤婿老爷”，夸女婿的这一部分，太不可思议了！

师：我们可以想见，胡屠户先前指着女婿的食指，换成了大拇指！女婿中举，屠户满脸堆笑。清代有个号“天目山樵”的，两回评点《儒林外史》。其中第二回评点此处（屏显）：

胡屠户道：……说罢，哈哈大笑。众人都笑起来（天二评：众人此笑包含无限）。看着范进洗了脸，郎中又拿茶来吃了，一同回家。范举人先走，屠户和邻居跟在后面。屠户见女婿衣裳后襟滚皱了许多，一路低着头替他扯了几十回（天二评：此时爱女婿不知若何而可）。

立国评：天下善变小人第一。

师：众人此笑包含无限：好笑，可笑，傻笑，赔笑，窃笑，嘲笑，调笑，附和着笑，谄笑，贻笑大方，笑里藏刀，五十步笑百步……不得而知啊！“立国评”是老师将读到此处的感想，批注下来了。同学们以后读小说，也要试着做些点评、批注。

师：难道真就是“一人得道，鸡犬升天”？范进等人到了家门，胡屠户高声叫道（屏显）：

“老爷回府了!”

师：怎么高声叫？底气足不足？竖不竖大拇指？

（按：学生只是略有所思地点头示意。没有一开始时的跃跃欲试了！）

师：对，就得眉飞色舞、洋洋得意的，试试，试试！

生：“老爷回府了！”

（按：此时学生没有极尽夸张地表演，好像在凝思什么！）

师：拖不拖长腔。

生：拖。

师：谁来演读一下？

（按：学生面面相觑，表情凝重，没人再举手。我即兴演读“老爷回府了”，为了展示惟妙惟肖的神态、丰富的肢体语言，我拍拍胸脯，竖起大拇指，腆着大肚子，拖着长音演读

"老爷——回——府——了",尽显活脱脱市侩嘴脸。学生笑得不如前面厉害了,神情怪异。)

师:莫非胡屠户是在玩魔术吧?此时爱女婿不知若何而可!胡屠户简直是在大变活人!一对比,小说的讽刺效果可见一斑。胡屠户评价女婿的标准是什么?

生:有没有中举。

生:能不能做官。

生:有没有取得功名富贵。

师:对,对,胡屠户有自己的标准。这也是那个时代的标准。

7. 关于变的思索。

师:一朝中举,范进"平步青云",胡屠户也跟着"一步登天"。且看(屏显):

张乡绅四面将眼睛望了一望,说道:"世先生果是清贫。"随在跟的家人手里拿过一封银子来,说道:"弟却也无以为敬,谨具贺仪五十两,世先生权且收着。这华居其实住不得,将来当事拜往,俱不甚便。弟有空房一所,就在东门大街上,三进三间,虽不轩敞,也还干净,就送与世先生;搬到那里去住,早晚也好请教些。"范进再三推辞,张乡绅急了,道:"你我年谊世好,就如至亲骨肉一般;若要如此,就是见外了。"

(按:学生疾速浏览屏显内容。)

师:做过一任知县的举人张静斋,张乡绅,和范举人说的这些巴结逢迎的、肉麻的、官话、拉拢讨好的话,咱不提。看贺礼:贺仪五十两。前面提到的周进,当年在山东汶上做"小学老师",一年才十二两银子;再说那套房子,在县城东门大街上,三进三间,按现在估价,少说也得一百万。

师:张静斋送房子还有冠冕堂皇的理由,请从这段文字中找找。

生:这华居其实住不得,将来当事拜往,俱不甚便。

师:这华居和胡屠户口中的范老爷的府邸如何呢?且看(屏显):

家里住着一间草屋,一厦披子(披屋,依着正屋的墙搭的房),门外是个茅草棚。

师:这恐怕是最寒酸的两室一厅的"华居"、胡屠户口中的"范府"了。正可谓:一人得道,鸡犬升天!节选共11段,小说第十一段后面写道(屏显):

自此以后,果然有许多人来奉承他:有送田产的,有送店房的,还有些破落户,两口子来投身为奴仆图荫庇(yìn bì)的。到两三个月,范家奴仆、丫环都有了,钱、米就不消说了。

师:这些人也真是的,范进进省城赶考的时候,他们都干什么去了?范进的母亲饿得两眼看不见的时候,他们干什么去了?范进抱着鸡去集市上卖鸡买米、煮粥填一家人肚子时,他们都干什么去了?

范进、胡屠户、张乡绅、众乡邻都在陡转急变，都在范进中举前后判若两人，在这变的背后，你是否窥探到不变的东西？（板书：不变！）

生：对权力和金钱的欲望。

生：对功名富贵的追求。

生：对科举做官的渴望。

师：同学们，物以类聚，人以群分。聚集在一起的同类的人或事物，我们现在叫群，如QQ群、微信群等。古代叫“林”，习武之人聚集在一起叫“武林”。明、清时期八股取士，考儒家的《四书》《五经》，读书人又叫“儒士”“儒生”，他们聚集在一起就叫“儒林”。儒林，就是明清时期的文人群，读书人的群。有为了考取功名正在读书的，有读书考科举做了官的，有做官后退职做了乡绅的，这些人是不能记录在正史之列的，他们不是帝王将相，记录他们的只能叫野史、外史。吴敬梓就假托故事发生在明朝，创作了《儒林外史》，为我们展现了明、清时期的读书人和当时社会的状貌（屏显）：

《儒林外史》这部讽刺小说，是一幅活生生的社会面貌图。考据家们曾经把书中的人物一一与历史上真人真事相比照，推断出书中人物的艺术原形。还有人特地跑到茶馆中去体验现实，名之为“温习《儒林外史》”。正如惺园退士所说，“……其写小人也，窥其肺腑，描其声态，画图所不能到者，笔乃足以达之”。

鲁迅先生评价《儒林外史》：是后/亦鲜（xiǎn）有/以公心讽世之书/如《儒林外史》者。

8. 提出新困惑。

师：学到这里，就《范进中举》一文而言，你还有没有疑问？或者有没有新的疑问？

（按：学生凝视着我或某个地方，陷入深深思索中，没有人再做出除了沉思的其他举动。我让课堂就这样安静了约莫一分钟。）

9. 关于“变”的拓展。

师：让我们放眼世界，在19世纪法国短篇小说巨匠莫泊桑的小说《我的叔叔于勒》中，菲利普夫妇对自己亲弟弟的称呼耐人寻味（屏显）：

正直的人、有良心的人、好心的于勒、有办法的人；

讨饭的、贼、流氓。

19世纪法国的这对夫妇善变。

再看19世纪俄国短篇小说巨匠契诃夫的短篇小说《变色龙》。在处理狗咬人的案件中，一只狗也会摇身变化（屏显）：

疯狗、下贱胚子、野狗；

名贵的狗、娇贵的动物、小狗怪不错的、挺伶俐、小坏蛋、好一条小狗。

（按：多数学生表示了解小说故事内容，纷纷正襟危坐，凝神沉思。）

10. 收束拓展。

（按：课堂出奇地安静。）

师（轻轻地）："善变"之人，中国有，法国、俄国也有；古代有，现代也有。目睹文学作品中的这些"变色龙"们，在匪夷所思的变的背后，都隐藏着渗入骨髓的不变的东西，老师不禁为之一叹，浑身不舒服。

儒林外史《闲斋老人序》中说（屏显）：

篇中所载之人，不可枚举，而其人性情心术，一一活现纸上。读之者无论是何人品，无不可取以自镜。

让我们读《儒林外史》，取以自镜吧！读《名家评点〈儒林外史〉》会更有意思！

（按：课堂上爆发出抑制了许久的热烈掌声！）

板书设计：

范进中举
吴敬梓
变？　　　不变！

【我教我说】

妙招可言31：语文新课堂实施学科德育，也要基于学情。

语文学科课程育人，要遵循语文学科的基本属性，遵循语文教学的一般规律；要根据教学内容的价值取向，重视发挥语文课程的熏陶感染作用，尊重学生独特的学习体验，引导学生在语文学习中受到优秀文化的熏陶，获得丰富的审美体验，形成良好的人文修养，树立正确的世界观、人生观和价值观。

在教学中要注意挖掘蕴含在教学内容中的德育元素，通过潜移默化、熏陶浸染等方式，采取灵活多样的学习方法，使学生因文悟道，不断提高学生的语言能力、道德品质和文化素养。

阅读小说，学生感受丰富，疑问众多。在归类、整理后发现，学生的感受和疑问多指向人，指向人的品质，指向人的灵魂。可见，学生的"感受和疑问"是语文学科德育实施的起点，更是语文学科德育实施的落脚点。示例如下：

学生感悟：

1. 范进作为一个有学识的人，却生活在老丈人的手下，被处处刁难，很可惜。范进中举后，很多人都跑来巴结他，就连张乡绅都想今后从范进那里捞些好处。文中的社会真是太混乱了。

2. 我觉得以胡屠户为首的一些人，是唯利是图者的写照，从文章中的一些细节能够很明显地表现出来。比如：先前范进找胡屠户借钱时，被胡屠户啐了一脸，骂了一顿。而后，当范进的疯病治好了回家去的时候，胡屠户却在范进身后替他整理衣褶。这种现象使人非常气愤。

3. 文章写了范进中举后众人的反应。范进的丈人是十足的小人，在范进中举前对范进冷嘲热讽，中举后却又整天巴结着，乃贪图钱财、见风使舵之人。文章揭露了世人种种虚伪、虚荣、阿谀奉承之态，体现了当时社会对有权势的人的追逐、拜高踩低、人心不古、互相勾结的丑恶嘴脸。

4. 文中人的变化，反映出当时人们对有钱有势的人的极力巴结奉承，对无钱无势的人的冷漠无情。表现出了科举制度下的世态炎凉，这正是范进所生活的社会环境。

学生困惑（“①”“③”等为学生预习单序列号）：

A. 知识类。

①举人是什么官职？④相公是什么官？⑩范进疯了为什么打他一巴掌就会好？⑬文中“二报，三报”是什么意思？㉛为什么范进同乡邻行礼作揖就是“坏了学校规矩”？“学校规矩”又是什么？㉞文中的“痰”到底指什么？

B. 人物类。

范进：⑧范进为什么对科举如此痴迷？中举后为什么会疯了？中秀才怎么没疯？⑫当邻居向范进报喜时，为什么范进刚开始时不信？⑮一开始，老太太和范进怎就这么怕胡屠户？㉑范进为何如此惧怕胡屠户，难道有什么难言之隐吗？㉒范进明知去赶考会挨屠户骂，怎么却还要坚持去考试？㉔范进得知自己真的中举时，一激动却变得如此狼狈，这是为什么？㉚为什么范进要坚持考三十几年？

胡屠户：②为什么范进的丈人不同意范进去乡试？④胡屠户为何将女儿下嫁范进？胡屠户的手真是因为打了范进而疼的吗？⑯胡屠户打了范进一巴掌后，为什么手腕弯不过来？⑰为什么范进对岳丈很有礼貌还会挨胡屠户的骂？⑱胡屠户明知他女儿过得不好，怎么不送点钱去？⑲怎么有那么多富贵人家提亲，胡屠户女儿30多岁才出嫁范进？⑳为什么胡屠户说得范进一无是处，到底还是把女儿嫁给了范进？㉗胡屠户前后为何有如此大的反差？

乡邻和张乡绅：⑥乡邻对范进的态度为何变化这么大？⑦张乡绅是个怎么样的人？他给范进钱、房的目的是什么？⑭张乡绅为什么对范进如此恭敬？范进中举前他也这样尊敬他吗？

C. 写法、主旨类。

⑤范进为什么会发疯？⑨当时的人怎么这么喜欢当官？㉕本文题目是“范进中举”，应主要讲述范进中举这件事，却用大量篇幅细腻地刻画了胡屠户的形象，这有什么作用？与范进中举有什么关系？㉙本文借范进这一人物到底揭示了什么，或是讽刺了怎样的客观事实？

妙招可言32：唯有在人格熏陶下的语文教育才是完整的。

教育，说到底就是培养人。赫尔巴特曾说：“教学如果没有进行德育教育，只是一种没有目的的手段；道德教育如果没有教学，就是一种失去了手段的目的。”2016年，山东省教育厅制定了《中小学语文学科德育实施指导纲要》（简称《纲要》），旨在引领教师解决语文教学中的德育实施问题。

《纲要》指出，语文学科实施德育主要通过阅读与鉴赏、表达与交流、梳理与探究等学习活动来进行，侧重于潜移默化。落实《纲要》精神，实施“学科德育”，将“学科德育”根植于学科核心素养，让德育真正进学科、进课堂，语文学科课堂教学才会有根有魂，有了灵气。

小说阅读教学包含着极其丰富的道德元素。作家王安忆说：“小说是心灵的历史。”“学科德育”视域下的小说阅读教学，应该引领学生行走在小说作品的语言文字里，聆听作者讲述美、丑、善、恶，或者连作者也说不出是美、是丑、是善、是恶的故事，让灵魂在文字虚构的情节故事中走过，在小说创作出的世界里经历一种别样的人生。

读小说，就是引领学生经历别样人生。值得注意的是，小说阅读教学的德育影响是潜移默化的，不可见，却意义深远。

如《范进中举》一课，喜极致疯的范进、前倨后恭的胡屠户、善于逢迎的张乡绅、趋炎附势的众乡邻，阅读小说中人物的人生经历，让学生有所思、有所悟，乃至让学生内心震颤，又浑身不是滋味，这是“学科德育”视域下教学的目标追求。达到这样的教学目标，必须引领学生走进文本语言，挖掘语言文字背后的文化精神，在体验、感悟、内化的过程中，让心灵走进心灵，以此丰富学生的人生。

妙招可言33：淡化“概括主题”，杜绝贴标签式“德育说教”。

“学科德育”视域下，此类小说如何具体设计和实施教学呢？

笔者以为，“先学后教，多学少教”是根本，“鉴赏语言，体验感悟”是关键。日常教学中概括主题、贴标签式的德育说教是要坚决杜绝的。

苏格拉底将教学的本质比作“助产术”。“学科德育”视域下的小说阅读教学，也要遵循“先学后教，以学定教，多学少教，以学论教”的教学原则。学生“先学”，有收获，更有困惑。整理学生预习后的“收获和困惑”，是了解学情的重要途径，也是确定教学目标任务的重要依据。但是，“以学定教”设计小说阅读教学，对学生的问题、困惑要恰当取舍。

教学《范进中举》一课，在学生“先学”后所提出的问题困惑中，多数学生问到类似“范进为什么会发疯”的问题；问到类似“范进中举后胡屠夫反应前后差异这么大，反映了怎样的社会背景，又讽刺了什么”的问题。学生希望得到的是“深受封建科举制度毒害”“封建社会何其腐朽”一类“程式”的答案；教师若习惯于贴标签式的“概括主题”，习惯于“灌输式”的“德育说教”，就背离了“润物细无声”的语文教学根本宗旨。

小说阅读和教学指向小说的“三要素”，这无可厚非。但是，“学科德育”视域下，小说文本不同，文本解读方法应当各异。封建社会和科举制度，其背景是广阔的，其历史是久远的！吴敬梓生活在清代，但是他假托故事发生在明代，那么唐代、宋代的社会和科举制度又如何？胡屠户和众人“善变”，而当今的人呢？教学中我们虽然鼓励学生质疑、思考，课堂上引领学生体验探索，但是无须给出此类问题的“程式”答案。正如吴敬梓在《儒林外史》序言中所言：“篇中所载之人，不可枚举，而其人性情心术，一一活现纸上，读之者无论是何人品，无不可取以自镜。”这或许是作者的创作意旨。

“学科德育”视域下，在实际课堂教学中，笔者对此类问题只是追问：“这些人也真是的，范进进省城赶考的时候，他们都干什么去了？范进的母亲饿得两眼看不见的时候，他们干什么去了？范进抱着鸡去集市上卖鸡买米、煮粥填一家人肚子时，他们都干什么去了？范进、胡屠户、张乡绅、众乡邻都在陡转急变，都在范进中举前后判若两人，在这‘变’的背后，你是否窥探到‘不变’的东西？”这一连串的追问，脱开具体社会时代的束缚，将学生的思考引向深入，引导学生探索《范进中举》更具超越性的意义和价值。这是《范进中举》德育教学的追求之所在。

找寻人物描写，概括人物性格，梳理故事情节，分析人物形象，贴标签式的“概括主题”，此类以筛选信息为主的小说阅读教学是值得商榷的。实际上，仅就主题而言，“穷在闹市无人问，富在深山有远亲”何止属于科举制度下的封建社会，又何止属于某一个国度？世态炎凉，追名逐利，中国有，外国也有；古代有，现代有。将来呢？当然希望没有！引导学生读出人类的基本境遇，读出人性的无奈，启发学生思考，震颤学生心灵，是教学《范进中举》的德育目标追求。我们坚信，唯有在人格熏陶下的语文教育才是完整的。

特级教师邓彤说：“在小说教学中，你不要去搞那些主题，你让学生用人生的经验去感受这段独特的人生。如果用僵化的主题形式教学，最后学生对小说该怎么学习呢？学生学小说就是把小说理解演化成背答案、背结论。我们不可在课堂上给出说教式的定论，因为‘偶有说教，便是败笔’。”

妙招可言34：力戒“非语文问题”，杜绝“非语文的小说教学”。

邓彤老师还说：“在目前的课堂中，存在着这样的现象，我们在教小说，但是教小说的方式，不要说不像教小说，甚至都不像教语文，这就是‘非语文的小说教学’。”

邓老师指出的“非语文的小说教学”现象屡见不鲜。如：教学沈石溪的动物小说《斑羚飞渡》，不仅不和学生感受斑羚飞渡的撼人心魄，偏有“好事者”要与学生从物理学的角度研究斑羚们能否老幼合作飞渡6米的山涧。更有“奇葩者”，教学《愚公移山》，在课堂上让学生探讨有没有比移山更科学的方法。

呜呼！这些非语文的文本教学“失了根，丢了魂”，费力不讨好！搞不清执教者到底为了什么。

“学科德育”视域下，对于学生“先学”后提出的诸多疑似“非语文”的问题，不要在课堂上寻求解决。但可以用语文的方式，即通过解读语言文字，去解决那些疑似“非语文的”问题。

在学生初读《范进中举》的困惑中，也有学生喜欢穷追不舍：范进明明是一心想着考科举做官，求得功名富贵，一朝中举怎么会疯？实际是刨根问底：人“喜极”了，就会“疯”吗？痰在呼吸道，怎么会使范进痰迷心窍？类似问题不一而足。从医学角度，恐怕课堂上是难以和学生彻底弄清楚这些问题的。但是，在文本解读的过程中，透过文本感受范进、范进周围人的故事，在有了类似作品人物心理变化过程后，学生会恍然大悟：范进一朝中举，必然会喜极致疯，不论是一口痰涌上来迷了心窍，还是一口气背过去昏厥而精神失常。彼情彼境，搁谁谁都疯！

妙招可言35：实施学科德育同样要指向文本语言。

“学科德育”的实施与学科核心素养的提升，不是两条道上跑的车，而是水乳交融、互依互存、相互促进的。“学科德育”视域下，小说阅读教学指向文本语言，教文育人有目的、无痕化，能极大提高“学科德育”实施的实效性。

实施“学科德育”要直指文本语言，这是语文课程落实德育的特点。“言有尽而意无穷”，文学作品的语言并非一览无余，而是富于暗示。因此，小说阅读教学中要善于平字见奇、朴字见色、常字见险，要善于抓住最动人的笔墨，嚼透一个字，吃透一句话，从而对文本的解读就会有质的飞跃。

读小说不是为小说所涉及的社会（大多数小说都发生在一定的社会背景下）、为小说中的人物贴标签。读小说的关键在读，关键是在读的过程中把自己“摆”进文本，感受到其中的酸甜苦辣、喜怒哀乐。这种体验和感受是渗入骨髓的，是可以影响、启迪人的。教学《范进中举》，师生的演读“可见一斑”——随着演读的深入，学生“啐”了范进以后的快感，到读“老爷回府了”的时候荡然无存。其原因不在于演来演去的烦腻，而在于经历了“善变小人第一”的胡屠户那不可思议的“变脸”后，学生觉得浑身不得劲儿。

俄罗斯小说家邦达列夫说：“一个人打开一本书，就是在仔细观察第二生活，就像在镜子深处，寻找自己的主角，寻找自己思考的答案，不由自主地把别人的命运、别人的勇敢精神与自己的性格特点相比较，感到遗憾、怀疑、懊恼，他会哭、会笑、会同情和参与——这里就开始了书的影响。”的确如此，只有与文中的人物同喜同悲，融入情感，才能读出个性化的体验。

语文课堂教学归根到底还是要尊重文本。“学科德育”视域下的小说阅读教学，要指向小说最突出的特点。《儒林外史》的独特之处就在于它的讽刺艺术，《范进中举》一文对比、夸张的手法最具特色。《范进中举》共11个自然段，但依据教学需要，课堂上重点选取1、2、8、9四个自然段，直指小说对比、夸张手法所表现出的讽刺艺术。课堂上饰演胡屠户的学生，刚刚还指着鼻子把人家骂得狗血喷头，紧接着竖起大拇指对人又赞赏有加。这种前倨后恭的人生经历，在神态惟妙惟肖、肢体语言恰如其分的演读中，使得小说的讽刺艺术立体化，让学生陷入深深思索中：胡屠户这人到底是怎么了？

可见，语言呈现形式和思想内涵之间的关系如胶似漆，对比、夸张不仅是表达的技巧和方法，也是小说极其重要的内容，它本身就能引发读者的思考。因而教学中不是去分析，而是去引领学生入情入境地读，这比分析、阐释更能体会出小说的讽刺效果。

总之，小说教学须指向文本语言，引领学生经历别样人生。“润物细无声”乃语文“学科德育”教学之至境。

妙招可言36：要“实施”语文学科德育，而非“渗透”德育教育。

老子曰：“大象无形，大音希声。”

泰戈尔说：“天空不留痕迹，鸟儿已经飞过。”

语文学科德育的实施，是春风化雨，是水乳交融，是“化”，是“育”，而不是贴标签，不是生搬硬套，更不是从外部强加。

鲁迅先生所说的“美善吾人之性情，崇大吾人之思想”，是我们语文教学的要义之所在。语文学科德育应该贯穿于整个语文教学过程，一点一滴地积累，一天一天地强化，水到渠成，让学生浸入文字丛林，让文字与心灵撞击出生命的火花，让伟大的道德品质在学生的思想中根深蒂固。

母语是一个民族共同体的最后的精神家园，民族语言是民族文化的根。因此，语文教育更要加强对学生的国家意识、文化认同和公民人格等方面的民族精神的教育，以及尊重生命、珍爱生命、热爱生命的教育。语文有其他学科无法企及的“德育功效”。学科德育的实施，熔铸在语文教与学的过程中。实现语文教学从“立言”到“立人”，关键在于发挥学生的主体性，引领学生沉浸文本，在充分体验文本意蕴的过程中自觉移情，实现精神升华。

于漪老师说：“中学语文教学应该打好两个底子——终身学习的底子和精神的底子。”①

叶圣陶先生早在1940年撰文道：“国文教学，选材能够不忽略教育意义，也就足够了，把精神训练的一切责任都担在自己肩膀上，实在是不必的。”②

可见，语文是德语实施的最佳途径，但语文要承担学科自身的德育教育。

“为天地立心，为生民立命，为往圣继绝学，为万世开太平。”——张载

唯有在人格熏陶下的语文教育才是完整的。

①于漪：《语文可以这样教——“于漪语文德育实训基地”教学案例》，东方出版中心，2009年版。

②叶圣陶：《好读书而求甚解——叶圣陶谈阅读》，开明出版社，2017年版。

且教、且思、且辨、且悟

第四章

DISIZHANG

极目语天 今日得宽余

——基于学情的阅读新课堂（范例）

第一节　以剑补履

《大自然的语言》

【写在前面】

此课例为我1998年参加“莱芜市初中语文优质课评选”的课例。现在想来，该课的教学颇有“以剑补履”之嫌！课堂教学没有关注学生的“所感”，更没有了解学生的“所惑”！

你的阅读教学关注学生的感受和疑问了吗？

一、教学目标

1. 默读，搜集信息；

2. 研读，揣摩顺序；

3. 赏读，品味语言。

（今日有话：应参赛要求，教学目标追求简洁、易懂。今天看来，更为重要的是：目标是否基于学情？是否基于文本特质？）

二、学习重难点

1. 品味生动、形象的语言。

2. 概括文章内容要点。

三、教学课时

一课时。

（今日有话：学习重难点、教学课时这些看似形式的东西，时下很多教学设计中已不再呈现。思考并明确教和学的重难点、考虑好教学所需课时数，是确保备课有效的基本而又必要的环节，应该予以保留。）

四、教学过程

（一）导入新课。

1. 填充诗句。幻灯屏显：

①野火烧不尽，________________。　②夜来风雨声，________________。

③乱花渐欲迷人眼，________________。　④接天莲叶无穷碧，________________。

⑤稻花香里说丰年，________________。　⑥千山鸟飞绝，________________。

2. 判断季节，感知物候。

（今日有话：此导入“导”得巧妙，既利于导入文本感知“物候”，又能激发学生兴趣。）

（二）出示学习目标。（略）

（三）默读感知。（略）

（今日有话：当时上课了解学情的办法是借班“试备〈备学生〉”“试教〈关注课堂生成〉”，借此〈试讲〉知彼〈赛课班学情〉。）

（四）研读1、2自然段，品味语言。

1. 朗读，思考（屏显）：

①文中大自然和我们说了些什么？

②春天来了，大自然是怎么告诉我们的？

2. 屏显：

春：大地回暖，冰雪融化，草木长出来了，各种花开了，燕子飞回来了。

夏：布谷鸟叫着，植物开始孕育果实。

秋：果实成熟，植物叶子变黄，落了下来。

冬：雁南飞，昆虫都不出来了，到处是衰败的草，北风和雪来了。

①对比改写内容和文章一、二自然段，你有什么发现？

②“翩然”是什么意思？想象“燕子翩然归来。不久，布谷鸟也来了”的景象。

小结：原文语言生动形象。花香鸟语，草长莺飞，就是大自然的语言。

（今日有话：当时通过“试讲”了解学情，跟苦心孤诣地探查“此班”学情相去甚远。）

（五）速读探究。

1. 速读3～12自然段，搜集信息。

（1）速读要领。屏显：

①眼扫视，脑直映，心专一。

②要默读，不出声，忌回顾。

③扩视幅，勿逐字，莫晃头。

④重勾画，记大意，明中心。

（今日有话：此环节应当时“一课一得”的参评要求而设。但接下来要回答的问题是学生“一望而知”的，课上学生配合着老师作答“一望而知”的东西，肯定索然无味。）

（2）学生带着问题速读课文。屏显：

①什么是物候？

②什么是物候学？

③影响物候现象来临的因素有哪些？

(3) 讨论明确。

2. 探究决定物候现象来临的因素。

(1) 探究一。屏显：

图片1：春季海南风光，处于低纬度的热带雨林气候。图片2：春季蒙古草原，处于中纬度的温带大陆气候。图片3：春季北极风光，处于高纬度的极地气候。

探究：就三幅图中物候现象谈发现。

明确：略。

(2) 探究二。屏显：

1997年4月同纬度的莱芜和青岛的连翘和榆叶梅开花情况（配图略）。

探究：观察同纬度的连翘和榆叶梅开花情况，谈发现。

明确：略。

(3) 探究三。屏显：

古诗《大林寺桃花》。

问题：诗中描绘了怎样的物候现象？影响这种物候现象来临的因素是什么？

明确：略。

屏显：

云南玉龙雪山不同高度的景物。

明确：一山有四季，十里不同天。

(4) 探究四。屏显：

古今罗布泊景象。

明确：19世纪20年代的罗布泊和现在的罗布泊相比，物候现象发生了巨大变化，古今的差异也是影响物候现象来临的因素。

(5) 小结：影响物候现象来临的因素有纬度、经度、高下的差异和古今的差异。

（今日有话：此设计只是方便了教师的"教"。设计没有引领学生触摸文本语言，而是将文本阅读"旁逸斜出"到文本语言以外，着实"以剑补履"了！）

3. 探究写作顺序。屏显：

文章用了哪些表示次序的词语来说明决定物候现象来临的这些因素？行文顺序是什么？

明确：文章运用了从主到次的逻辑顺序。

4. 品味语言。

问题：本文主要运用了哪些说明方法？

明确：举例子、列数字、作比较等。

小结：作者介绍大自然的语言，由现象到本质，由浅入深，运用由主到次的逻辑顺序，条理清晰地介绍事物。语言既三动形象，又准确简明。

5. 引导学生默读11、12自然段，明确研究物候学的意义。

（六）拓展提升。

幻灯屏显：西南五省干旱现状。

收束全课：自1997年10月份以来，西南五省持续干旱，这是厄尔尼诺现象的重演，这是大自然在警示我们要发展低碳经济，节能减排，保护生态，保护大自然。

（今日有话：当时上述教学设计也颇费心思。可设计基于教、基于参赛，唯独基于学生少！这是一节获过奖的“以剑补履”的课。）

第二节　手中有剑

《社戏》

【写在前面】

此课例是我在2010年6月参加“莱芜市教学能手评选”的课堂实录。

当时借班上课，尽管“把自己读进去，把感受、疑问读出来”的阅读习惯，学生没有得到专门培养，但学生提阅读困惑的积极性很高。教学设计是基于学生问题而设计的。

学生自主阅读后提出：“‘那夜似的戏’孩子们很不愿意看，可为什么还说是‘好戏’？”类似问题较普遍。以此类疑问作为课堂教学主问题展开教学是恰当的、巧妙的。

“基于学生的感受和疑问”设计教学，让教学设计轻松了起来。

不信，你试试?

一、调动积累，导入新课

师：有一个人，他骨头硬——“横眉冷对千夫指”；他心系人民——“俯首甘为孺子牛”；他回忆往事——手足情深，踩踏风筝见真情；他回忆童年——如数家珍，百草园里趣味浓。

在他的百草园里，有碧绿的菜畦，光滑的石井栏，高大的皂荚树……在那里可以按斑蝥，拔何首乌，摘覆盆子。自由自在，无拘无束！百草园是他的“乐园”！

这个人，有一个响亮的名字——鲁迅。（板书：鲁迅）

在鲁迅的记忆深处，绍兴也有他儿时的“乐土”。那乐土上又有怎样的故事发生呢?本节课，让我们走进鲁迅先生抒情散文一样的小说《社戏》，去领略乡村事，欣赏乡村景，感受乡村情。（板书：社戏　领略事　欣赏景　感受情）

二、再现生活，赏读语言

(一)归航偷豆——戏外寻“真”。

1. 引述学生疑问，激发探究兴趣。

师：同学们，课前大家提出了不少疑问，大家的质疑都很棒！都读到文本语言中去了。有同学问（屏显）：

为什么文中大家亲切地叫“我”迅哥儿?“我”是鲁迅吗?

师：是叫“我”迅哥儿。月夜行船、船头看戏、月下归航，这段江南水乡的童年生活经历，不仅铭记在作者的心里，也会给每个读者留下深刻的印象。但“迅哥儿”不能和鲁迅

画等号，本文节选自作者的小说《社戏》。

师：接下来这一问题，提问的同学占大多数（屏显）：

在乐土平桥村“迅哥儿”不仅受优待，还可以挖蚯蚓，可以钓虾放牛，然而对于“迅哥儿”所第一盼望的是看社戏，可那夜的戏并不好看，作者在最后怎么还说“也不再看到那夜似的好戏了”？

师：在哪儿看社戏，在平桥村吗？

生：到赵庄看社戏。

师：什么是社戏？

（生读课文下面注释。）

师：有不少同学问到底什么是社戏，请看屏幕：

中国鲁迅研究会会员张代敏在《社戏里的“社戏”》中说：“《社戏》里的‘社’原指土地神，在绍兴指一种居住区域。每个社有社庙——土地庙，庙里供着土地神，祭社的日子叫‘社日’。春祭谓‘春社’，是祈农之祭（也就是祈求风调雨顺）；秋祭叫‘秋社’，此时农家收获已毕，立社设祭，是为了酬报土地神。后来发展为以演戏来祭社。这时演的戏便叫‘社戏’。”

师：从平桥村去赵庄看的这次社戏可不一般，文章最后一段这样写道——

生（齐读）：真的，一直到现在，我实在再没有吃到那夜似的好豆，——也不再看到那夜似的好戏了。

师：听大家读，感觉到那夜似的好豆吃得叫人心满意足。心满意足地读，得重读哪些字词？

生：真的、实在和好豆。

师：再读。

（生再读。）

2. 演读“归航偷豆”，找寻童年的“真”。

（1）自由朗读24~39自然段。

师：通过同学们的疑问不难看出，那夜的“戏”啊，着实不怎么好看！可看戏归航途中偷豆吃实在有趣，这件事还牵扯到了一位叫“六一公公”的人！有同学问怎么叫他“六一公公”？是不是和“六一”儿童节有关系？

叫他“六一公公”和“六一”儿童节没有关系，大家感兴趣的倒是可以读一读鲁迅的小说《风波》，那里面的人物有叫“七斤”的，还有“七斤嫂”“九斤老太”什么的。本文中还有“八公公”，都是挺有意思的称谓。

言归正传。“归航偷豆”以及由此牵扯到的“六一公公”的事，也就是课文24~39自然段，同学们朗读这一部分，边读边圈点勾画你觉得有趣的地方。

（学生自由朗读、圈点勾画。）

（2）师生演读“归航偷豆”。

师：让我们一起来演读归航偷豆。主意谁想出来的？

生：桂生。

师：找个桂生。还得找个双喜，找个阿发。准备演读。

（学生准备。）

师：作者间接引述桂生的主意，想想桂生应该怎么说。

桂生：哎，哎……

（师提示：得招呼一下大家，和大家商量，说话声音要小，有灵机一动之感。毕竟是背着大人偷豆吃。）

生（饰桂生的，鬼鬼祟祟，透着机灵）：哎，哎，现在罗汉豆正旺相，八公公船上的柴火又现成，要不咱偷点豆煮着吃！

（学生只是笑眯眯地看“桂生”表演。）

师：我们大家不能闲着！干吗？再现场景嘛！

（众点头。）

师：小头目双喜率先跳下船，在岸上说——

生（饰双喜的，做跳下船上岸的动作，故意贼头贼脑的，好像是在几处地里寻摸，然后对着阿发悄悄商量）：阿阿，阿发，这边是你家的，这边是老六一家的，我们偷哪一边的呢？

生（饰阿发的）：且慢，且慢，让我来看一看罢。

生（饰阿发的，一本正经地往来摸了一回，煞有介事，然后直起身来）：偷我们的罢，我们的大得多呢！

师：来呀伙伴们，阿发家的大，尽情地摘就是了。

生（饰双喜的，在大家忙活着偷摘时着急地摆手制止）：不行，阿发家的不能多摘，倘若被阿发的娘知道了是要哭骂的，再到六一公公家地里摘去。

师：来呀，大家快来！六一公公家的也真不小。

（学生兴味盎然地又在六一公公家地里摘起豆来……）

师：行了，行了，够了，够了。双喜、阿发、桂生摇船，余下的人干什么？

众（这场没有彩排的表演，学生很投入，还没等老师说完，学生就自告奋勇）：我来生火，我剥豆……

师：熟了，熟了。啊！从来没吃过这么好吃的豆啊！文中说怎么吃？

（生表演“搓”着吃。）

师：不是像搓麦穗那样“搓”着吃，请同学们看课文下面的注释，“撮”得用手指捏着，小心翼翼、津津有味地吃，来跟着老师一块“撮”着吃。

（生体会“撮”着吃的趣味。）

师：来，双喜，开船！

生（饰双喜的，抓抓脑瓜）：不行！赶紧销毁罪证！

师：双喜考虑得真周全！

生（饰双喜的，又不放心地说）：八公公发现我们用了他的盐和柴怎么办？

生（异口同声地）：骂他“八癞子”。

师：哈哈哈！老师是细心的八公公，第二天你们这伙家伙像没事人一样又钓虾去了。我见了你们说：“你们这伙小家伙昨晚用了我的船，还用了我的盐和柴，你们干什么了？”

众（兴高采烈地纷纷指着老师）：“你管不着！八癞子！”

（学生们 “八癞子”“八癞子”地叫着很过瘾。）

师：再敢叫我“八癞子”！？

（学生笑哈哈地喊：“八癞子，八癞子！”）

师：看我不打你屁股。

（学生都乐呵呵的！）

师：可是，文章31自然段写道：“第二天，我向午才起来，并没有听到什么关系八公公盐柴事件的纠葛，下午仍然去钓虾。”有同学问是不是八公公不细心啊？

生：不是，不是，是八公公很热情，没在意。

（3）感悟天真烂漫的伙伴和憨厚朴实的“乡民”。

师：我采访一下双喜：你觉得你演得怎样？你演的是一个怎样的双喜？

生：还可以。双喜聪明，细心，热情。

师：你小子，还是个机灵鬼，明明人家阿发在，还要问偷人家的豆行不。你很热情，又聪明，看戏前要不是你想起八公公的航船回来了，迅哥儿又怎能看成戏呢？要不是你写包票，大家又怎能吃上美味可口的罗汉豆呢？阿发你呢？

生（饰阿发的）：我朴实，憨厚。

师：伙伴们是热情的，纯朴的，天真的，无私的。儿时纯朴的伙伴啊，率真得毫不掺假，美好的心灵一尘不染！儿时那纯真的生活啊，无忧无虑，至真至诚。就连偷豆吃，偷得愉快，偷得好玩，也偷得坦然，偷得不像偷，原本也不是偷。真的——

师生：一直到现在，我实在再没有吃到那夜似的好豆，——也不再看到那夜似的好戏了。

师：冰心在诗集《繁星》中写道（屏显）：

童年呵！/是梦中的真，/是真中的梦，/是回忆时含泪的微笑。（板书：真）

师：第二天，八公公并没因此而纠葛，倒是六一公公发现了我们偷豆的事。六一公公说了什么？怎样说的？又做了什么？请同学们默读课文勾画一下。

（生默读勾画。）

师：接下来分角色朗读。挑战自我，一个人演四个角色：既当六一公公，又当双喜，还当迅哥儿，叙述的内容也自己读。

（一学生饰演四个角色，演读偷豆引发的故事。）

师：采访一下"六一公公"。你称呼小伙伴们什么？

生：这班小鬼。

师：你生气了吗，问的时候？

生：没有。

师：豆被偷了，也踏坏了不少，还不生气？

生：咱六一公公厚道得很，很淳朴（生拍胸脯）。

师：是啊！六一公公淳朴得像个孩子。当迅哥儿随口说他的豆好吃时，他竟感激起来，跷起大拇指得意地夸赞迅哥儿。在平桥村，有率真、纯朴的伙伴，淳朴、厚道的六一公公，还有慷慨的八公公。偷豆的趣事，有趣的生活，纯真的伙伴，淳朴的村民，分明让我们感受到了那香醇、浓郁的乡村人情，感受到了朴实、一尘不染的生活和生命的"真"，那夜的"豆"啊——

生（异口同声）：好吃！

（二）船头看戏——重温童年之"趣"。

师：同学们再来看这个问题，屏显：

在乐土平桥村"迅哥儿"不仅受优待，还可以挖蚯蚓，可以钓虾放牛，然而对于"迅哥儿"所第一盼望的是看社戏，那夜的戏并不好看，作者在最后怎么还说"也不再看到那夜似的好戏了"？

请同学们默读课文17~21自然段，勾画重点句子并概括说说那夜看了哪些戏？

（学生速读课文勾画关键语句并概括。）

生：17自然段"在停船的匆忙中……他日里亲自数过的。"

师：不仅要读出关键语句，而且还得用自己的话概括一下。这一折戏是铁头老生——

生：铁头老生战赤膊人。

生：18自然段"但那铁头老生却……咿咿呀呀的唱。" 这一折戏是"小旦咿咿呀呀"。

师：小旦咿咿呀呀地唱。

生：20段“忽而一个……鞭打起来了。”这一折是“花白胡子鞭打小丑”。

师：这一折精彩。

生：21段“然而老旦……坐下了。”这一折叫“老旦慢条斯理地唱”。

师：这戏好不好看？

众：不——好——看。

师：好不好看，请同学们继续浏览17~21自然段，从我和伙伴们看戏时的表现上来做判断！

生（急不可耐地）：“我”最想看的戏没有看成。文中“我支撑着看”，就是强打精神地看，很扫兴，只好忍耐地等着。

生：伙伴们很扫兴，有的破口喃喃地骂。小伙伴不住“吁气”，就是叹气，打呵欠。

师：吁气，xū qì。

生：叹气，嫌戏不好看。

师：就连看到最好的一折——一个花白胡子的打小丑，也是“又振作精神笑着看”的。第21段“然而老旦终于出台了”，同学们说是终于把老旦盼来了，还是最不愿意看的老旦最终还是来了？大家试着把这种情绪读出来。

（学生读，皱着眉头，既无可奈何，又极不情愿，表现出对老旦出场的反感和极其不自在。）

师：在21自然段中最后“双喜终于熬不住了”，其中“熬”字谁来组个词？

生：煎熬、熬夜、熬粥！

师：对呀！受苦、受累、受罪才叫“熬”啊！对迅哥儿和小伙伴们来说，戏到底还是不好看。但是，这看戏的生活里有儿时伙伴的“嬉笑”“嬉闹”“嬉骂”“嬉玩”，这自由的、无拘无束的看戏生活是快乐的。同学们，在写看“社戏”前，作者还写了两次在京城看戏，请看屏幕，浏览一下（屏显）：

第一回是民国元年我初到北京的时候，……我们挨进门，几个红的绿的在我的眼前一闪烁，便又看见戏台下满是许多头，再定神四面看，却见中间也还有几个空座，挤过去要坐时，又有人对我发议论，我因为耳朵已经喤喤的响着了，用了心，才听到他是说“有人，不行！”

我们退到后面，一个辫子很光的却来领我们到了侧面，指出一个地位来。这所谓地位者，原来是一条长凳，然而他那坐板比我的上腿要狭到四分之三，他的脚比我的下腿要长过三分之二。我先是没有爬上去的勇气，接着便联想到私刑拷打的刑具，不由得毛骨悚然的走出了。

……

第二回忘记了哪一年，总之是募集湖北水灾捐而谭叫天还没有死。捐法是两元钱买一张戏票，可以到第一舞台去看戏，扮演的多是名角，其一就是小叫天。我买了一张票，……于是看小旦唱，看花旦唱，看老生唱，看不知什么角色唱，看一大班人乱打，看两三个人互打，从九点多到十点，从十点到十一点，从十一点到十一点半，从十一点半到十二点，——然而叫天竟还没有来。

……

至于我看好戏的时候，却实在已经是"远哉遥遥"的了，其时恐怕我还不过十一二岁。

（生边看边点头。）

生：这两次看戏，第一次像刑具一样的长凳叫"我"毛骨悚然，第二次想看的名角也没出来唱！

师：对呀，要不怎么说在船头看的戏是最好的，而且结尾还要由衷赞叹——

生：也不再看到那夜似的好戏了。

生："最愿意看的是一个人蒙了白布，两手在头上捧着一支棒似的蛇头的蛇精，其次是套了黄布衣跳老虎。"这些尽管没有看到，但是现在回忆起来很美好。

师：看戏之乐不在戏，在乎生活之趣也。生活之趣，得之心而寓之戏也。（板书：趣）

师：同学们，在你的记忆里，你的情感世界里，有没有这样美好的往事呢？

生：今年"五一"，妈妈带我到雪野湖去看"马戏团"，这马戏团演得比我在电视上看的差远了。但是，我们玩得很高兴，情形跟这差不多！

师：你也是醉翁之意不在马戏，在乎这次"五一"雪野湖玩儿。

（学生会心地笑着！抓抓脑瓜儿坐下了！）

师：也难怪随母亲去平桥村消夏，看社戏是迅哥儿第一盼望的。看不到戏，虾也不想钓，饭也不想吃。有了大船，迅哥儿的很重的心忽而轻松了，身体也似乎舒展到说不出的大。这是一种什么心情？

生：急切而又快乐。

师：伙伴们娴熟地驾着船，飞一般地径向赵庄前进了。这一"飞"字写出了什么？

生：船行得快。心情急切，很快乐！

师：这一"飞"字，仿佛伙伴们内心的快乐飞了出来。就连归航时，和开船时候一样，三四个人径奔船尾，拔了篙，点退几丈，回转船头，驾起橹，骂着老旦，归航了，这骂声里恐怕也有掩饰不住的快乐！

（三）途中寻"美"，追忆水乡之韵。

师：有道是"一方水土养一方人"，多水的江南，月下的水乡，清新，幽远，如梦如幻！从平桥村乘船去赵庄看戏的部分，大家听老师读（师配乐朗读）：

两岸的豆麦和河底的水草所发散出来的清香……于是赵庄便真在眼前了。

师：请大家低声朗读该部分，让心随着去赵庄看社戏的小伙伴们的心一起美美地飞翔！

（生陶醉地自由朗读！）（板书：美）

三、梳理总结，拓展延伸

本文写于1922年。鲁迅先生当时41岁了，回忆儿时看社戏的经历，那自由自在、无拘无束的生活，那率真的伙伴、厚道的村民，那醇香的乡情，真美啊！

罗丹说："生活中不是缺少美，而是缺少发现美的眼睛。"鲁迅先生启发我们：童年生活中的美，充溢在你所经历的每个角落。同学们，为心灵开一扇窗吧！

板书设计：

社　戏

鲁迅

领略事

欣赏景　　真　趣　美

感受情

【我教我说】

妙招可言37：朦胧就叫它朦胧着——美哉，朦胧。

赏析唯美、朦胧的江南水乡月夜美景，一开始想了很多办法，均觉不妥。再加上是比赛课，四十五分钟的时间恐难有突破，设若再品读文字，更是来不及。很多执教者采用多媒体展现月夜江南之美，此非上策。

备课时读孙绍振老师的文章，其中一句话引起了我的注意："艺术之所以成为艺术，就是因为它不是等同于生活，而是诗人的情感特征与对象的特征的猝然遇合，这种遇合不是现实的，而是虚拟的、假定的、想象的。"

我觉得《社戏》中的美景，用直观形象的图画是难以表现出来的。单一、静止的画面，是无法和充满想象力的语言相媲美的。因而，我在这堂评选课上决定此处不使用多媒体；虽和评比条例背道而驰，但我气定神闲。

江南水乡，鲁迅笔下初夏江南水乡之月色，哪位丹青高手能画？哪位摄影大家可以摄下"朦胧"在水气里的、柔美的月色？"两岸的豆麦和河底的水草所发散出来的清香，夹杂在水气中扑面的吹来"，又如何用"画面"再现呢？两岸的豆麦和河底的水草可以画，可以摄，但是清香，能画得出、摄得到吗？压根儿不可能！

画面是静止的！而鲁迅先生似乎有意让月光灵动起来。"朦胧"本来是形容词，为了将那种朦胧缥缈的和丰富了人想象力的月光写活，先生便叫月色"朦胧在这水气里"；分明是月光有意而为之，主动朦胧在水气中！

或许那夜的水气太清香了，或许那水气太清凉了，或许那水气原本也喜欢和月光朦胧在一起，只是月光更主动些罢了。皎洁的、银白的月光撒下来，原本是要罩在豆麦和水草上的，莫非那豆麦、水草的清香和泥土的芬芳，和着那水气，迷醉了月光，月光便不由自主地朦胧在其中了。图画怎能表现出这丰富了人的想象力的美呢？

“淡黑的起伏的连山，仿佛是踊跃的铁的兽脊似的，都远远地向船尾跑去了”，两岸起伏的连山是可以画的，然而月下连山都在向船尾跑啊，如何定格呢？

“渐望见依稀的赵庄”，“渐”字提示望见是有过程的，而且望见的是月下依稀的赵庄。“而且似乎听到歌吹了，还有几点火，料想便是戏台，但或者也许是渔火”，就连作者也无法肯定，我们又将怎样定格呢？况且，先生说“那声音大概是横笛”！

“那声音大概是横笛，宛转，悠扬，使我的心也沉静，然而又自失起来，觉得要和他弥散在含着豆麦蕴藻之香的夜气里。”即便配上婉转悠扬的横笛声，但谁知鲁迅笔下的笛声演奏的又是哪支名曲呢？

沉静的心、自失的人，和笛声弥散在含着豆麦蕴藻之香的夜气中。这无法以“非语言”的形象表现啊！

透过文字，通过想象，在脑海中将文字转化为生动的形象，江南水乡的月下美景，幻觉在读者的脑海中，缥缈，柔美，幽远，如梦如幻！带着清香，和着悠扬横笛声，江南水乡陶醉了每个人，让读者情不自禁地沉静、自失起来，也弥散在含着豆麦蕴藻之香的夜气里。

无与伦比！唯有文字带来的想象。

妙招可言38：场景再现式演读——趣哉，偷豆。

看戏归途中，一件更为愉快的事情发生了——偷豆。

偷得愉快、偷得坦然、偷得大方、偷得有滋有味、偷得一点也不像偷，这不禁让人想起了冰心《繁星》中的小诗：

童年呵！是梦中的真，是真中的梦，是回忆时含泪的微笑。

事真！情真！梦真！

桂生的主意，双喜的询问，阿发的回答，特别是阿发跳下船到地里“往来的摸了一回”的动作，直叫人想起儿时的伙伴。小时候，带着长我一些的伙伴到山顶偷过我家的“黄瓤”地瓜！地瓜种在山顶贫瘠的地里，因地瓜小也曾为伙伴们惋惜过。那真切的往事，被诱引着在眼前浮现了。然而情真不仅仅在此，阿发家的不能多偷，八公公并没有因盐柴被偷用而纠葛，六一公公质询里透出厚道、质朴和大方……

这芬芳的如泥土一样的情，这清香的如两岸的豆麦和河底的水草一样的情，这优美的如婉转、悠扬的笛声一样的情，叫人回味无穷！

这纯真的生活，悠悠的醇情，尽在演读中了。

妙招可言39：瓦罐煨汤一样的品读——妙哉，叙说。

《吕氏春秋·本味篇》云：凡味之本，水最为始，九沸九变，则成至味。

鲁迅先生抒情散文一样的《社戏》一文，字字珠玑，珠圆玉润。赏读它当若“瓦罐煨汤”，取消一切“杂质”，斟词酌句，反复咀嚼，九读九变，其味溢出。

平桥村是我的“乐土”，让人浮想联翩，颇耐咀嚼！在此“乐土”，迅哥儿不仅可以免念“秩秩斯干”，还会作为公客受到优待，还可以钓虾，放牛，掘蚯蚓……

然而，这些又都不是迅哥儿所第一盼望的。

在此乐土，“嘲笑”和“被嘲笑”都是快乐的。“嘲笑”迅哥儿的小伙伴，善意，率真，无拘无束，不分行辈长幼，要玩在一起就是伙伴；“被嘲笑”也是没有伤痛感的，是愉快生活里微不足道的、不争的事实。

在鲁迅小说《故乡》中，8岁的侄儿“飞出”来过；在《社戏》里，一群孩子驾着船“飞”一般地径向赵庄前进了。驾船飞速前进，是无与伦比的急切和快乐啊！

“真的，一直到现在，我实在再没有吃到那夜似的好豆，——也不再看到那夜似的好戏了。”这当机立断的收束，叫人不禁赶紧到文中去找寻那美味可口的豆，去观赏那好戏了。然而，戏在那一夜也不过演了这样几折：铁头老生战赤膊人，赤膊人翻筋斗，小旦咿咿呀呀地唱，一个花白胡子的打小丑，老旦慢条斯理地唱。

就连那一夜最好看的一折，作者却写道：“才又振作精神的笑着看。”仅一“才”字，可见先前的戏并不好看，又用一“又”字，似乎也有过不难看的戏。振作精神也是如此，有提不起精神的戏，亦有可以提神的戏啊。

至于“老旦终于出台了”，非先生少有人这样奇特地表述！“终于”一般表盼望，而此处却是表“不盼望”，是嫌恶且在极不情愿的时候，最终还是来了。一个“终于”让人感受到的是人的失望的心理和无可奈何的神情。

“双喜终于熬不住了”，这里的“终于”是正常的，不正常的是“熬”啊！“熬夜”“煎熬”……就连“熬粥”，也仿佛叫人觉得“熬”就是受苦、受累、受罪，长时间、不间断的持续痛苦的状态！能说这戏好看吗？看到这里，这文章末尾的“好戏”越发耐人寻味了。

鲁迅先生在遣词造句的叙说过程中不断激发人的思索，让矛盾激起人的警觉，这便使学生产生诸多疑惑。

“基于学情”的教学是生动、鲜活的。课堂在不断生疑、质疑、解疑中“生意盎然”。因为通过瓦罐煨汤一样的细细品读，学生“一望无知”的“教了”；他们“以为是一望而知，其实是一无所知的”，也“教了”。

课堂教到了学生“心”里。

第三节　心中有剑

《公输》

【写在前面】

此课例“基于学生的感受和疑问”设计并组织课堂教学，信手拈来，颇似剑道之“心中有剑”。

2015年春，我应邀教学文言文公开课，且邀请方要求教学一节难教的。

接到任务，我觉得“难教”一说颇耐琢磨。怎样算“难教”呢？是文本很长？是文言难懂？是文化深奥？是……还是问问学生吧！我下发了学生调查问卷：初中文言文你觉得哪一篇最难学？为什么？

我调查了学校毕业班两个班的学生。结果，《公输》占首位，《鱼我所欲也》排第二。

《公输》最难，原因主要在于篇幅长，其中的文化现象令学生困惑！

可想而知，毕业季为了“考前三轮复习”而忙着赶进度，教学《公输》，教师只能带着学生翻译课文，强调一些虚实词和特殊句式，便匆匆而过。至于文本中的文化现象，教学起来又难又麻烦，怕是无暇顾及了。

《鱼我所欲也》难在理解作者说理上。

我在九年级毕业班“基于学生的感受和疑问”、基于学习“言”和“文”，试教了《公输》一课，学生欣然，我怡然……

你是如何实施毕业季文言文教学的？

第一课时

一、交代目标

师：同学们，今天老师是来给大家讲故事的：

（用黑板擦“啪”一拍桌子）话说战国初期，公元前440年的一天，在从鲁国前往楚国的路上，一位脸色黧黑、衣衫褴褛的汉子急匆匆地奔走着。他不顾一路风尘，不顾一身大汗，不顾鞋已经磨烂，不顾脚已经磨出血来，踉踉跄跄地往前疾行。这位汉子是谁呢？

生：墨子。

师：他就是大名鼎鼎的墨子。他为什么如此匆忙地从鲁国赶往楚国呢？

生：公输盘为楚造云梯之械，成，将以攻宋。

师：学得真不错！原来墨子得到了一条情报，要去制止一场迫在眉睫的战争。此场战争箭在弦上，一触即发。尽管史料中无确切记载，但从两国的实力悬殊上来看，这是一场怎样的战争呢？（引自学生的发问）请看屏幕：

战国初期，宋国在今天的河南商丘一带，方五百里，是个又穷又弱的小国。楚国，国土北至河南，南至广东、广西，西至巴蜀（今四川），东至大海，方五千里，是战国时期领土最大的国家，也是最富强的国家。

生：是一场倚强凌弱、以大欺小的"非正义"战争。

师：为了大国的扩张梦，楚国上下磨刀霍霍，准备出征，更有公输盘为他们造了先进的攻城器械云梯。结果，楚王最终决定"吾请无攻宋矣"。事件发端与结局的逆转，源于墨子的出现。墨子如何做到"不战而屈人之兵"呢？今天我们再读《公输》，走进文本，去认识墨子其人（屏显）：

教学目标：再感悟墨子的说服艺术。

再感知墨子及其思想。

（按：目标源自学生的疑问，系梳理归并学生疑问而成。）

（板书：公输　墨子　不战屈楚）

二、再探学情

师：同学们已经朗读并背诵了课文，译读了课文，梳理过文言现象。从大家的"感受和疑问"中，看出大家"译读"得不错。下面，再朗读一遍课文，注意读准字音、句读。

（生自由朗读课文。）

师：同学们疑问中的几类问题，可以先来解决一下。

1. 关于"兼爱""非攻"。（屏显）：

小贴士：墨子，名翟，战国初期伟大思想家。主张"兼爱""非攻"。兼爱——既爱自己也爱别人，不分等级、不分远近、不分亲疏地爱天下所有的人；非攻——反对战争，维护和平。

（按：不少同学问什么是"兼爱""非攻"，课堂上以小贴士的形式直接给出解答。这是解读此文的"文化"基础。）

2. 关于"生僻字"。

师：同学们说这一课的"生僻字"太多，不好掌握！归归类会怎样呢？请看屏幕：

①墨子名翟（dí）　为楚造云梯的是公输盘（bān）　墨子的弟子禽滑（gǔ）厘

②楚国的都城郢（Yǐng）

③胡不见（xiàn）我于王　宋无长（zhàng）木、身无长（cháng）物

④犀兕（xī sì。兕，雌性犀牛）

⑤鼋（yuán）、鼍（tuó）、鲋（fù）鱼

⑥圉（yù）——同"御"　诎（qū）——同"屈"

师：本文人名挺有意思，墨子名翟（dí），为楚造云梯的是公输盘（bān），墨子的弟

子禽滑（gǔ）厘。还有一处地名，楚国的都城郢（Yǐng）。有两个重要的多音字，胡不见（xiàn）我于王；宋无长（zhàng）木，身无长（cháng）物（形容穷，除了自身，没有多余的东西）。有一种陆生动物：犀兕（xī sì。兕，雌性犀牛）。有三种水生动物：鼋（yuán）、鼍（tuó）、鲋（fù）鱼。另外，还有需要注意的通假字：守圉（yù），"圉"同"御"；诎（qū），"诎"同"屈"。

（按：本文生僻字多，也是学生觉得难学的原因。学生学过以后还是觉得这些生僻字的音形不好掌握，采取以上分类识记的办法可以帮助学生巩固提高。）

3. 关于句读。

师：读准句读是理解文言的基础。下面这些句子，句读可以读得夸张些（屏显）：

①公输盘曰："夫子/何命/焉为？"

②义/不杀少/而杀众，不可谓/知类。

③子墨子曰："然/胡不已乎？"

④臣以/王之攻宋也，为/与此同类。

⑤吾知/子之/所以距我，吾/不言。

（按：学生觉得文中一些句子读着拗口。画出停顿后，让学生再读。）

三、概述故事

1. 默读、概述故事。

师：墨子是怎样"止楚攻宋"的？大家试着概述一下，要做到要言不烦。同桌互助，一人讲故事，一人聆听并做好纠正和补充。

（生互助概述故事。）

师：墨子"止楚攻宋"，"不战而屈人之兵"，先后说服了哪两个人？

生：公输盘、楚王。

师：墨子是怎样一步步止楚攻宋的？

生：先说服公输盘。

师：嗯，让公输盘理屈词穷，用课本上的话来说就是"公输盘服"。这算第一步。

生：然后，第二步说服楚王。

师：一下子就说服楚王了吗？

生：先从道理上说服。

师：很棒！墨子指责楚王攻宋之不智，楚王词穷，但是说："善哉。虽然，公输盘为我为云梯，必取宋。"

生：第三步模拟攻守，墨子跟公输盘在战术上较量，说穿了公输盘的阴谋，还说楚国攻打宋国不会有好结果，彻底制服了公输盘，迫使楚王放弃攻宋。

师：嗯，最后楚王说："善哉。吾请无攻宋矣。"

2. 探究人物。

师：从"止楚攻宋"的这次外交劝说中可以看出墨子是怎样一个人呢？

（按：这是学生疑问中最典型的问题。从学生的感受和疑问来看，学生不是想得到如下现成答案：墨子是墨家代表人物，主张"兼爱""非攻"。学生是想知道主张"兼爱""非攻"的墨家代表人物墨子，具有怎样的光辉品质？）

通过读课文我们不难看出，墨子"不战而屈人之兵"，说服了两个人——公输盘、楚惠王，其过程是相当艰难的。墨子从哪动身？又如何去到楚国的呢？请同学们朗读第一段。

（生朗读。）

师：从哪动身？

生：起于鲁。

师：人们普遍认同墨子是鲁国人（屏显）：

春秋战国时期，鲁国国力最强时，疆域北至泰山，南达徐淮（以徐州为中心的淮河流域），东至黄海，西抵定陶（今菏泽定陶区一带），其统治核心大都位于今山东省济宁市境内，也包括泰安南部宁阳，菏泽东部单县、郓城，临沂平邑等市县。

楚国都城在哪儿呢？请看屏幕：

鄢（yān）都，楚惠王曾居于此，在今湖北省宜城市（湖北襄阳市下辖县级市）。

鲁国之去楚国，大约1500里，况且，楚惠王是要攻打宋国啊，墨子去干什么呢？

生：墨子反对战争，以天下为己任，心怀天下。

生：老师您刚才补充的，墨子主张"兼爱"就是既爱自己也爱别人，不分等级、不分远近、不分亲疏地爱天下所有的人；主张"非攻"就是反对战争，维护和平。

师：对，在战乱频繁的战国，墨子及其弟子身体力行，热心救世，奔走于诸侯国之间，用他们无疆的大爱，倾毕生精力宣扬、践行"兼爱""非攻"的主张。

师：墨子是怎样来到楚国的？

生："行十日十夜而至于郢"。

师：鲁国距楚国千里之遥，墨子是走着去的。史书和鲁迅先生对此做过描述，请就以下资料谈谈你的发现（屏显）：

1. 公输盘为楚设机，将以攻宋。墨子闻之，百舍重茧，往见公输盘。

——西汉·刘向《战国策》

2. 公输盘为高云梯，欲以攻宋。墨子闻之，自鲁往，裂裳裹足，日夜不休，十日十夜，而至于郢。

——战国·吕不韦《吕氏春秋》

3. 墨子走进宋国的国界的时候，草鞋带已经断了三四回，觉得脚底上很发热，停下来一看，鞋底也磨成了大窟窿，脚上有些地方起茧，有些地方起泡了。他毫不在意，仍然走……

——鲁迅《非攻》

生：吕不韦《吕氏春秋》中的“裂裳裹足”，从字面上看是撕裂了衣服裹住脚日夜不停地走。从鲁迅先生的《非攻》里写的来看，也是“墨子走进宋国的国界的时候，草鞋带已经断了三四回，觉得脚底上很发热，停下来一看，鞋底也磨成了大窟窿，脚上有些地方起茧，有些地方起泡了”。

生：百舍重茧，意思是说脚上生了茧子吗？百舍是什么意思呢？

师：宿一夜为一舍。百舍，旅宿百夜。这个成语的意思是走远道很辛苦。请继续读下面一则故事，看看墨子到底是个什么样的人。请看屏幕：

墨子往南方的楚国求见楚惠王。楚惠王以自己衰老为理由，不肯接见，令大臣穆贺代他接见墨子。

二人交谈之下，穆贺非常佩服墨子，对墨子说：“先生的意见，实在好得很。但是，我国国君乃是天下的大王，他只怕要说‘这只是一介贱人的见解’而不肯采用你的话。”

墨子说：“我的话是可以采用的，君王怎么可以因为我是卑贱的平民而不采用呢？就拿药草来说吧！假如那些药草可以治病的话，就是一茎草根，天子也要服用的，怎么可以说‘这是一茎草根！’就不吃它呢？”

现在，农夫将收成进献给王公大人们，王公大人们乃制酒饭等祭品，去祭祀上天鬼神。上天鬼神绝不会以为它是出自贱人的手拒不接受吧？所以，我虽是贱人，但上可以比得上农夫，下也可以比得上药草，难道连一根草都不如吗？”

（摘自周富美编著《墨子——救世的苦行者》）

生：墨子是一个很善于打比方说理的人。

师：很好，这叫取譬设喻。你是从他的才能上说的。设若从他身份上来看呢？

生：是一个贱人。什么是贱人？贱人不是指老婆吗？

（众笑！）

师：“贱内”才指自己的老婆，现在“贱人”是骂人的话。上文中这个“贱人”不是指品德来说的，古时凡是士（读书人）以下的老百姓都称“贱人”。关于墨子的身世，旧史不详，他的家庭如何，不可得知。由这段文字，我们可以知道他是“贱人”出身。

封建时代，士农工商阶级划分严格，士以下的贱人，是让人鄙视的。而“贱人”出身的墨子，想在君王之间行义，鼓吹他的主张，是相当不容易的，起初确实碰了不少钉子。但是逐渐地，由于墨子的道术（墨守成规）和热忱，以及墨子所训练的一支颇能发挥力量的军队，抬高了他的声望，君王们也逐渐地接纳了他，并且尊重他。《公输》篇就是例证。

墨子主张“兼爱”“非攻”，又拥有“颇能发挥力量的军队”，又有善于守城的“道术”，且行十日十夜而至于郢，“百舍重茧”“裂裳裹足”“鞋底也磨成了大窟窿，脚上有些地方起茧，有些地方起泡了”，去“止楚攻宋”，其形象可见一斑。且看，历史上的这些对墨子的评价（屏显）：

1.（反对墨家最强烈的）孟子：墨子兼爱，摩顶放踵（从头顶到脚跟都擦伤了。形容不辞劳苦，不顾身体）利天下之为。

2.（游戏人间的）庄子：墨子真天下之好也（墨子真是天下最好的人）。

3. 孙中山：仁爱也是中国的好道德，古时最讲“爱”字的莫过于墨子。墨子所讲的兼爱，与耶稣所讲的博爱是一样的。

（按：此处补充是因学生的疑问——墨子到底是一个怎样的人？）

（学生凝视着屏幕上这些对墨子的评价，不住地点头。）

墨子这位“救世的苦行者”，用坚忍不拔的意志，“行十日十夜而至于郢”。在这一点上，就连游戏人间的庄子也称赞墨子是“天下最好的人”。

师：墨子疲惫不堪、心急火燎地来到楚国，见到公输盘劈头就问：老乡你怎么不怀好意，造云梯帮楚国攻打弱小的宋国——子非君子耶！

（学生颇感疑惑！）

下课。

第二课时

【写在前面】

从学生提出的问题可见，他们尽管记住了墨子的思想主张，但对墨子的“兼爱”“非攻”等思想是一知半解的。第二课时教学重点仍落脚在对墨子其人及其思想的再认识上，以便于学生走近墨子，引发学生对墨子和墨子思想的兴趣。

一、温习回顾，走近“兼爱”“非攻”

师：同学们，大家问墨子到底是一个怎样的人。实际上，老师觉得大家的疑问里隐含了一个问题，就是对墨子“兼爱”“非攻”思想的陌生感。请默读以下资料（屏显）：

墨子曾推荐弟子魏越出去做官。

魏越问道：

“今后，我见到各国君主时，应该首先对他们说些什么？”

墨子说：

“你对于所到的国家，要看清楚他们所面临的问题是什么，而后加以游说。

如果该国秩序紊乱，君主昏庸，就教他‘尚贤’‘尚同’。

如果该国贫穷，经济不振，就教他‘节用’‘节葬’。

如果该国的人民喜欢听音乐和饮酒，就教他‘非乐’‘非命’。

如果该国的人民没有信仰心，荒淫邪僻，就教他‘尊天’‘事鬼’。

如果该国好争夺侵略，就教他‘兼爱’‘非攻’。

无论如何，你要先看清楚，每一个国家所面临的问题是什么，然后针对着问题而发表意见，这是最重要的。”

（摘自周富美编著《墨子——救世的苦行者》）

师：你能从墨子的思想主张里谈谈对墨子的认识吗？

生：墨子是一个主张拯救国家、拯救人民的思想家。

生：墨子是一个热心为人民谋求幸福、为国家谋求发展的思想家。

师：“求兴天下之利，除天下之害”，此乃墨子思想之宗旨。

二、演课本剧，走近墨子

（一）课本剧表演。

师：《公输》一文，墨子“止楚攻宋”可谓一波三折，实属不易。墨子说服的过程分三步，上一节课已总结。下面请同学们以小组为单位，选其中某一劝说场景表演课本剧，感受墨子的劝说艺术（屏显）：

表现形式：编演课本剧。

表演要求：对话用文中的文言。

观看要求：做文明观众，有建议、意见记在笔记本上。

（学生演课本剧。有演读墨子说公输盘的；有演读墨子说楚惠王的；有演读墨子九距公输盘的。九年级的学生忙得不亦乐乎！）

（二）感受墨子和他的说服艺术。

师：同学们对各自小组的演读有什么意见、建议？

生：我对我们组饰演墨子的有意见！墨子是假设北方有人侮辱了自己，想请公输盘帮忙杀了那人，演的时候得严肃认真，不能嬉笑，这样才叫人感到墨子的话可信。

生：明明是墨子设的一个圈套，但是饰演墨子的（谭震鲁）一直笑，得演得和真的一样。

师：是啊！说服艺术，首先是思想艺术！但是有了思想，表达也很关键。可能墨子觉得和公输盘是老乡，见面就很亲切，笑眯眯地就跟公输盘聊上了。但是，我更同意刚才两位同学的意见，思想深邃、胸有成竹者要稳健正色。

生：墨子说公输盘不智、不仁、不忠、不强、不知类，句式一样，构成排比，很有气势。这组排比句得说得铿锵有力、咄咄逼人，还是柔中带刚、礼貌谦恭？

生：柔中带刚。因为老师补充了，墨子是“贱人”。

师：老师还忘了补充一点，在当时人们都称墨子是“北方的圣人”。但还是柔中带刚好，俗话说“有理不在声高”嘛！不能面红耳赤。说服，而不是打击。不必咄咄逼人，但必须说得沉稳睿智，有礼有节。

生：我们组演读墨子说服楚惠王，同学们演得很好。演出了墨子说楚王的掷地有声、义正词严和浩然之气。

师：好一个浩然之气！

生：“子墨子起，再拜，曰：‘请说之’。”中的再拜是站着作揖吗？我看电视中古人在谈话时都是坐着？

师：怎么坐？老师查找了资料（屏显）：

①再拜：宋代以前，正规场合都多用正坐，就是跽坐（jì zuò，两膝着地，小腿贴地，臀部坐在小腿及脚后跟上，上身挺直）。凡“拜”必先跽坐。下跪后两手拱合，男子左手压右手，举手至额，然后弯腰鞠躬，手触地或者手与心平，头顺势触在手上。有时为了表示更加尊敬而拜两拜。

②……他沉了脸，冷冷的回答道：“我是义不杀人的！”

“那好极了！”墨子很感动地直起身来，拜了两拜，又很沉静地说道：“可是我有几句话……”（《非攻》鲁迅）

师：由此可见，刚才咱同学演的再拜都不准确。另外，鲁迅先生在他的《非攻》中，对人物的动作、神情做了生动的描绘，值得一读！

生：刚才屏幕上显示《非攻》一文中，公输盘的回答就是“冷冷的”。组编演之前，按照老师提醒，我们研究过人物的表情、心理等。比如：

第8段：“公输盘服。”是口服心不服。从“不可，吾既已言之王矣。”可以看出。

第16段：“王曰：‘善哉！虽然，公输盘为我为云梯，必取宋。’”表面诺诺称是，但态度强硬，侵略野心勃勃，飞扬跋扈，不可一世。

第18段：“公输盘诎，而曰：‘吾知所以距子矣，吾不言。’”公输盘眼珠子一转，鬼计上心来，阴险毒辣。

师：太好了，老师正要表扬你们演得精彩呢！墨子巧言善辩，善于取譬设喻（打比方），先取譬诱其上钩，再以子之矛攻子之盾，让对方自相矛盾，这种类比推理的方法，让对方陷入尴尬境地而被说服。墨子遇事果断、有勇有谋，兼爱天下的墨翟是坚毅的。

《墨子——救世的苦行者》一书，老师推荐大家，课下要去读一读。此书的作者周富美评价墨子说：“墨子便是大智硕德的人。”听刚才咱同学对人物神情、举止的研究，老师将第22段“善哉。吾请无攻宋矣”改为“善哉。吾请无攻宋而已”，怎么样？

生：句末语气词“矣”，意味深长。结合上下文可见，楚王是很不情愿的。“而已”表示很随意，好像无所谓一样，其实不是这样。

师：汝之慧，甚矣！是啊，楚王思虑再三，权衡利弊，喃喃道：“两害相权取其轻。”万般无奈，捻着胡须，摇着头，的确无法奈何墨子——“善哉。吾请无攻宋矣。”

同学们，墨子“止楚攻宋”，与其说是一次劝说，不如说是一场针锋相对的斗争。从中我们读出了墨子的机智善变、公输盘和楚王的阴险狡诈，更让我们懂得：面对大国的不义之战，要敢于斗争。一方面要从道义上揭露其不义，使他们在舆论上威风扫地；另一方面，要从实力上做好充分准备，使他们的侵略野心无法得逞。只有“道义”和“实力”结合起来，才能使侵略者的野心收敛。今天也是如此。

（三）升华对墨家思想的认识。

师：“兼”的原义是一只手握着两根禾苗，引申为整体的、平等的、没有差别的。“兼爱”就是一种普遍的、平等的爱，它并不因为血缘关系而有亲疏远近之分，也不因为人的身份而有高低贵贱之分，是没有功利心的，是真正的大爱！

墨子说：“视人之国，若视其国，视人之家，若视其家，视人之身，若视其身。”意思是看待别人的国家就像看待自己的国家，看待别人的家族就像看待自己的家族，看待别人就像对待自己一样。他要求人们爱的境界就是爱人如己，而这种爱表现在具体行为上，就是“非攻”。“兼爱”和“非攻”是墨家的思想精髓。

同学们，其实故事的结尾是这样的（屏显）：

子墨子归，过宋，天雨，庇其闾中，守闾者不内也。（闾，lǘ。闾门，里巷的门。）

怎么回事？谁来说说？

生：墨子从楚国归来，经过宋国，天下着雨，他到闾门去避雨，守闾门的人却不接纳他。

师：墨子亏吗？

（生沉默无语。）

师：墨子没说什么，默默地走开了（师读屏显内容）：

墨子弟子服役百八十人，皆可使赴火蹈刃，死不旋踵，化之所致也。“死”是人生最难的事，然而墨家弟子却能为追求理想而“赴火蹈刃，死不旋踵”，视死如饴，这种牺牲小我的壮烈精神，便是受墨子崇高的人格与伟大的精神感召所致。墨子就是为人民利益埋头苦干、拼命硬干的人，是“中国的脊梁”。

胡适先生说：墨翟也许是中国出现过的最伟大的人物。大爱无疆！墨子之所以能“止楚攻宋”“不战而屈人之兵”，靠的就是这种“博大的爱”。（板书：博爱）

下课。

板书设计：

公输

墨子　　→→　　不战屈楚？

博爱！

第四节　人剑合一

《壶口瀑布》

【写在前面】

2018年5月，应济南市实验初级中学之邀，我执教了《壶口瀑布》一课。阅批学生"《壶口瀑布》阅读感受、困惑单"，我被学生极高的语文素养震撼了。不得不重新翻阅资料，深入解读文本；不得不重新调整教学设计。

这次纵进式基于学情设计教学，深有剑道"人即是剑，剑即是人；我中有剑，剑中有我"的"人剑合一"之感。

学生疑问主要有以下几类（序号为教师阅批"阅读感受、困惑单"的序列号）。

疑问一：关于结尾的思考。（19人次）

41、40、39、38、31、29、21、17、16、15、14、13、12、9、8、7、6、5、4

疑问二：为什么写两次到过的壶口瀑布？（16人次）

3、2、1、42、32、26、25、36、35、18、12、8、7、28、23、24

疑问三：为什么说壶口瀑布兼容了人喜、怒、哀、怨、愁各种表情？又说造物者在这壶口中浓缩了一个世界？（13人次）

20（强烈）、24、36、33、30、29、18、11、32、1、2、16、8

疑问四：为什么写脚下石？（共7人次）

26、2、3、41、36、35、30

疑问五：其他。（略）

《壶口瀑布》这篇文章很适合朗读。你觉得让学生朗读得更好的策略，除了悟得情感"以情带声"外，还有哪些？

一、导入新课

黄河是我们的母亲河，是中华民族的摇篮，是中华文明的发祥地。黄河在经历了"九曲十八弯"后，驰骋于黄土高原的秦晋大峡谷之间，可就在黄河畅畅快快地流向东南时，河床陡然收束，从五百米收束成四五十米，形成壶口，河水从二十多米的高处，急剧下跌，声震天地，构成"万马奔腾任嘶吼，千里黄河一壶收"的胜景，这节课我们跟随作家梁衡走一趟壶口，见识一下"壶口瀑布"。（板书：壶口瀑布　梁衡）

二、初读感知——发现《壶口瀑布》"风雨江山"外的"万不得已者"

师：清末有位颇具影响力的词人——况周颐，他在词论《蕙风词话》中说："吾听风

雨，吾览江山，常觉风雨江山外有万不得已者在。”（板书：风雨江山 万不得已者）

所谓“风雨江山”，可指自然景观及社会万象；而这“万不得已者”指的是——

生：心境、情感。

师：观风雨，览江山，风雨江山震撼作者心灵，激发作者不可遏制、不吐不快的情绪，故而“万不得已”。下面请同学们大声朗读一遍课文，思考：这篇文章有没有“万不得已者”在？

（生大声朗读课文。）

生：有。文章第六自然段的抒情、议论，是对黄河的赞美。

生：两次游览壶口瀑布的感受，让梁衡不吐不快。

三、感受黄河魂

（一）齐读“万不得已者”。（按：解读“疑问一”。）

师：关于第六段“万不得已者”，大家提出的疑问最多。同学们齐读第六段，感受作者为黄河谱写的赞歌。

（生齐读。）

（二）品读“万不得已者”。

1. 体会水之柔，朗读、品读第5段。

师：第六段一上来就说“黄河博大宽厚，柔中有刚”。对水之柔，大家都应当有体会吧？

生：柔情似水。

生：上善若水。

生：水利万物而不争。

生：在《红楼梦》里，贾宝玉说：“女人是水做的，男人是泥做的。”

师：老子也有言：“天下之至柔，驰骋天下之至坚。”自由朗读第五自然段，深刻体会这“天下之至柔，驰骋天下之至坚”。

（生自由朗读。）

师：本文不是写瀑布的吗？是写黄河水的，第五段却写“石头”！

生：写石头从侧面表现黄河水的至柔至刚，柔中有刚。

师：石头越是顽劣，黄河之水越是刚强，是这意思吧！写石头更能衬托黄河水的至柔至刚——天下之至柔，驰骋天下之至坚。

（按：体会“侧面烘托”，解读“疑问四”。）

师：第五段动词的使用很有特点，同学们找出这些动词来，加上着重号并有感情地读一读。

生（朗读第五段，并重读了加点的词）：这些如钢似铁的顽物竟被水凿得窟窟窍窍，如蜂窝杂陈，更有一些地方被旋出一个个光溜溜的大坑，而整个龙槽就是这样被水齐齐地切下去，切出一道深沟。人常以柔情比水，但至柔至和的水一旦被压迫竟会这样怒不可遏。原来这柔和之中只有宽厚绝无软弱，当她忍耐到一定程度时就会以力相较，奋力抗争。据《元和郡县图志》中所载，当年壶口的位置还在这下游1500米处。你看，日夜不止，这柔和的水硬将铁硬的石寸寸地剁去。

师：刚才同学重读的这些动词，大家拿起笔将它们圈起来。齐读本段，注意重读这些动词。

（生读。）

师："凿""旋""切""剁"，这些动词具体、准确、生动。"切""剁"挺有意思，我们将句中的"切""剁"调换一下如何？

生：不行。"切"，一下就切开了、切掉了；"剁"，得用刀不停地（学生做"剁"的手势）……

师：你家有两把刀！一把切菜用，另一把剁肉用。你觉得这两把刀有什么区别？

生：切菜的，快，锋利，一下子就切开，切得整齐！切，力度大，切得齐整。壶口以下的龙槽就是被至柔至和的水"切"成的。

生：壶口位置的上移，是水将石头一寸一寸地"剁"去了。跟剁肉馅儿一样，是一点点地"剁"，不停地"剁"（生边说边用手比画）。

师：剁，用刀往下砍，更有力量，也代表着一种恒心。所谓水滴石穿，只是小意思！这至柔至和的水，从公元800年左右用1000多年的时间，硬将铁硬的石头一寸寸地剁去，让壶口上移了1500米，何等的坚忍，顽强！此坚忍顽强，属于黄河，属于中华民族，属于中华民族千千万万龙的传人。

2. 体会最后一段中的"弯、呼"。（按：继续深入解读"疑问一"。）

师：我们回过头来，还是看梁衡两次游览壶口瀑布的"万不得已者"。"柔中带刚""挟而不服"，我们领略了。第六段中的"压而不弯"，黄河不是九曲十八弯吗？作者为何说不弯？

生：此处"弯"不是弯曲的意思，而是屈服的意思。即使再大的困难、苦难，也不能使黄河屈服。

师："不平则呼"——呼，呼的什么？杜玉林同学在阅读感受中说："第五段'但至柔至和的水一旦被压迫竟会这样怒不可遏'暗示的是什么？个人理解是中国近代的努力奋斗。"杜玉林同学联想到中国备受屈辱的近代史，老师深受启发。此刻耳畔仿佛响起了——"风在吼，马在叫，黄河在咆哮！"

（师生合唱起来。群情振奋！）

师：我们仿佛看到在国难当头、民族危亡的时刻，中华民族群起而呼的场景！这就是黄河魂，这就是民族魂！（板书：民族魂）

（三）轮读，齐读。

师：第六段一上来四个排比句是黄河魂的具体化，男、女生各读一句，轮换着读；接下来的一长句，以分号为界，男、女生分别各读一句；最后一句一起读！

同学们读起来，再次感受伟大的黄河魂，民族魂！

（学生依着要求有感情朗读。）

（四）比较读。

师：无独有偶，1939年春，诗人光未然创作了组诗《黄河大合唱》，面对黄河，他也有"万不得已者"——

啊，朋友！/黄河以它英雄的气魄，/出现在亚洲的原野；/它表现出我们民族的精神：/伟大而又坚强！

黄河绝不仅是一条河，它是精神、是气魄，是从古至今让无数中华儿女"万不得已"的民族魂！

四、赏读民族魂

师：文章第六段最后一句："这伟大只在冲过壶口的一刹那才闪现出来被我们看见！"果真如此吗？清代还有一位词论家叫王国维，他在词论《人间词话》中说："一切景语皆情语。"梁衡写两次游览壶口瀑布，是否"一切景语皆情语"呢？是否在"风雨江山"的描写之中也有万不得已者在呢？

文章开头说："壶口在晋陕两省的边境上，我曾两次到过那里。"作者去壶口，一次是在雨季，一次是在枯水季节。设若你去，你会选择哪个季节？默读课文，说说你的选择，或者提出新的困惑。

（一）选择雨季去。

1. 体会"畏惧"。

（师生演读第二自然段，感受雨季壶口瀑布的磅礴气势和所蕴含的伟大民族魂。）

师：李云起同学在困惑中说："我去过壶口，总觉得本文写得差点火候！为什么作者在文中的描绘多是黑色调？"咱先不忙着解答。李云起，来和老师先演读一下第二段好吧？

生（李云起）：好吧！

师：听说你要看壶口瀑布去，这个时节去最危险。你去是去，不要到河滩里去，若是赶巧上游下雨，一个洪峰下来，根本来不及上岸。我叮嘱你，言外之意是什么？

生（李云起）：这个时候黄河水量太大，浪也大，水流急。

师：从你的"阅读感受"里，老师知道你在雨季去过。你看到的，听到的，是否如作者所写？真就没看到壶口瀑布？

生（李云起）：那次雨季去，没看到瀑布了，真的“那河就像一锅正沸的水”！

师：你俯视壶口瀑布，还打了个比喻。

生（李云起边读边说）：果真是！壶口瀑布不是从高处落下，让人们仰观垂空的水幕，而是由平地向更低的沟里跌去，人们只能俯视被急急吸去的水流。我们去时正是雨季，那沟已被灌得浪沫横溢，但上面的水还是一股劲地冲进去，冲进去……在雾中想寻找想象中的飞瀑，但水浸沟岸，雾罩乱石，除了扑面而来的水汽、震耳欲聋的涛声，什么也看不见，什么也听不见。

师：亏你胆大，胆小的早就被这震耳欲聋的沸着的水吓得魂飞魄散了。第一次，看上去写得这么简略，其实黄河的伟大让人不寒而栗啊！你留意黄河水是怎么涌进壶口的吗？

生（李云起）：确实是“跌”进，而且是被“吸进去”的。

师：“跌倒”是不小心，是被动的，“吸进去”也是。这“水”还是一股劲地冲进去，冲进去！黄河壶口之水令人望而生畏！

2. 体会黄河之怒。

师：李云起，你说总觉得本文写得差点火候，不明白为什么文中的描绘多是黑色调。黑色调有什么特点？

生（李云起）：这黑色调是凝重，是刚毅，是勇往直前！

师：厉害了，李云起！你看这雨季的黄河，流经壶口像一锅沸着的水，浪沫横溢，水浸沟岸，雾罩乱石，震耳欲聋。黄河在咆哮，黄河在咆哮！河水一股劲地冲进去，冲进去，我们仿佛看到了战斗的——

生（李云起）：战斗的欢乐。

师：一切景语皆情语，在风雨江山中也有万不得已者在啊！

（二）选择枯水季节去。

有没有喜欢枯水季节去的？

生：文中“第二次我专选了个枯水季节。……河水从五百米宽的河道上排排涌来，其势如千军万马，互相挤着、撞着，推推搡搡，前呼后拥，撞向石壁，排排黄浪霎时碎成堆堆白雪。”

这一次从从容容，不必心惊胆战。但看到了此时的黄河遇强则抗，勇往直前，河水在畅畅快快地流！

生：文中“当河水正这般畅畅快快地驰骋着时，突然脚下出现一条四十多米宽的深沟，它们还来不及想一下，便一齐跌了进去，更闹，更挤，更急。沟底飞转着一个个漩涡，当地人说，曾有一头黑猪掉进去，再漂上来时，浑身的毛竟被拔得一根不剩。我听了不觉打了一个寒噤。”(该生下意识地重读了加点部分。)

师：不觉打了个寒噤！是冷吗？是不寒而栗！这次不用担心有洪峰啊！这是枯水季节！把“更闹，更挤，更急”，改成“闹、挤、急”行吗？

生：加上“更”，用逗号，显得从容不迫，而又勇往直前、视死如归，黄河乐观、挟而不服的精神更能表现出来。

师：黄河表现出我们民族的精神，我们更要像黄河一样伟大坚强！“砍头不要紧，只要主义真。杀了夏明翰，还有后来人。”“我自横刀向天笑，去留肝胆两昆仑。”“怒发冲冠，凭栏处、潇潇雨歇。抬望眼、仰天长啸，壮怀激烈。”这是黄河的，也是民族的坚强！

生：我喜欢枯水季节的壶口。“黄河在这里由宽而窄，由高到低，只见那平坦如席的大水像是被一个无形的大洞吸着，顿然拢成一束，向龙槽里隆隆冲去，先跌在石上，翻个身再跌下去，三跌，四跌，一川大水硬是这样被跌得粉碎，碎成点，碎成雾。从沟底升起一道彩虹，横跨龙槽，穿过雾霭，消失在远山青色的背景中。”这其中壶口是否兼容了人的喜、怒、哀、怨、愁？

师：对呀！黄河水，被跌得粉碎，会不会怒？碎成点，有没有怨恨，这里头？碎成雾，被跌得面目全非，有没有哀愁在里头？

生：有。

师：但是，正是这被摔成的雾，化作了一道美丽彩虹！

粉身碎骨浑不怕，化作彩虹真英雄！

不经历被摔成雾，怎么会化作彩虹！

不经一番寒彻骨，哪得梅花扑鼻香！

生：“当然这么窄的壶口一时容不下这么多的水，于是洪流便向两边涌去，沿着龙槽的边沿轰然而下，平平的，大大的，浑厚庄重如一卷飞毯从空抖落。不，简直如一卷钢板出轧，的确有那种凝重，那种猛烈。”我从“抖落”中，看出怒来！是战斗者被激怒！

生：“尽管这样，壶口还是不能尽收这一川黄浪，于是又有一些各自夺路而走的，乘隙而进的，折返迂回的，它们在龙槽两边的滩壁上散开来，或钻石觅缝，汩汩如泉；或淌过石板，潺潺成溪；或被夹在石间，哀哀打旋。还有那顺壁挂下的，亮晶晶的如丝如缕……而这一切都隐在湿漉漉的水雾中，罩在七色彩虹中，像一曲交响乐，一幅写意画。”我从中看出没有流经壶口，也就是没有去战斗的黄河水的“哀怨”了！

师：果真厉害。挟而不服，压而不弯；生活中不光有惊涛骇浪，也有风雨彩虹。这汩汩呜咽的水，在哀怨什么呢？哀哀打旋者在哀愁什么呢？原来是哀怨自己没有去壶口战斗？！哀怨自己夺路而走？！

这壶口莫非是造物者浓缩的一个世界？

莫非这壶口兼容了人的喜、怒、哀、怨、愁?

(按:猛锤敲击学生“疑问二、三”!)

课到此为止,老师觉得恰到好处。可是,咱班李国豪说:“文章第四、五段的形容词泛滥。过多的形容词会有些夸张。”吕诺凡说:“本文生字词多,略显有些晦涩。”杨育沣甚至说:“本文大量使用修辞和堆积辞藻,让人有审美疲劳之感。”

大家议一议这些问题。

(生议论纷纷。争先恐后地举手想发表意见。下课时间到。)

师:老师不反对大家的意见!老师的看法是:同学们怀疑的这些,正集中体现了梁衡对作品语言的追求——简洁、凝练;多四字句,有文言之雅。

五、梳理收束

学习梁衡的游记《壶口瀑布》,老师想起了梁衡的杂文《说文章》,文中说文章的美有三个层次:第一层,描写美,只写客观形象,这种美是直觉的,暂时的;第二层,意境美,一切景语皆情语,这种情感能得以持久;第三层,哲理美……

正如清代词人、词论家况周颐在《蕙风词话》中所说:“吾听风雨,吾览江山,常觉风雨江山外有万不得已者在。此万不得已者,即词心也。”此词心,莫非就是梁衡所说的“哲理美”?

黄河博大宽厚,柔中有刚;挟而不服,压而不弯;不平则呼,遇强则抗;死地必生,勇往直前。正像一个人,经了许多磨难便有了自己的个性。每一个人都有了这种个性,才能铸就我们的黄河魂、民族魂!

下课。

板书设计:

壶口瀑布

梁衡

风雨江山　　万不得已者

民族魂

第五节　剑走偏锋

《马说》

【写在前面】

缘何言此课“剑走偏锋”？

2018年11月24日，我去河北辛集执教《马说》，决定根据基于学生感受和疑问的教学策略设计实施课堂教学。

当收到“把自己读进去，把感受、疑问读出来”的预习单时，我大吃一惊！学生除了个别文言字词不会翻译以外，其他的则感受雷同。（统编本《马说》是自读课文，教材助读系统内容翔实，多数学生谈的感受参考了课本的阅读提示）这样是无法准确掌握学情的。

我只好再次走进教室听学生读、译《马说》，结果又让我大吃一惊！学生非常重视此次活动，课文读过多遍，多数同学已能翻译并背诵。

可是我发现，学生不论是读还是背，都是拧着眉，挤着眼，呈痛苦状。读书都是一个声调，无高低起伏，无抑扬顿挫，更不用谈什么声情并茂了！

我决心“剑走偏锋”——教学生有感情地读《马说》！

你是如何指导学生朗读好文言文的？

一、单刀直入

韩愈在考中进士后，求官不成，由“伯乐相马”的故事，提出一个新颖的观点——“世有伯乐，然后有千里马”，并对此观点进行了一番论述。这节课，我们比赛朗读《马说》，通过朗读去感受文本、走近作者，争做文言文朗读的千里马。（板书：世有伯乐，然后有千里马。）

比赛规则：“千里马杯”《马说》朗读赛，共三队（本该是两队，因为台上只能坐40人；结果上课时才发现，最后两排还坐着近20个同学。我急中生智，为第三队取了“万马奔腾”的队名）：“一马当先队”，“马到成功队”，后面是第三队“万马奔腾队”。裁判是全体老师、同学。总裁判长是我。记录员是语文课代表。标记物是“星”。仲裁委员会是全体听课老师。

二、“因声求气”大比拼

1. 第一关，读准字音赛。

第一关是读准字音赛。朗读课文，读音准确无误，本组获一颗星。

（学生比赛“读准字音”。）

2. 第二关，“有板有眼”诵读赛。

（1）聆听老师读古诗词，体会节拍（顿节）。

从小家长、老师教我们这样读古诗文。同学们闭上眼睛，闭住嘴，聆听！

（老师放慢速度，读好节拍——有板有眼地读。）

鹅 /鹅 /鹅，曲项 /向天 /歌。白毛 /浮 /绿水，红掌 /拨 /清波。

别睁眼，继续听：

春眠 /不觉 /晓，处处 /闻 /啼鸟。夜来 /风雨 /声，花落 /知 /多少。

读诗要读得有板有眼，就是要读好诗的节拍。（板书：有板有眼）

（师生交流，明确以下古诗的诵读节奏。）

白日 /依山 /尽（221），黄河 /入 /海流（212）；

欲穷 /千里 /目（221），更上 /一层 /楼（221）。

文言文句子中的节拍，不像诗歌这样有规律，但也得读出。文言文句子中的节拍停顿又叫顿节。如：世有/伯乐，然后/有千里马。食/不饱。

（2）课文翻译挑战赛（为划分顿节做准备）。

读好文言句子的顿节，得明白句子中词语和句子的意思才行。为了把课文读得有板有眼，我们先进行翻译课文挑战赛！规则：翻译完一段后，挑战另一组；是否获得星，由对方组决定。

（三组轮流挑战翻译课文，每组译读一个自然段。）

（3）依据对文意的理解，划出、读出每句的顿节。

你追我赶，潜能无限。知晓了大意，要读得有板有眼，先用“/”在文章中根据句意划分句子顿节，也就是句子内部的节拍。大家商量着来，先组内互读互评，再小组推荐代表参赛。

（各小组积极准备。）

（4）读准顿节（句子内部节拍），“有板有眼”朗读赛。

继续比赛，规则同上。比赛读准顿节，在朗读的时候既要使大家听出朗读的节奏、顿节，还不能读破句，得读得“声断气不断”“声断意相连”。

注意“其真不知马也”一句的顿节。句子开头的文言虚词多是为使得行文活泼而设，一般自成一拍，顿节划分为“其/真不知马也”。

不读破句，停顿正确，诵读得“有板有眼”者获一颗星。

（三个小组，比赛读好节奏。）

3. 第三关，“读出抑扬”诵读赛。

（1）大家读得有板有眼了，但还不够味儿，请闭上眼，闭住嘴，仔细听（老师有感情地诵读杜甫的《春望》）。

（《春望》略。）

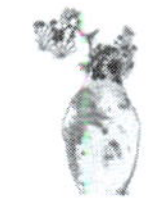

别睁眼，闭住嘴，继续听（老师有感情地诵读李白《将进酒》中的部分诗句）。注意体会：老师读两首诗的语速、语调、语气有什么不同？

岑夫子，丹丘生，将／进酒，杯／莫停。

与君／歌／一曲，请君／为我／倾耳听。

将／进酒，杯／莫停。与君／歌／一曲，请君／为我／倾耳听。

（2）师生探究得出：

表达忧伤、平静、安逸的情感，语速宜慢，语调宜低，语气宜轻！

表达兴奋、愤懑、不平的情绪，语速宜快，语调宜高，语气宜重！

（3）师生一起梳理朗读的"抑扬"。

师生一起梳理回顾：

本来"世有伯乐，然后有千里马"，可是"千里马常有，而伯乐不常有。故虽有名马，祇辱于奴隶人之手，骈死于槽枥之间，不以千里称也"的现状，让作者感到忧伤。（板书：现状 忧伤）

千里马怎么就被埋没了呢？"马之千里者，一食或尽粟一石。食马者不知其能千里而食也。是马也，虽有千里之能，食不饱，力不足，才美不外见，且欲与常马等不可得，安求其能千里也？"千里马被埋没，直接原因是"食不饱"，作者对此感到"悲愤"。（板书：原因 悲愤）

第三段，作者恍然明白，千里马之所以被埋没，其根源在于"策之不以其道，食之不能尽其材，鸣之而不能通其意"，尤为荒唐的是，那些"食马者"竟然"执策而临之，曰：'天下无马！'"。

作者愤愤不平道："呜呼！其真无马邪？其真不知马也！"千里马被埋没的根源竟在于"食马者不知马"，作者内心悲愤难平。（板书：根源 不平）

师生问答明确：

①第一段提出观点，指出千里马被埋没的现状，流露出忧伤之情，读时语速稍微慢一点，语调是低沉的。

（学生在课本上批注"稍慢"，画一个表示低沉的朝下的箭头。）

②第二段继而分析问题，千里马怎么就被埋没了呢？只是因为没让它吃饱，作者很是悲愤，读时语速要快一点！语调是上扬的。

（学生在课本上批注"快"，画一个表示上扬的朝上的箭头。）

③第三段，作者愤愤不平，读时语速快，语调上扬。

（学生批注"快"，画一个表示上扬的朝上的箭头。）

这样读起来就有抑有扬了些。（板书：抑扬）

接下来是有板有眼、有抑有扬诵读大比拼。每小组各派一名同学读，最有板有眼、有抑有扬者得一颗星。各组推荐参赛者参赛。裁判是听课老师。

（三个组进行“读出抑扬”大比拼。）

4. 第四关，“读出顿挫”诵读赛。

（1）比较鲁迅先生在三味书屋时学生读的和寿镜吾先生读的，你有什么发现？

“仁远乎哉我欲仁斯仁至矣”“笑人齿缺曰狗窦大开”

“上九潜龙勿用”“厥土下上上错厥贡苞茅橘柚”

“铁如意，指挥倜傥，一座皆惊呢～～～；金叵罗，颠倒淋漓噫，千杯未醉嗬～～～……。”

明确：文言文在五四以前是没有标点符号的。寿镜吾先生读得声情并茂、有板有眼、抑扬顿挫，所以写作此文时鲁迅为寿镜吾先生读的加上了标点符号。

（2）《三字经》云：“凡训蒙，须讲究；详训诂，明句读。”什么是明句读呢？私塾先生在教学生时，先教学生“断句”，先让学生在一句的地方（相当于现在的句号、问号、叹号等处）画稍大的圈儿，要求读的时候停顿时间要长些，叫断句；在断好的这一句中，在相当于现在的顿号、逗号等的地方，先生让点上个小些的圆点儿，叫“点读（dòu）”，读的时候停顿时间较大圆点断句处短一点。

试着如古人“明句读”。在句号、叹号、问号处画一个稍大的圆圈，提醒自己读的时候停顿的时间稍长点；在逗号处点个小圆点儿，提醒自己在读的时候停顿时间稍短点。

读好句读，读好顿节，再加上恰当的语速、语气、语调，就能读得更抑扬顿挫些！

有板有眼、抑扬顿挫读《马说》比赛开始，评委是听课老师。（板书：顿挫）

（学生依着有板有眼、抑扬顿挫的要求，赛读《马说》。）

5. 第五关，声情并茂创意诵读赛。

（1）感悟寿镜吾先生读文言文。

“铁如意，指挥倜傥，一座皆惊呢～～～；金叵罗，颠倒淋漓噫，千杯未醉嗬～～～……。”

①鲁迅先生读私塾时，听读文言文的能力是很强的。课文注释中说老师读的文句中“呢”“噫”“嗬”是寿镜吾先生读时加上去的。为什么要加上这些语气词呢？

讨论明确：为表达感情而专门加上的语气词。

②寿镜吾先生读到得意处，还要将头拗过去，拗过去。鲁迅在先生读得顿挫处加了标点符号，还加了表现拗过去的动作的波浪线（叶圣陶指出：“～～～”是表示读到这里须摇曳的）！可见，读古代诗文，根据表情达意的需要，可以加上适当的语气词和肢体动作。

（2）教师范读：策之不以其道，食之不能尽其材，鸣之而不能通其意，执策而临之，曰：“天下无马！”呜呼！其真无马邪？其真不知马也！呵呵呵呵（教师有板有眼、抑扬顿

挫、声情并茂地朗读，并加上适当的语气词和肢体动作）！

呜呼！其真无马邪？其真不知马也！哼哼哼哼（教师从鼻子里发出“哼哼”声，表示愤懑和嘲笑）！

读得声情并茂，还可以在关键处加上适当的肢体语言，还可以重复着读。

同学们自由朗读尝试，组内讨论交流。

（3）每组推荐一名同学比赛“创意朗读”。

（三个组“创意诵读”大比拼。）

6. 梳理要点，明主题。

本文以千里马喻人才，以食马者喻愚妄浅薄、埋没人才的权相，这叫“托物寓意”。

韩愈三岁丧父，随哥嫂在长安生活；不几年，哥哥因受牵连失掉了自己在皇帝身边记录皇帝言行的官职中书舍人，离开了京城；韩愈十来岁时哥哥又死了，嫂子指导着韩愈在十三四岁到十九岁这些年勤奋读书；十九岁的韩愈就精通《诗》《书》《礼》《易》《春秋》和诸子百家，于是进京考科举做官。韩愈考进士（做官的第一道门槛）就考了四年，第四回才考上；考“博学宏辞”科（做官的入场券），连续考了三年三次没成；韩愈还连续两个月三次给当朝的权相上书，毛遂自荐，结果连看门的都不让他进门。

此种境遇下，韩愈写了一组文章——《杂说》四篇，《马说》是第四篇，表达了得不到朝廷重用、无法一展才志的忧伤、愤懑和不平。

说是古代的一种议论文体，和现在的一事一议的议论文差不多。《马说》先提出问题，再分析问题，最后发现根本原因是“不知马”，也流露着对“不识马”的统治者的嘲讽：呜呼！其真无马邪？其真不知马也！哼哼哼哼！

7. 公布比赛结果。

下课。

板书设计：

马　说

韩愈

有板有眼　　世有伯乐，然后有千里马。　食不饱　　其/真不知马也

抑扬顿挫

声情并茂　　现状　忧伤↘　　原因　愤懑↗　　根源　不平↗

【我教我说】

妙招可言40：“剑走偏锋”式导入，入境。

课前，我将课题写成了“说马”。学生一边入座，一边议论纷纷，说我写错课题了。我赶

忙说：“写颠倒了。老师赶紧改过来！师不必贤于弟子啊！”接着我问学生：“‘师不必贤于弟子’是谁的名言？”有学生回答说是韩愈的。我大加赞赏地说：“‘师不必贤于弟子’，是韩愈在《师说》一文中提出的。那时韩愈已经做了国子监的博士。博士在古代是一种官职，相当于今天北大、清华等国立本科大学教授。可韩愈在考中进士后求官不成，由‘伯乐相马’的故事……”剑走偏锋，我自然而然地导入了新课。课要结束时，学生悟得《马说》不仅仅是在说马，更是在“托物寓意”，表达得不到重用、无法施展才志的忧伤、愤懑和不平。

妙招可言41：“剑走偏锋”式分组，入情。

课堂上总有意外发生。但有意外的课堂往往能成就课堂的经典。

这次上《马说》是在学校阶梯教室内。阶梯教室的主席台较小，给我安排的40个听课的学生分成两组各列两边，中间正好留出屏幕和老师活动的狭长的地方来。

课堂里没有局外的学生。学生走进阶梯教室时，一拨走向主席台，一拨走向座位的后一排。我很纳闷，悄悄问往台上走的学生是怎么回事。一个学生直截了当地说：“他们18个非要来，本来不安排他们来，但他们非缠着班主任说要来。老师跟他们说，台上坐不开，要去行，只能坐在台下，结果他们就来了！”“我的天啊！”我心里嘀咕着，“我一定给他们创造出一个来得理直气壮的理由。”

我拿起两个话筒，快步走向阶梯教室的后排座位（阶梯教室不算小，约能容纳600人），得过20多排座位才走到坐在后排的学生跟前。

我快步走过去，一本正经地说：“一共三个话筒，给你们一个，台上我们用两个，我专门一个。”我想让他们明白，台上40个人用一个话筒，他们18人用一个。

我急匆匆小跑上讲台，是暗示这18个学生我们离得不远，小跑很快就会面对面。

跑上讲台，我对着会场说：“老师们、同学们，这会场真不小，来的老师也不少！我们试试话筒。”我故意放大了声音，对着会场最后一排的18个同学说：“‘万马奔腾组’，话筒音量怎么样？”后排刚刚接过话筒的学生拿起话筒说：“可以，老师，听得很清楚！”听课老师不约而同地转身往后看！我继续说：“可惜，会场主席台太小，今天我们是要教学《马说》，举行文言文朗读大赛，台上只能坐下两组，只好把‘一马当先组’‘马到成功组’安排在台上，‘万马奔腾组’在台下，这样‘三组鼎立’。大家对比赛获胜有没有信心？”台上台下齐喊：“有！”

听课老师报以热烈掌声！

我知道这掌声是送给“万马奔腾组”的。

“万马奔腾组”在课堂上的表现并没有输给另外两个组！

“万马奔腾组”的你们哟，于老师很是想你们！你们爱上语文了吗？

剑走偏锋，一个也不能少，我没有犯下无法悔改的错！

妙招可言42："剑走偏锋"式朗读，入理。

在河北辛集执教《马说》一课后，我对教学文言文有了更多感受，成文如下。

"鸣之若何"话《马说》

——漫漫"因声求气"之文言文教学路

文言文真可以这么有意思地读？

教学《从百草园到三味书屋》，曾经为学生提出的"困惑"困惑着；曾经为寿镜吾先生读得让鲁迅疑心那是极好的文章艳羡着。

《从百草园到三味书屋》中这样写道：

于是大家放开喉咙读一阵书，真是人声鼎沸。有念"仁远乎哉我欲仁斯仁至矣"的，有念"笑人齿缺曰狗窦大开"的，有念"上九潜龙勿用"的，有念"厥土下上上错厥贡苞茅橘柚"的……。先生自己也念书。后来，我们的声音便低下去，静下去了，只有他还大声朗读着：

"铁如意，指挥倜傥，一座皆惊呢～～～；金叵罗，颠倒淋漓噫，千杯未醉嗬～～～……。"

我疑心这是极好的文章，因为读到这里，他总是微笑起来，而且将头仰起，摇着，向后面拗过去，拗过去。

记得学生在课堂上这样质疑：

生1：文中学生放开喉咙读的"仁远乎哉我欲仁斯仁至矣"等怎么没有标点符号？先生读的内容就有标点符号？

生2："铁如意，指挥倜傥，一座皆惊呢～～～"当中，怎么会有"～～～"的标点符号呢？

生3：老师（寿镜吾）读书"总是微笑起来，而且将头仰起，摇着，向后面拗过去，拗过去"，是为了让学生疑心那是极好的文章，还是确实读书入神？

……

学生心中总有无穷无尽的稀奇古怪的问题。

张中行说："旧时代，文言典籍没有标点，一篇文章，字字相连，一写到底。初学自然会感到断句困难，所以从汉代经师起有所谓章句之学。"①

---

①张中行：《文言津逮》，北京出版社，2016年7月版。

据相关资料载：用现代的标点符号标点文言典籍，是从20世纪20年代现代标点符号的诞生开始的。

记得在《从百草园到三味书屋》的课堂上，我讲完文言文标点符号知识，学生似懂非懂地点头。紧接着他们的疑问一个接一个地又来了！

生4："铁如意，指挥倜傥，一座皆惊呢～～～"当中，怎么会有"～～～"的标点符号呢？

当时我脑子也在极速运转：莫非，最初北洋政府"法定"标点符号里有"～～～"，那这一符号是"标号"，还是"点号"？又有什么作用呢？……

此时，还是学生的想象大胆。班上有一名学生先是左手食指轻绕太阳穴处，偏着脑袋想，继而慢慢地举起了左手——

生5：老师寿镜吾读书的时候不是"总是微笑起来，而且将头仰起，摇着，向后面拗过去，拗过去"嘛，那么会不会是鲁迅先生用这个"～～～"小波浪一样的符号表示老师读书入神的表情动作呢？

我喜出望外，肯定了学生的推测，接着说："老师还真查找过原文——'铁（玉）如意，指挥倜傥，一座皆惊；金叵罗，颠倒淋漓，千杯未醉。'比较原文和先生读的，大家有没有新发现？"

学生七嘴八舌地议论起来。

生6：寿镜吾先生读得入神，加上了语气词"呢、噫、嗬"。

生7：寿镜吾先生让作者疑心那是极好的文章，是因为看到了他微笑、仰头、摇头和将头"拗过去，拗过去"的动作，因此作者用了"～～～"这个很诡异的符号。这个符号是不是就代表着"微笑起来，而且将头仰起，摇着，向后面拗过去，拗过去"呢？

生8：老师，我同意刚才那位同学的意见！寿镜吾先生所读的文章真这么有意思吗？出自哪里？全文是怎样的？

生9：文言文真的可以这么有意思地读出来吗？

……

一石激起千层浪——文言文真的可以这么有意思地读吗？

从那一回，我和学生每读文言文，便努力尝试读得"那么入神"，读得"那么有意思"，读得"那么叫人终生难忘"……

《咏雪》：俄而雪骤，公欣然曰："白雪纷纷何所似？"兄子胡儿曰："撒盐空中差可拟。"兄女曰："未若柳絮因风起。"公大笑乐。

"旧时王谢堂前燕，飞入寻常百姓家。"谢安身份何等显赫？兄子胡儿、兄女谢道韫，我和学生对他们知之甚少；揣度人物的表情和说话的声调，读得入神、有意思乃至惟妙

惟肖，只好借助注释做简单推想。然而，揣摩晋代名门望族之谢安如何“欣然”，又如何“大笑”，亦莫衷一是，总找不到“入神”的惬意。

《陈太丘与友期》：元方时年七岁，门外戏。客问元方……答曰……友人便怒……元方曰……友人惭，下车引之，元方入门不顾。

元方，此太丘县令七岁之子聪敏早慧、明信懂礼，文中一次“答曰”，一次“曰”，和友人“便怒”对比鲜明，人物形象呼之欲出。但即便是为元方设计表情，尽力读出友人之怒，结果还是找不到寿镜吾先生“入神”的感觉。

《两小儿辩日》：

一儿曰：“我以日始出时去人近，而日中时远也。”

一儿以日初出远，而日中时近也。

一儿曰：“日初出大如车盖，及日中则如盘盂，此不为远者小而近者大乎？”

一儿曰：“日初出沧沧凉凉，及其日中如探汤，此不为近者热而远者凉乎？”

学生在课堂上模拟两儿辩论，展开“对拼”：

一生疾，另一生更疾！

一生气，另一生更气！

一生声高，另一生声更高！

一生加“哼”在句尾，另一生加“哼哼”在句末！

一生在句末加“你懂不懂”，另一生在句尾拼出“Do you understand”。

满堂喝彩之余，师生又觉得似乎永远无法微笑、仰头、摇头，再将头“拗过去，拗过去”。

理想很丰满，现实很骨感。在“因声求气”中怡然吟之，陶醉其中入神入迷，我和我的学生还不曾有过。

（补：叶圣陶、夏丏尊著《文心》一书《读古书的小风波》一文中指出：“ ～～～ ”，是表示读到这里须摇曳的。）

苏子瞻的话给了我启发

苏子瞻的话给了我莫大的启发：

自东汉以来，道丧文弊，异端并起。历唐贞观、开元之盛，辅以房、杜、姚、宋而不能救。独韩文公起布衣，谈笑而麾之，天下靡然从公，复归于正，盖三百年于此矣。文起八代之衰，而道济天下之溺，忠犯人主之怒，而勇夺三军之帅。此岂非参天地、关盛衰，浩然而独存者乎？（苏轼《潮州韩文公庙碑》）

韩愈作品的风格，也如苏洵所说：“韩子之文，如长江大河，浑灏流转，鱼鼋蛟龙，万怪惶惑，而抑遏蔽掩，不使自露，而人望其渊然之光，苍然之色，亦自畏避，不敢迫视。”

(《嘉祐集》)卷十一《上欧阳内翰书》)

为此，我早就艳羡韩退之之文，可惜初中学段韩愈之文唯有《马说》一篇。《马说》作为《杂说(四首)》之四，篇幅短小却寓意深刻，体现了韩愈论辩文之特色：不平则鸣，文穷而后工；文以载道，唯陈言之务去；抑遏蔽掩，婉曲尽情；逻辑严整，气势充沛。

孟子云：“我善养吾浩然之气。”(《孟子·公孙丑上》)孟子的“养气说”影响了雄踞中唐文坛的“古文运动”领袖韩愈。韩愈在他的《答李翊书》中，提出了“气盛言宜”之论，文中以水与浮物为喻，揭示了养气与为文的关系：“气，水也；言，浮物也，气盛而言之短长与声之高下者皆宜。”(《韩昌黎集》卷十六)

就这一方面，李道英在其《韩愈》一书中写道：

理直气壮，感情真挚，是韩文最基本、最突出的特色之一。韩愈十分重视文气，强调气盛言宜，所以他自己非常注重文章的气势。所谓“气”，主要指作家的思想、品格、气质等主观的内在精神力量。理直则气壮，文章要气盛，首先必须理直。所谓理直，主要指文章的内容要正确、充实，同时，也要求作家对自己所论问题有足够的自信。韩愈是一个在道和文两方面都有足够自信的人物。

韩愈自以为是，自信其真，无论谈什么问题，观点都非常明确，结论都斩钉截铁，绝不含糊其词，吞吞吐吐，故其文多气势磅礴，不同凡响，产生一种震慑人心的力量，令人折服……

韩愈的各类文章均感情色彩强烈，喜怒哀乐、抑扬褒贬无不发自内心。他不避丑拙，从不掩饰自己的真情，从不为文造情去欺骗读者，故读其文，让人感到亲切、自然、真诚、实在，极易受到他情绪的感染而产生共鸣。气盛与情真的完美结合，是韩文最突出、最普遍的特点，也是最值得称道的优点，它对韩文总体风格的形成起着极为重要的作用。①

韩愈之文，固然如是。《马说》一事一议，判断精确明晰，文辞热烈警策，借题发挥，愤世嫉邪，褒贬分明，语言洗练，妙趣横生。《马说》说“马”，通篇以马为譬，论述识人和用人的道理，借马的遭遇来写人，包含了韩愈怀才不遇的感慨或穷愁寂寞的叹息，作者看似在为千里马叫屈，实则在为被埋没的有志之士鸣不平。“引物连类，穷情尽变”，短短一百五十一字的《马说》，其雄辩技巧左旋右盘，尺幅中现千里之观，牢牢将读者吸引住，最终不能不为其逻辑力量和浩然之气所折服。林纾有云：“语愈冷，而意愈深，声愈悲。通篇都无火色，而言下却无尽悲凉，真绝调也。”

《马说》一文分三层。一上来提出论点亦即结论“世有伯乐，然后有千里马”，接着就对照以客观事实“千里马常有，而伯乐不常有”。“而”字一转，转得遒劲有力，把普天下千里马的悲哀都囊括了。因之，“虽有名马，祇辱于奴隶人之手，骈死于槽枥之间，不以千里

①李道英：《韩愈》(插图本中国文学小丛书33)，春风文艺出版社，1999年1月版。

称也”。接着，“马之千里者”到“安求其能千里也”为第二层，描绘了千里马“食不饱，力不足，才美不外见”的处境。“且欲与常马等不可得”一句，是文章的第二次大波澜，转折异常沉痛，较第一层中的转折深了一层。后文为第三层，描绘出一个对千里马十分苛刻而冒充识马的“假伯乐”形象。“呜呼！其真无马邪？其真不知马也！”为文章的第三次大波澜，用事实证明了“伯乐不常有”，更证明了“世有伯乐，然后有千里马”的论点，很有说服力，逻辑严整，气势充沛。

特别需要指出的是，《马说》第三段中“执策而临之，曰：‘天下无马！’”写“左的”伯乐冒充识马的情态是很传神的，流露出相当强烈的讽刺意味。这位伯乐和《庄子·马蹄》篇中的伯乐很像，那位伯乐自吹“我善治马”，治马的办法却是“饥之渴之，驰之骤之，整之齐之；前有橛饰之患，而后有鞭筴之威”。如此任意苛求而不加爱养，结果是半数以上的骏马死掉了。韩愈《为人求荐书》还描写了一位为了照顾关系，对劣马多看上几眼的伯乐，那是“右的”伯乐，也可和《马说》中“左的”伯乐相对照。

统编本语文教科书在《马说》一课阅读提示中说：

“伯乐相马”是一个古老的传说，讲的是春秋时期伯乐发现千里马的故事。作者在本文中却另翻新意，提出一个新颖的观点：“世有伯乐，然后有千里马。”作者能有这样的认识，与他的经历有关。韩愈年轻时，曾几次上书给当朝权相，希望得到重用，以展才志，但都被冷落。本文可以说是他的一篇“不平则鸣”之作。阅读课文，注意作者的思想情感和言简意赅的行文特点。

韩愈在其著名的《送孟东野序》中开篇指出“大凡物不得其平则鸣”，进而慨叹：“人之于言也亦然，有不得已者而后言。其歌也有思，其哭也有怀。凡出乎口而为声者，其皆有弗平者乎！人声之精者为言，文辞之于言，又其精也，尤择其善鸣者而假之鸣。”

“有不得已者而后言”，“有思”“有怀”，才可能“鸣”，韩愈明确提出了“不平则鸣”的文学观点。其中“大凡物不得其平则鸣”，即认为文章是社会现实的产物。只有那些备受压抑的人，才有强烈的表达主观思想的愿望。在《荆潭唱和诗序》中，他进一步指出：“夫和平之音淡薄，而愁思之声要妙；欢愉之辞难工，而穷苦之言易好也。”强调作者处于和平、欢乐环境之中，不易写出激动人心之作，只有在坎坷失意、悲愤抑郁之中，才能深深感触到时代的脉搏，写出有声有色、如泣如诉的动人之作。

在《送孟东野序》中，韩愈用三十八个“鸣”字，从自然界和人类社会中的不平之鸣写到各个时代的善鸣者，指出“治世”“盛世”“乱世”和“衰世”都有能“鸣者”，既有“和平之音”，也有“愁思之声”；既有“欢愉之辞”，也有“穷苦之言”。《送孟东野序》文末讲：“抑不知天将和其声，而使鸣国家之盛耶？抑将穷饿其身，思愁其心肠，而使自鸣其不幸耶？”可见，得志而“鸣国家之盛”，失意而“自鸣其不幸”，两者都是韩愈的“不得其平则鸣”。

生活在中唐的韩愈，封建社会的时代特点加上自身“跋前踬后，动辄得咎”（《进学解》）的坎坷遭际，决定了他在创作实践上就不可能只是欢愉之“鸣”，更多的是失意时“鸣其不幸”。诚如《马说》课文阅读提示中所说：“韩愈年轻时，曾几次上书给当朝权相，希望得到重用，以展才志，但都被冷落。”

李长之在其《韩愈传》“挣扎”一节中，概述了韩愈平生此次所遇之“不平”。

此节开篇写道：

然而抱负是一回事，考试的失败却也终归是失败，韩愈是个文人，而不是圣人，因而他不能不愤愤，在失败中求挣扎。①

考试的失败，指韩愈中了进士后参加吏部“博学宏辞”科考试的失败，韩愈先后连续三年，参加了三次，均失败了。李长之又在《韩愈传》“考场失败”一节中写道：

韩愈为生活所迫，而去求仕，因而走上了考试的路。这是职业，而不是事业。他心目中的文章，也岂是考场中所需要的，因而他的苦闷来了，看看自己考场中的文章吧，“退自取所试读之，乃类于俳优者之辞”，于是“颜忸怩而心不宁者数月”了。

他愤慨地说，就是让坟墓里的大文学家出来应试，也一定失败：“夫所谓博学者，岂今之所谓者乎？夫所谓宏辞者，岂今之所谓者乎？诚使古之豪杰之士，若屈原、孟轲、司马迁、相如、扬雄之徒，进于是选，必知其怀惭，乃不自进而已耳。设使与夫今之善进取者，竞于蒙昧之中，仆必知其辱焉。”②

李道英在其《韩愈》一书中写道：

韩愈三岁而孤，由其大哥韩会及嫂嫂郑氏抚养。韩愈的启蒙教育从七岁开始。韩愈聪颖，能“日记数千百言”；又十分刻苦，“口不绝吟于六艺之文，手不停披于百家之编……焚膏油以继晷，恒兀兀以穷年”（韩愈《进学解》）。经过刻苦努力，他“尽能通六经百家学”。

韩愈的家庭出身决定了他不能靠门荫轻易步入仕途，而“少小好奇伟”的韩愈又看不起那些胸无大志的凡夫俗子，他要“事业窥皋（皋陶）稷（后稷），文章蔑曹（曹植）谢(谢灵运)”（《县斋有怀》），一展自己的才华，为国家做一番事业。因此，十九岁的韩愈便于贞元二年（786）离家赴京，开始了他艰难的求仕生涯。韩愈对自己的学问和才干十分自负，他在《复志赋》中写道：“忽忘身之不肖兮，谓青紫其可拾。”进京的目的就是要俯拾青紫，真可谓雄心勃勃、踌躇满志。然而求仕之途并不像他幻想的那么美妙。

贞元八年，韩愈第四次应试，终于取得了入仕的资格。根据唐代的规矩，通过了礼部的进士考试，并不能马上做官，仍须参加吏部主持的博学宏辞科考试。贞元九年，韩

①②李长之：《韩愈传》，新世纪出版社，2017年8月版。

愈第一次应博学宏辞科考试，以《太清宫观紫极舞赋》和《颜子不贰过论》被崇尚古文的主司崔元翰赏识而入选，但在上呈中书时却无端遭到淘汰。他被挤掉的原因主要是因其文章“实与华违”，即他所写古朴淡雅的古文不合时俗。接着韩愈又于贞元十年、十一年两次应试，均为主司所辱。韩愈自以为自己学优必仕，但仕途坎坷，“四举于礼部乃一得，三选于吏部卒无成”（韩愈《上宰相书》）。这对他的确是很大的打击。他从到长安的第二年起，已不能从家中得到物质支持，求食于人，生活极为窘迫：“遑遑乎四海无所归，恤恤乎饥不得食，寒不得衣。”（韩愈《上宰相书》）……他曾在不到两个月的时间里接连给宰相写了三封信，毛遂自荐，请求做官：“九品之位其可望，一亩之宫其可怀。”（韩愈《上宰相书》）并以蹈水火者自比，大声疾呼求宰相“垂怜”。但当时的宰相贾耽、卢迈、赵憬，均为尸居禄位的庸人，根本没有理会他的请求。韩愈在走投无路的情况下，卖掉了自己的马作路费，于贞元十一年（795）五月离开长安，郁郁东归。①

另外，《教师教学用书》在“关于作者及写作背景”中写道：

《马说》大约作于贞元十一年至十六年（795—800）间。其时，韩愈初登仕途，很不得志。曾三次上书宰相请求擢用，“而志不得通”；“足三及门，而阍人（守门人）辞焉”。尽管如此，他仍然声明自己“有忧天下之心”，不会遁迹山林。后相继依附于宣武节度使董晋、武宁节度使张建封幕下，郁郁不乐，所以有“伯乐不常有”之叹。

唯其如此，教学韩昌黎“不平则鸣”的《马说》，可尝试“因声求气”！可以和学生读得“入神”，读得“有意思”，读得“叫人终生难忘”！

“因声求气”教《马说》，我曾寤寐求之……

平时，翻看名家课堂，就“因声求气”教学《马说》而言，或微言大义，或浅尝辄止。于是很长时间，“因声求气”的实践成了一种奢求，不敢问津。

因声求气读《马说》，如箭在弦

因才疏学浅，初识“音韵学”“文字学”“训诂学”，顿觉深奥难懂；翻阅“古诗文吟诵”“文言文读法”类的文字，常感力不从心。文言文教什么？文言文怎么教？文言、文章、文学、文化孰轻孰重？莫衷一是，众说纷纭。

无奈，无力。

忽然忆起了《三字经》。《三字经》有云：“凡训蒙，须讲究；详训诂，明句读。”

唐孔颖达解释说：“诂者，古也，古今异言，通之使人知也；训者，道也，道物之貌以告人也。”近代语言文字学家黄侃则说：“训诂者，用语言解释语言之谓。”

①李道英：《韩愈》（插图本中国文学小丛书33），春风文艺出版社，1999年1月版。

黄灵庚教授说：

训诂二字连用，最早见于《汉书》与《公羊传》何休注。笼统地说，是“解释字义”的意思。自东汉以后，训诂便成了古书注释的代名称。纵观中学语文课词义解释、课文串讲，没有专门地讲训诂，可是“释古语”与“道形貌”这两大内容俯拾皆是，不胜其举。用现代语言解释古词语，所谓“通古今之异语”，这便是“诂”。用描绘、形容的语言对词语进行形象化的解释，这岂不就是“道形貌”之“训”吗？再说，语文教学中常用的串讲形式，与《尔雅·释训》“丁丁、嘤嘤，相切直也”此类训释，毫无区别。凡是有词义解释、课文串讲的地方，便有训诂存在。所以，训诂之事，既不高深，也不神秘，中学语文教师处处遇到它，时时用到它，语文教学的整个过程更是不能没有它。①

在《训诂学与语文教学》一书中，黄灵庚教授更直言：

学生阅读文言文最大的障碍不是别的，就是对古代的语言比较生疏，而在古代语言三大要素中，词汇的意义，特别是对古代的常用词汇的常用意义了解得甚少。正是此类常用词汇的常用意义阻碍了学生对古文内容的正确把握。语文教师讲授文言文的侧重点应该放在对课文中古代的常用词汇的常用意义上。学生只有正确地理解和掌握课文中的常用词汇的常用意义，才能读懂、读通课文的内容。至于课文内容为什么是这样布局，好在何处，学生在读懂、读通的基础上自然会慢慢领会，无须教师在课堂上不厌其烦地讲解、分析。②

就当前文言文教学，黄灵庚教授掷地有声地声明：

语文教学，尤其是文言文的字词教学，讲求内容准确无误，语言规范，有章可循，厚重朴实，而不是花里胡哨、形式翻新、一味玩弄“花样”。求“新”的前提是求“真”，如果为了“新”害于“真”，对语文“教”与“学”都将带来无穷危害。评价语文教师课堂质量和教学水平，首先看他在课堂上所传授的语文知识是否准确无误、真实可靠。倘若在课堂上讲得眉飞色舞，“生动有趣”，而连最基本的词义常识都没有到位或者谬误百出，能算是个优秀的语文老师吗？如果无视语文知识的“真”，越是“生动有趣”，其贻误学生的危害也就越大。语文教师要认真备课，用心钻研，敢于教“真”、求“真”。对于教材中所发现的疏误，有责任、有义务予以纠正，切不可盲目依从，奉课本为金科玉律，尽信其注，以讹传讹，误人子弟。只有这样，才能有所发现、发明，提高课堂教学质量。③

顾振彪、顾之川在为黄灵庚《训诂学与语文教学》所作的序言中也说：

对于文言文教学，长期以来，仁者见仁，智者见智，众说纷纭，莫衷一是。现在，有强调文学鉴赏教学的，有强调传统文化教育的，也有强调字、词、句、篇教学的，但不管怎样教，首先应该指导学生读懂文本。只有读懂了，才能谈得上文学鉴赏和传统文化教育。这读懂，理解文言词汇是关键。④

---

①②③④黄灵庚：《训诂学与语文教学》，浙江大学出版社，2008年5月版。

从《三字经》的“详训诂”，到黄灵庚的“训诂，语文教学的整个过程更是不能没有它”，再到顾振彪、顾之川的“读懂，理解文言词汇是关键”，我们教学文言文的“词义解释、课文串讲”就不必非得诟病它。

初读《马说》，特别是学生自读时，“详训诂”是为“审辞气”服务的。统编本教材设《马说》为“自读”课文，并在教学“整体建议”（详见《教师教学用书〈语文〉八年级下册》）中明确指出：

1. 教学时间：2课时。

2. 本文是一篇自读课文，篇幅虽短但可读性强，文字也不算艰深。文前有比较详细的阅读提示，提供了相关的背景材料，学生结合阅读提示和注释完全可以理解文章大意。根据以往的教学实践，学生不仅爱读，而且易于成诵，关键是教师要仔细、认真地指导学生诵读。可以让学生反复朗读，当堂成诵。内容也要讲，但不宜过深，要认真考虑学生在现阶段的生活阅历和接受能力，以粗知大意为标准。教师讲述应当简而明，不旁征博引，以免剥夺学生诵读的时间。从长远看，能够熟练地背诵这篇短文，才能使学生真正受益。

那么，第一课时的自读，读熟练是目的，解词义和串讲课文是为读得熟练服务的；解释词义和串讲课文无所谓可取不可取，关键在于是谁“解释词义”，是谁“串讲课文”。学生准确地互解词义，学生为学生准确地串讲课文，教师给予必要的补充、纠正，对于学生熟读、读懂、读通课文是大有裨益的。

对《马说》文言知识、文言现象的关注和学习，是有助于学生读懂、读通文本的。我在引导学生自学《马说》时（第一课时），就注重了有层次、有目的地指导学生解释词语和串讲课文。

张中行先生强调：“讲读文言，最重要的要求是正确理解词句的意义。”“文言的讲读，想要做到理解正确，就必须注意文言的文义之间的某些不同于现代汉语的情况。”①

第二课时，就需要审辞气，有滋有味地“因声求气”了。

周振甫在其著作《怎样学习古文》中指出：

到桐城派论文，才提出“因声求气”来。张裕钊《与吴至父书》：“故姚氏（鼐）暨诸家因声求气之说，为不可易也。”②

---

①张中行：《文言津逮》，北京出版，2016年7月版。

②周振甫：《怎样学习古文》，中华书局，2014年6月版。

姚鼐说："读古文务要从声音证入，不知声音，终为门外汉耳。"（姚鼐《惜抱轩尺牍·与陈硕士》）从"声音证入"，即通过熟读来理会文章的"行气遣词"，即"因声求气"。①

另周振甫在《怎样学习古文》一书中，引方东树的"因声求气"：

夫学者欲学古人之文，必先在精诵，沉潜反复，讽玩之深且久，暗通其气于运思置辞迎距措置之会，然后其自为之以成其辞也，自然严而法，达而臧。（方东树《仪卫轩文集·书惜抱先生墓志铭后》②）

周振甫先生并就此议论：

方东树讲的，又有新的说法，就是在诵读时要"沉潜反复"，即在熟读时要深入到作者的思想感情中去，这种深入，要经过反复多次，愈入愈深，所以称为"讽玩"，是反复探求的意思。这样，使朗诵的语气与作者用文辞来表达情意时的语气相通。作者在用文辞来表达情意时，在运思置辞迎距措置上跟语气有关，即在表达情思时，结合情思的变化，语气有抑扬长短沉郁顿挫等不同。读时体会到作者通过不同语气来表达的情思，即使读时的语气与作者表达语气的情思相通。③

谈到如何求得神气，周振甫先生引桐城派刘大櫆《论文偶记》中的话说：

音节高则神气必高，音节下则神气必下，故音节为神气之迹。一句之中或多一字，或少一字，一字之中或用平声，或用仄声，同一平字仄字，或用阴平阳平上声去声入声，则音节迥异。故字句为音节之矩。积字成句，积句成章，积章成篇，合而读之，音节见矣；歌而咏之，神气出矣。近人论文，不知有所谓音节者，至语以字句，必笑以为末事，此论似高实谬，作文若字句安顿不妙，岂复有文字乎！

凡行文字句短长，抑扬高下，无一定之律，而有一定之妙，可以意会而不可以言传。学者求神气而得之音节，求音节而得之字句，思过半矣。其要只在读古人文字时，设以此身代古人说话，一吞一吐，皆由彼而不由我，烂熟后，我之神气即古人之神气，古人之音节都在我喉吻间，合我喉吻者便是与古人神气音节相似处，自然铿锵发金石声。④

对比周振甫先生又深入浅出地解释道：

桐城派讲的"因声求气"，是通过朗诵古文，从音节的抑扬顿挫里体会作者的辞气，体会作者的思想感情，好比听戏时，从演员台词的抑扬顿挫中体会角色的思想感情。……因声求气，是通过朗诵来体会作者的情思，也是"阅文情"……是从音节的抑扬顿挫中去体会。⑤

再者，关于"审辞气"，杨树达《词诠》序云：要读懂古书，先要能解词义，词有虚有实，辨实为"明训诂"，解虚则为"审辞气"。

---

①②③④⑤周振甫：《怎样学习古文》，中华书局，2014年6月版。

古人常把对虚词的了解和认识称作“审辞气”。所谓审辞气，就是体会虚词对于传达文气的作用。因为古人使用虚词不像今人学习古文：先想到虚词的种种用法，然后再确定使用哪种用法。古人凭借的是语感，即本能地感到在某个地方用什么虚词，在表达文气上起什么样的微妙作用。这一点恰恰是今天讲虚词的词性、语法功能、今译等问题所不能包括的，也正是初学者最不容易把握的，是文言文阅读教学的重点、难点之一。要解决这一难题，必须引导诵读，仔细揣摩每个虚词的情貌，然后才能做到融会贯通，豁然开朗。从“辞气说”中可知：传达文气是某些虚词的重要作用，而虚词自身的词汇意义却比较空灵，在某些情况下，甚至是只可意会而不可言传。其实，这正是虚词的重要特点。

“构文之道，不过实字虚字两端，实字其体骨，虚字其性情也。”（刘淇《助字辨略》）虚字传达文气，表达弦外之音的作用，无法写进它的各种用法之中。虚词这种体其“性情”的作用，只能从诵读品味中获得。

张中行在《文言津逮》一书中说：

俗话说：“读书百遍，其义自见。”对文言文来说，由于时世的推移而造成的学习障碍，是非“读”无以解决的。“多读”固然必不可少，“导读”尤其显得重要。

要怎么样学呢？以初学为例，听讲或自学一篇，比如苏轼的《赤壁赋》，词句都正确理解之后，要熟读。方法是这样：①要在声音的大小、快慢、抑扬顿挫中确切体会词句的意义以及前后的联系。过去有人嘲笑私塾先生，读书时慢条斯理，摇头晃脑，闭目吟味，像是陈腐得很可笑，其实这也许正是全神贯注的表现，想读而多有所得就要这样。②快慢的程度要以能不能确切体会词句的意义及前后的联系为准。如果快而不能确切体会，就慢；能，就快。③这样读三四遍或两三遍，放下，过两三天或三五天，要拿出来，再读两三遍。这样至少重复三四次（喜欢读还可以更多，直到背诵），到相当熟了再放下。这一篇如此，学其他篇还要如此。一篇熟，两篇熟，基本功越来越深厚，前进就可以一帆风顺。[①]

早在1947年，黎锦熙先生撰文《中小学国文国语诵读之重要》，明确指出：文言文宁可少教，必须熟读，必须字字依着国音熟读，并且要恢复“背诵”的制度，来考核他们熟读的程度，平常或者用默写来考核，这是不够的，因为文言文比白话文更需要口耳训练，“声入心通”。[②]黎先生在此文中还强调指出：“文言文更要恢复野蛮的背诵。”[③]

夏丏尊、叶圣陶先生也曾在《文章讲话》中指出：“文气这东西，看是看不出的，闻也闻不到的，唯一领略的方法，似乎就在用口念诵。文章由一个个的文字积累而成，每个文

---

①张中行：《文言津逮》，北京出版社，2016年7月版。

②③黎泽渝、马啸风、李乐毅：《黎锦熙语文教育论著选》，人民教育出版社，1996年8月版。

字在念诵时所占的时间，因情形不同而并不一致相同。”①

我早有“因声求气”读文言文的想法，只是“辛集”，是《马说》，给了我尝试的机会。

基于学情，剑走偏锋——《马说》一堂课是我至今的最爱。

①夏丏尊、叶圣陶：《文章讲话》，中华书局，2007年8月版。

第六节　仗剑走天涯

《老王》

【写在前面】

教师解读文本，靠什么“点石成金”？靠学生的感受和疑问。

学情将我对《老王》一文解读的“顽石”点化成了“金”！学生的感受和困惑“倒逼着”我反复深入文本、查找资料，重新解读了老王，解读了杨绛。我感受到了以前从未感受到的老王的善良！更深刻地感受着杨绛的感受——愧怍！感受到了杨绛没有“以善良体察善良”的愧怍！我重新认识到，教学《老王》这样的散文，一定不要仅仅引领学生到文本语言中去读故事、读故事里的人物——“老王”，比这更重要的是到语言文字中去读“我”——杨绛。

你觉得教学杨绛的《老王》，是重点解读“老王”，还是重点解读“杨绛”？

学生的阅读感受和困惑

临淄实验中学初二十四班

【写在前面】

课前可将以下字词、补充材料和学生的感受、疑问一并印发给学生。

学生大都能感受到文中老王的善良，此处只保留需要课上交流的学生感受，即学生结合文本语言谈的感受和关注了杨绛愧怍的感受。

学生感受和困惑前的数字序号为预习单编号。

【生僻的字词】

惶（huáng）恐：惊慌害怕。　荒僻　取缔（dì）

凑合（còu he）：将就（jiāng jiù）。　扶病：带病，抱着病（做某事）。

镶嵌（xiāng qiàn）：把一物体嵌入另一物体内。

伛（yǔ）　翳（yì）　骷髅（kū lóu）

强（qiǎng）笑：勉强装出笑脸。　滞笨　愧怍（zuò）

（按：其中的“扶病”“强笑”等，是因学生的疑问而专门解释的。）

【精深的感受】

4. 刘聪言：读完课文，首先感受到的是老王对别人浓浓的善意。“他送的冰比他前任送的大一倍”“我送钱先生看病，不要钱”“你还有钱吗？”“我不是要钱”，这些都体现了他的善良、真诚。作者写了老王的身世和关于老王的事情，以及老王死后对老王的愧怍，高度赞扬了老王在困境中的善良品质。

9. 温林鑫：读完两遍课文，内心深处的那一根善良的弦，被一个人使满了力量地拉了一下。不想哭，但是心很酸，因内心对老王的可怜。

10. 刘林依：文中老王是老实、善良、朴实的人，作者也同样是一个善良的人。但比较起来，老王是一个下层劳动者，瞎了一只眼，住得不好，很少有人坐他的车，日子过得不好，老王却依然能保持一颗善良的心，力所能及地帮助别人，这是非常难得的，是非常令人感动的。老王死去了，也没有麻烦过谁，或让别人知道，这也许成了作者愧怍的原因。一个幸运的善良的人和一个不幸的善良的人。

19. 孙国恒：读完课文，我知道了老王是一个善良的人，即使生活艰难，也有一颗金子般的心。作者也是一个善解人意的人。我感受最深的是老王知道自己要死了，把好东西给作者一家；还有老王送默存的时候，一开始不要钱，担心默存没钱治病，才不要。作者却非要给他，这说明两人都很善良，我感受到老王善良的力量。

21. 郭乙漩：老王这个人既辛苦又善良。他的苦是他仅靠破车谋生，自己单干，他的眼睛也瞎了，视力不好，他拉的车也只能拉一个人，这写出了他生活窘迫，凄凉艰难。他的善良体现在仅凭良心做人上，他送冰比他前任送的大一倍，冰价还相同。他也非常热心地送默存去看病，而且想不要钱来帮助杨绛一家。读完感觉作者的心里也是很惭愧的，作者感觉对老王关心不够，在老王死后未免愧怍。

45. 谢雨欣：文章写出了“我”对老王的惭愧和感激。感激的是老王以前对我的照顾和帮助，惭愧的是我没能明白老王临终前来我家的用意。我打心底敬佩老王“对于不幸无所畏惧”的生活态度。

【精致的困惑】

说明：加点的问题为课堂上要重点解决的问题。

一、关于作者的“愧怍”。（22人次）

44. 如何理解“我渐渐明白：那是一个幸运的人对一个不幸者的愧怍”？（武振泽、武睿皎、孙国恒、于嘉恒、桑诗晴、谢雨鑫、武资衡、王汇森）

25. 课文第22段的最后一句话什么意思？（王思晴）

28. “那是一个幸运的人对一个不幸者的愧怍”是什么意思？（×××）

1. 为什么在结尾写自己“愧怍”？（连方瑞、王禹宸、温林鑫、路子坤、朱慕宁、张青冉、张国琳）

4. 最后一段，为什么作者觉得“心上不安”？为什么说“都不是”？（刘林依）

24. “但不知为什么，每想起老王，总觉得心上不安。”因为吃了他的香油和鸡蛋？作者为什么要这样写？（李佳璇）

52. 为什么作者说自己用钱侮辱老王？（温林鑫、付宏越、郭乙漩）

二、关于老王的言行。

（一）关于老王的境况。（11人次）

29. “他靠着活命的只是一辆破旧的三轮车”，把“活命”改成“生活”行吗？不行的话，为什么？（桑诗晴）

5. 文章为什么要写老王的住处？（张鑫姿）

6. 为何老王孤身一人，无妻无子？（赵乐霖）

11. 老王很可怜，但作者没提到，为什么？（李军毅）（师：是没提到，还是没有直接说？）

31. 为什么作者说“他也许是从小营养不良而瞎了一眼，也许是得了什么恶病，反正同是不幸，而后者该是更深的不幸”呢？作者有什么用意？（肖琪悦）

36. 为什么要写老王的眼睛有一只是瞎的？（谢雨鑫）

47. “他也许是从小营养不良而瞎了一眼，也许是得了恶病，反正同是不幸，而后者该是更深的不幸。”这句话应如何理解？（孙国恒）

34. 作者为什么要在文中写老王住的房子？

49. “问起那里是不是他的家。他说，住那儿多年了。”老王为什么不说是他家或不是他家呢？（张书豪、马子涵）

18. 第四段作者为什么要写“我们夫妇散步”的那一部分？（朱国鹏）

32. 作者写第四段有什么用意？（肖琪悦）

21. 为什么那位老先生愿把自己降格为“货”，让老王运送？（常梓旭、王思晴）

33. 作者一家的善良表现在哪几个方面？（×××）

（二）关于老王为我们送冰。（4人次）

22. “他送的冰比他前任送的大一倍。”“前任”为什么不换成“前一个三轮车夫”？（吴晓涵）（师：老师觉得“前任”意思就很明白啊！）

27. “他送的冰比他前任送的大一倍”中的“前任”是什么意思？（×××）（师：就是前一个送冰的。）

38. 为什么同样蹬三轮送冰，老王送的冰比他前任送的大一倍，冰价却相等？（谢林江、王汇森）

（三）关于老王送默存去看病。（10人次）

2. “他哑着嗓子悄悄问我：‘你还有钱吗？’”老王为什么要“哑着嗓子悄悄问”？（张雨蒙、路子坤）

13. “他说：‘我送钱先生看病，不要钱。’我一定要给他钱，他哑着嗓子悄悄问我：

'你还有钱吗?'我笑着说有钱,他拿了钱却还不太放心。"这样写不矛盾吗?(朱舒岩、朱晨铭、常梓旭)

46."他哑着嗓子悄悄问我:'你还有钱吗?'我笑着说有钱,他拿了钱却还不大放心。"为什么?(刘浩泽、刘璐嘉)

37. 为什么老王送作者丈夫去医院不收钱?(谢林江、王汇森)

53. 作者开头写"我常坐老王的三轮",又写"我自己不敢乘三轮",为什么?(李军毅)

(四)关于老王送香油和鸡蛋(含老王去世后)。(问题相对分散)

3. 老王为什么临死前要送作者香油和鸡蛋?(张雨蒙)

42. 老王临死前在给作者送东西时心里是怎样想的?(郭梓豪)

51. 老王死的前一天为什么要给作者送香油鸡蛋?(付宏越、郭乙漩)

20. 为什么老王病了还要去作者家把鸡蛋和香油送给作者?这意味着什么?(常梓旭、吴晓涵、朱晨铭)

41. 老王为什么要送给"我"香油和鸡蛋,自己却不吃?(郑凯元)

23. 老王送鸡蛋为什么不要钱?(吴晓涵)

8. 第8段为什么写老王的样子?(王禹宸、温林鑫、路子坤)

16. 为什么用"镶嵌"一词,而不是"站"?(韩沛君)

17. 为什么明知老王身体越来越差,面色不好,作者仍问:"老王,你好些了吗?"(韩沛君)

48."我吃惊地说:'啊呀,老王,你好些了吗?'"为什么只是问问?(刘浩泽)

7. 为什么老王给香油鸡蛋时说"我不吃"?(刘聪言)

10. 文章为什么写"谢了他的好香油,谢了他的大鸡蛋"?(李军毅)

12."我记不清是十个还是二十个,因为在我记忆里多得数不完。"这句话怎么理解?(张鑫姿、王禹宸、张青冉、李浩岩、朱国风、王思晴、赵育硕)

50."我记不清是十个还是二十个,因为在我记忆里多得数不完。"为什么"数不完"?(刘夏君)

14. 我强笑说:"老王,这么新鲜的大鸡蛋,都给我们吃?"他只说:"我不吃。""强笑""只"在这儿有什么作用?(朱舒岩、连方瑞、刘林依)

15. 为什么要写"我强笑着说"?把"强笑"换成"笑"不行吗?(韩沛君、田恒岳、常梓旭、于嘉恒、李佳璇、郭乙漩)

19."他只说:'我不吃。'"为什么不说"都给你们",而说"我不吃"?(田恒岳)

30."我谢了他的好香油,谢了他的大鸡蛋,然后转身进屋去。他赶忙止住我说:'我不是要钱。'"老王为什么要说"我不是要钱"?(张鑫钰)

32. 文章第15段为什么要单独一行,有什么用意?(肖琪悦)

39. 第16段中写“可是我害怕得糊涂了”，作者为什么要害怕？（宋孟泽、郑凯元）

40. 作者为什么写“老王的身体稍微一动就会散成一堆白骨”？（宋孟泽）

43. 第19段中省略号的作用是什么？（武资衡）

45. 为什么作者要特意写老王是回民？（武振泽）

26. 本文第17~21段有什么作用？可以删掉吗？（王思晴）

【精要的补充】

1. 杨绛。

（1）杨绛（1911~2016），江苏无锡人，著名女作家、文学翻译家和外国文学研究家，钱锺书夫人。杨绛通晓英语、法语、西班牙语，由她翻译的《堂·吉诃德》被公认为最优秀的翻译佳作，到2014年已累计发行70多万册；杨绛93岁出版散文随笔《我们仨》，风靡海内外，再版达100多万册；96岁出版哲理散文集《走到人生边上》；102岁出版250万字的《杨绛文集》八卷。享年105岁。

（2）杨绛的名言。

①惟有身处卑微的人，最有机缘看到世态人情的真相。

——杨绛《隐身衣》

②假如说，人是有灵性、有良知的动物，那么，人生一世，无非是认识自己，洗练自己，自觉自愿地改造自己，除非甘心于禽兽无异。但是这又谈何容易呢。

——杨绛《洗澡》

2. 愧怍：惭愧。惭愧，《现代汉语词典（第七版）》中的解释：①因为自己有缺点、做错了事或者未能尽到责任而感到不安：深感愧怍/愧怍万分。②谦辞，多用于受到别人的称赞表示不敢当。

3. 单干户：在解放前就是无依无靠的流民，受歧视，地位低，很丢人。“蹬三轮的都组织起来”，是指北京解放后，即1956年起全国倡导“公私合营”，要求把各个行业的人都组织起来，反对私营，反对单干。后来因为要彻底反对“阶级压迫”，不准“骑在劳动人民头上作威作福”，载客三轮就取缔了。

4. “文化大革命”：对于“文化大革命”，以下文字可还原一些当时的情景。

①阿香很担心：“吃惯了，怎么办？脏死了！”

我说，村子里的狗，哪一只不吃屎！我女儿初下乡，同炕的小娃子拉了一大泡屎在炕席上；她急得忙用大量手纸去擦。大娘跑来嗔她糟蹋了手纸——也糟蹋了粪。大娘“呜——噜噜噜噜噜”一声喊，就跑来一只狗，上炕一阵子舔吃，把炕席连娃娃的屁股都舔得干干净净，不用洗也不用擦。她每天早晨，听到东邻西舍“噜噜噜噜噜”呼狗的声音，就知道各家娃娃在喂狗呢。

（摘自杨绛《干校六记——“小趋”记情》）

（注：这篇文章，杨绛写在干校养的小狗——“小趋”。想想现在养的宠物狗在吃什么，“以阶级斗争为纲”的“文化大革命”时期的生产和生活水平可见一斑。）

②接下来就来了“文化大革命”。院子里一个“极左大娘”叫顺姐写我的大字报。顺姐说：写别的太太，都可以，就这个太太她不能写。她举出种种原因，“极左大娘”也无可奈何。我陪斗给剃了半个光头（所谓阴阳头），“极左大娘”高兴地对我们邻居阿姨说：“你们对门的美人子，成了秃瓢儿了！公母俩一对秃瓢儿！”那位阿姨和我也有交情，就回答说：“这个年头儿，谁都不知道自己怎样呢！”顺姐把这话传给我听，安慰我说：“到这时候，你就知道谁是好人、谁是坏人了。不过，还是好人多呢。”我常记着她这句话。

红卫兵开始只剪短了我的头发。顺姐为我修齐头发，用爽身粉掸去头发渣子，一面在我后颈和肩背上轻轻摩挲……

（摘自杨绛《顺姐的“自由恋爱”》）

（注：阴阳头，一般是剃光左边、留下右边头发。文中的“我”是杨绛。“公母俩”，指夫妻俩，文中指钱锺书和杨绛。）

③“文化大革命”时期，杨绛、钱锺书被打成“资产阶级学术权威”。谁当权威，谁就会受到更严厉的批斗，打耳光，做“喷气式”（一种似蹲非蹲的惩罚人的姿势），被批斗是很正常的事；他们还要被下放到“干校”接受劳动改造。其间，杨绛被红卫兵剃成阴阳头，也就是把头发剃去了一半。有了这样一种外在的标志，坐在三轮车上让劳动人民出汗，随时随地都可能被认为是招摇嚣张而被拉下车。像钱锺书这样原来一级教授工资100块钱，“文化大革命”时期他们的工资一下就跌到20块、30块，到后来就十几块钱，难以维持生活。鸡蛋更是捞不着，据资料载，当时他们每月可以发到二两油票（是炒菜用的油），发一张蛋票（买鸡蛋用的）……

老王

【导入新课】

师：作家曹文轩说：“人这双眼睛这一辈子其实只做两个动作：一个叫扫视，一个叫凝视。未经凝视的世界是毫无意义的。”同学们凝视老师，有什么发现？

生：老师很帅！穿得很讲究！

师：李商隐诗云：“身无彩凤双飞翼，心有灵犀一点通。”老师很少穿得像今天这么讲究！同学们再凝视老师的内心，猜猜看，今天老师穿着怎么就这么讲究呢？

生：来给我们上课！

师：有道理。老师之所以着这么讲究的装，原因一是同学们很信任我，大家谈了读

《老王》的感受，提出了自己的疑问，我被大家文本解读能力和对老师的信任感动着。二是表达老师对两个人的敬重：一个是生活在社会最底层的蹬三轮的车夫——老王；一个是高级知识分子、享年105岁的作家、学者——杨绛。（板书：老王 杨绛）

【交代目标】

师：老师心里一直很不安，大家注意老师发下去的讲义了吗？准备得太仓促！

生：里面有错误！

师：是啊！老师心里不安，觉得没做好！讲义中的错误影响大家阅读了吧！老师觉得很惭愧，说得文雅一点、书面一点，就是老师心里有些——愧怍。（板书：愧怍）

生：老师，不过不影响看！

师：感谢你的理解。苏轼诗云："旧书不厌百回读，熟读深思子自知。"我为大家熟读精思的好习惯感动着！

同学们默读、凝视发下去的讲义【精深的感受】部分10、19、21、45号同学的感受，和自己的比较一下，看看不同在哪儿。静静地读，要鸦雀无声！

（生静静地默读。）

师：这四位同学的感受有何与众不同？

生：他们的感受中不仅提到了老王，还提到了杨绛。

师：《老王》是一篇叙事散文，读叙事散文除了读好事件中的人物以外，更要读好文章里的"我"。（板书：散文要读"我"）

散文中"我"指的是作者。也就是说，读《老王》我们更要读"杨绛"。读《老王》，大家因为缺少感受"作者的感受"的习惯，于是产生了诸多疑问。这节课主要任务是去《老王》中读"我"，去感受作者，去"感受"杨绛的"感受"，看看大家的疑问能不能得到解决。

【方法指津】

师：大家已经有了很好的阅读习惯，掌握了好的阅读方法。4号刘聪言，读你的感受。

（生刘聪言读感受。）

师：刘聪言，你特聪明，善于从文本的语言中感受人物。（板书：到语言文字中）

师：9号温林鑫，读你的感受。

（生温林鑫读感受。）

师：你的感受特别能温暖人心，你把自己读进去了。作家汪曾祺说："我始终认为读者读文章，是参与其中的。阅读，是读者和作者在交谈。"（板书：把自己读进去）

同学们，读好散文，老师再补充一种方法，那就是：要熟读精思，特别是要从文章的开头、结尾以及文中反复和特别之处发现关键句，感受文章的意蕴。

（板书：头尾 反复 特别 熟读精思 抓关键句）

【明确重点】

师：接下来，大家快速浏览讲义【精致的困惑】部分。其中，提问次数最多、最集中的是哪个问题？

生：杨绛的“愧怍”。

师：什么是“愧怍”？

生：惭愧。

师：什么是“惭愧”？请同学们默读【精要的补充2】，这里的“惭愧”选择哪个义项呢？结合语境来选。

生：选①，因为自己有缺点、做错了事或者未能尽到责任而感到不安。

师：阅读文章要重视读好文章的开头、结尾、反复和特别的地方。咱们齐读最后一段。

（生齐读最后一段。）

师：从表达方式上来看，最后一段除了记叙以外，还运用了哪两种表达方式？

生：议论、抒情。

师：“愧怍”是指一种内心的“不安”。实际上，最后一段中有句话为“愧怍”埋了伏笔，哪一句？有没有提到‘不安”这个词？

生：“但不知为什么，每想起老王，总觉得心上不安。”

师：熟读精思得抓关键句，也要抓关键词。要是重读这一句中的两个字，应该重读哪两个？

生：“每”和“总”。“每”字，是说经常想起，多次想起；“总”是说一直觉得心里不安。

师：对，作者杨绛想起老王，内心的不安就萦绕在脑际。想了大约几年呢？有知道的吗？

（生摇头，表示不知道。）

师：本文写于1984年，故事发生在什么时期？

生：“文化大革命”时期。

师：本文叙述的杨绛和老王的交往，是在史称“十年浩劫”（1966年到1976年）的“文化大革命”期间。直到1984年，这十几年来作者一直觉得“不安”，是因为吃了老王的香油和鸡蛋而不安，还是因为老王来送香油、鸡蛋我却拿了钱去侮辱他而不安？

生：都不是？

师：为什么作者在文章末尾深情地说“几年过去了，我渐渐明白：那是一个幸运的人对一个不幸者的愧怍”？老王来送鸡蛋，“我”给老王钱理所应当，怎么又说是拿钱去侮辱老王呢？我们先不急着去回答这些问题。但这些问题是这节课要重点解读的，因为读文本不仅是在“读作者”，也是在阅读散文中的“我”。

【愧怍一】

师：我们先去解读那个“不幸者”。文中的不幸者指的是“老王”。你从哪几段文字集

中读出了老王的不幸？

生：文章的一至四段。

师：同学们再浏览开头这四段，了解一下，老王“不幸”在哪儿？

（生浏览，概述老王不幸的境况。）

师：老王的职业是蹬三轮的单干户。什么是单干户？请默读【精要的补充3】。

（生默读，唏嘘默叹老王的不幸。）

师：只有一只眼，另一只眼是瞎的，无儿、无女的老光棍。

29号桑诗晴问：“他靠着活命的只是一辆破旧的三轮车”，把“活命”改成“生活”行吗？不行的话，为什么？

桑诗晴你自己说说。

生（桑诗晴）：老王无儿无女，没有亲人，又瞎了一只眼，估计除了作者家，也没有多少人照顾他的买卖，他也就勉强活命罢了，因此，那不算生活，至少不算正常的生活。

师：桑诗晴，你善于抓关键句中的关键词。老王也就是算作“活命”罢了，不能像一般人那样“生活”，首先他有没有亲人？

生（桑诗晴）：“有个哥哥，死了，有两个侄儿，‘没出息’。”没出息上还加了引号，是不是强调的意思？

师：很有道理。他这两个侄子，有还不如没有，对吧！老王有没有家？张书豪、马子涵的问题就关注了一个很特别的地方。熟读精思要注意文章反复和特别的地方。

49号问题：“问起那里是不是他的家。他说，住那儿多年了。”他为什么不说是他家或不是他家呢？（张书豪、马子涵）

（学生陷入深深思索中……）

师：大家想啊，什么是家？你们家几口人？家给你的感觉是什么？谁来说说对“家”的理解？

生：老王那荒僻胡同里破破落落院子里的塌败小屋，不像个家，因为老王无妻无女，住那儿也没有家的温暖，所以老王只说“住那儿多年了”！

师：老师明白了！但还是觉得老王说的“怪怪”的，杨绛当时在意了吗？

生：没有，连老王住哪儿他们都不知道，她和默存散步遇到老王时，老王说的这话。可见，杨绛家离老王住处应该不远！

师：我还真没有像你考虑得这么深刻！老王是一个生活在社会最底层的人，靠蹬三轮车活命，没有亲人。杨绛把自己和老王比，自己有女儿叫钱瑗，“文化大革命”前钱瑗在北师大教书；杨绛的丈夫是作家、学者，就是写《围城》的钱锺书。比起来，杨绛是幸运的，她有家的温暖，有亲人。偏僻胡同里的、破破落落大院里塌败的小屋是老王的家吗？“他说，住那儿多年了。”有没有言外之意？

生：言外之意是住在那儿，不像家，没有家的温暖，没有亲人，没有亲情。

师：有没有人关怀老王？

生：有，杨绛的女儿给了他一大瓶鱼肝油。

师：文章开头呢？

生：文章开头说我常坐老王的三轮，照顾他的生意。

师：愧怍是因为自己有缺点、做错了事或者未能尽到责任而不安，这里你有没有读到杨绛的“不安”？文章结尾不是说“每想起老王，总觉得不安”吗？

（生疑惑地思考着。）

师：老王住的地方离杨绛家远吗？杨绛知道吗？问过吗？当老王说了一句很别扭的话后，杨绛往心里去了吗？

生：老王只说自己住那儿，当时杨绛也没有多问几句。杨绛后来每想起老王，觉得对老王的关心还不够。

师：棒！杨绛，这位有良知的知识分子，在老王死后，每想起老王，就觉得自己对老王关心还不够，还有未尽到的责任，内心觉得不安，对老王这个不幸者感到愧怍。

【愧怍二】

师：接下来，写老王为作者家送冰的一个特别的地方大家关注到了，特别棒！

38号谢林江、王汇森：为什么同样蹬三轮送冰，老王送的冰比他前任送的大一倍，冰价却相等？

请结合【精要的补充4】，谈谈从这两个同学的问题里能更深刻地读出什么？

生：我读出了老王的善良、善解人意，很关心照顾杨绛一家。文中说“他从没看透我们是好欺负的主顾，他大概压根儿没有想到这点”，不是老王没看透我们好欺负，是作者压根儿没想到这一点。从老师补充的材料来看，“文化大革命”时还真有人看不起杨绛一家，还批斗他们，给杨绛剃成“阴阳头”，发给他们很少的工资，一个月发给他们二两油票和一个蛋票。老王看透了这些，才想少要他们的钱。老王最后送的冰比别人的大一倍！

师：怪不得杨绛后悔，惭愧！是杨绛没看明白老王的心思，老王既善良又善解人意！你是这意思吧！杨绛在天有灵，也会夸赞你的！

（学生微笑着使劲点头！）

师：只有把对方看成亲人，才能感觉到杨绛一家的生活发生了变化并对杨绛一家的些许变化如此敏感。老王的脑子并不慢啊！善解人意是一种高贵的品德。可当时杨绛只觉得“我们当然不要他减半收费”，读这一句要重读哪个词？你从中读出了什么？

生：重读“当然”。杨绛觉得老王很可怜，非得不少给他钱！

生：就像刚才同学说的，杨绛没有从心里理解老王！

师：同学们，杨绛只把老王当成一个有雇佣关系的蹬三轮的，或者只是觉得老王生活艰难，得照顾老王的生意，决议“当然不要他减半收费”。杨绛并没有走进老王的心里，没有理解老王的善意，没有用善良来体察一个社会最底层的人的善良啊！后来杨绛的愧怍正是因为没有用善良来体察善良，没有走进老王这个有着金子般心的小人物的心灵。作者愧怍——老王对我家的关怀，亦如亲人，无微不至啊，我怎么就没体察到呢！

散文要读“我”，在这篇文章里就是要读杨绛，要把自己读进去，到语言文字中去，熟读精思，特别是要从文章的头、尾以及文中反复和特别之处，发现关键句，感受文章的意蕴。

【愧怍三】

师：接下来写老王送杨绛的先生默存去医院看病！朱舒岩、朱晨铭、常梓旭关注了文章反复的地方。

13号：“他说：‘我送钱先生看病，不要钱。’我一定要给他钱，他哑着嗓子悄悄问我：‘你还有钱吗？’我笑着说有钱，他拿了钱却还不太放心。”这样写不矛盾吗？（朱舒岩、朱晨铭、常梓旭）

师：怎么看出矛盾来？

生：老王那么慎重，“我”却笑着说。

师：看上去矛盾的地方，就是文章特殊的地方。老王为什么要哑着嗓子悄悄地问？扯着嗓子问不行吗？

生：给杨绛面子，顾及杨绛的面子，老王是很理解杨绛一家的。

师：注意段中的矛盾！老王是哑着嗓子低声问，“我”却“笑着”说。看上去多矛盾啊！当时杨绛只是觉得自己不敢再坐老王的三轮了，杨绛理解老王吗？

生：不理解。作者没有看出老王很关注他们家的变化，很照顾他们家，所以没有走进老王的心灵。

师：悔不当初啊，现在替杨绛想想，她后悔当时没怎样做？

生：不该笑着说自己有钱。老王收了钱还是不放心，杨绛也没有在意！

师：好一个没有“在意”！这没有在意，在老王死后，杨绛想起这件事来就后悔。当时怎么没有“在意”老王的“在意”呢？是这意思吧！

老王问得是那么郑重其事，而我却不在意地笑着说有钱。杨绛现在想来，当老王哑着嗓子悄悄问“我”有钱吗，“我”该给他解释，仔细说明情况，好让老王放心啊！老王死后，每想起老王送钱先生看病不要钱的事，每想起老王哑着嗓子悄悄问“我”的情形，作者心里就不安，觉得对不住老王，很愧怍。

【愧怍四】

师：接下来，浏览第七段。文中老王病了的时候，开始几个月他还扶病到我家来。“扶

病”是什么意思?

生:带着病来看我!

师:现在想来,真是惭愧,“我”也该到老王家去看望老王啊,老王来不了“我”家时,“我”杨绛不该只托老李捎信儿啊!老王死后的几年,杨绛每想起这些,内心总是不安、惭愧、愧怍!

悔不当初啊!

【无尽的愧怍】

师:我们读文章,不仅要看到作者想要告诉我们的东西,而且要透过文章看到作者不想告诉我们,但又不知不觉告诉我们的东西。

接下来,老王在生命垂危之际来送鸡蛋、香油和老王死去的部分,几乎每一段作者都写满了自己的愧怍、自己的不应该,自己做得多么不够,甚至自己做错了,自己还有很多未尽到的责任。

42号郭梓豪的问题很精致、很关键,是打开8~21自然段中同学们的疑问的钥匙。

42.老王在给作者送东西时心里是怎样想的?(郭梓豪)

静静地想一想,结合【精要的补充4】,静静地想!

(生结合补充材料安静地想!)

生:我老王啊,是快死的人了,没有亲人,杨绛一家对我这么好,我得帮帮他们。这些鸡蛋我也吃不下了,原本也是为他们攒的,就把攒了几个月的东西送给他们用吧,他们是好人,我也几个月不见他们了。

师:你走进了老王的心灵!接下来,大家静静地默读课文8至21段,以“当老王________时,我不该(如何)________,我应该(如何)________”的句式说话,发挥想象,走进杨绛的心灵,去感受杨绛对一位社会“小人物”的“愧怍”。

(生静静地读、思。)

师:我们一块来解决几个精致的困惑,然后再说杨绛的愧怍!

14号问题,朱舒岩、连方瑞、刘林依三位同学问:“我强笑说:‘老王,这么新鲜的大鸡蛋,都给我们吃?’他只说:‘我不吃。’‘强笑’‘只’在这有什么作用?”

回答这个问题,得结合具体语境,要注意两个句子。第10段中:“我也记不起他是怎么说的,反正意思很明白,那是他送我们的。”再看后面第11段中:“老王,这么新鲜的大鸡蛋,都给我们吃?”读前一句,重音得落到哪个字上?

生:送。

师:后一句呢?

生:给。

15号问题，韩沛君、田恒岳、常梓旭、于嘉恒、李佳璇、郭乙漩这6个同学问："为什么要写'我强笑着说'，把'强笑'换成'笑'不行吗？"

师："强笑"是什么意思？

生：强笑，是勉强地笑。

师：作者当时想到老王是来送鸡蛋的吗？

生：没有。

师："强笑"是因为老王将这么新鲜的大鸡蛋都送给我们吃，不是卖给我们，作者觉得很意外，很尴尬，很难为情，所以只能"强笑"。可是，老王只说"我不吃"。老王是不舍得吃？不愿意吃？吃不下了？吃了没用了？老王为什么没有解释下去，只说"我不吃"呢？

生："我不吃"是老王没说完，意思是说"我吃了没用了"，但老王怕作者她们担心，没有解释下去！我觉得应该是既不舍得吃，现在病得这么厉害，老王觉得吃了也没用了！

师：老王并没有说"我是快死的人，不用吃了"，说了怕杨绛他们担心啊！"只"说"我不吃"，临死还是为杨绛一家着想，不让他们担心！你是这意思！太棒了！

试着用"当老王________时，我不该（如何）________，我应该（如何）________"的句式说话，走进内心愧怍的杨绛。

生：当老王只说"我不吃"时，"我"应该多问一句："老王你怎么不吃呢？""我"怎么光忙着害怕了，"我"后悔极了！

师：接下来——

39号宋孟泽、郑凯元问："16段中写'可是我害怕得糊涂了'，作者为什么要害怕？"

生：因为老王病得快要死了，像个骷髅一样，直僵僵地镶嵌在门框里，就跟死人一样！

师：像死人就令人害怕吗？我父亲就几乎死在了我怀里！

生：我爷爷死了，我见到爷爷的死尸也没怎么害怕，以前书里的僵尸写得很可怕！

生：今天想来，作者要是把老王当成自己的亲人，又怎么能害怕呢？怎么能吓得糊涂了呢？作者不该害怕！

师：接下来——

26号问题，王思晴问："本文第17～21段有什么作用？可以删掉吗？"

老王死去的这一部分，最沉重地承载着杨绛先生的"愧怍"，不是吗？每句话都承载着杨绛的愧怍啊。静静地默读一遍，走进杨绛"愧怍"的内心。

（生静静地读。）

师：香油、新鲜的大鸡蛋无价。老王的内心深处是希望杨绛一家把自己当成朋友、亲人，那样自己死也瞑目。因为老王觉得杨先生没有嫌弃他，杨绛的女儿在那么艰苦的岁月里还送给老王一大瓶鱼肝油。可是，老王临终的愿望实现了吗？

生：没有。杨绛并没有从心底里理解老王，看着老王“直着脚”一级一级地下楼，没有上去扶老王一把，没有请老王坐坐喝一杯茶！

师：是啊！杨绛连一句贴心的话都没有说。行文第17至21段，杨绛都是在写自己的不该啊！“我”不该过了十多天才去问老李！“我”不该问得那么简单！老王真的那么吓人吗？老王是怀着怎样的心情走回家的？

老王从杨绛家回去的第二天就死了。在老王人生最后一段历程上，他的内心没有得到安慰，没有得到更多的关爱！老王要的不是钱，不是同情，不是怜悯，而是理解，是尊重，是人格的尊严！真实的东西往往是很残忍的，老王镶嵌在门框里骷髅样的身躯，定格在杨绛心中，折磨了她很多年！这些给她留下了无尽的“愧怍”！

【反省精神】

师：同学们，阅读文中的“我”，我们收获了一位作家、学者、高级知识分子的“愧怍”，是一位幸运的人对一位不幸的人的愧怍。让我们齐读文章最后一句——“几年过去了”，起。

（生读。）

师：实际上，再看文章结尾这句抒情议论的句子，句中“一个幸运的人对一个不幸者的愧怍”就不显得那么重要了，更重要的是哪些词？

生：渐渐明白。

师：这个“渐渐明白”让我们读出了一个幸运的人的反省。我们每一个人又何尝不需要常常自省呢——我有没有以善良去体察善良？有没有以爱回报爱呢？

老王走了，带着些许遗憾走了，但他留下了人性的光辉。

意大利作家卡尔维诺说：“所谓经典，不是你正在读的作品，而是你正在重读的作品。”《老王》是不是经典，不是老师说了算。如果你觉得它是，希望你在以后的人生历程中，不断地读一读这篇文章，不断地找到作为一个善良的人、一个有良知的人的道德情怀！好不好？

下课。

板书设计：

老王		
杨绛		
愧怍	到语言文字中	关键字句
阅读散文中的“我”	把自己读进去	
自省	首尾反复特别	熟读精思

且教、且思、且辨、且悟

第五章

DIWUZHANG

细思量　爱恨两茫茫

——作文教学，想说爱你不容易

第一节　关注学生“写”

1.1　教师下水，拨开迷雾

我们不反对写作技巧，但必须明确，诸多作文技巧其实都是思维的外化。任何作文技巧都要在作文实践中引领发现，在反复运用中内化为思维才奏效。

文章千古事，得失寸心知。古往今来关于写作的书种类繁多，令人目不暇接；然而学生看后仍收效不大，写作教学也仍是个难题。

其实，写作教学是有规律可寻的。摸索了很多途径，我发现了一种教授学生写作的好方法——教师去写，学生来评。这样做不仅有利于提高学生对写作的直觉认识，培养学生对写作的兴趣，还能减轻学生的畏难情绪，让学生逐渐爱上作文。

余秋雨对学生作文提出这样的建议：“好文章一定要从我们的生命出发，青春生命是一去不复返的，你要逮住它诱人的魅力，写出你的苦恼、你的彷徨、你的激动，这些都是非常非常珍贵的……”这些话对于教师而言是很容易理解和接受的，但是学生理解和学习起来就比较困难，必须借助教师的引导，如借助教师的现身说法更容易使学生心领神会。

2010年刚接过一个班级，是在下学期。为了解学生作文状况，在几堂课后，我专门布置了一篇有了素材的作文题——《我的新语文老师》。本想学生出于对新语文老师的尊敬也能交齐作文，实际上却只有15个学生按时上交。

为此，我做了问卷调查。结果是：怕写作文，觉得写作文很难的同学就有32人；老师让写就写，无所谓怕不怕的有9人；喜欢写作文的只有5人。

培养学生写作兴趣迫在眉睫。在第一次作文课前，我写了发生在当天的小事，一上课就读给学生听。

音乐，早餐

今天，我享受了一顿“音乐早餐”。

7：20在学校操场跑完操，我觉得有点饿，心想：得吃点早饭去，中午还有两节课呢！填饱肚子上起课来有劲。吃点啥？人生地不熟的，也不知道啥好吃。我边嘀咕，边思量着往学校东边信誉楼疾步走去。

“老于，吃饭去？”听有人打招呼，我猛地抬起头。打招呼的是以前的朋友，也在我校当老师！

我说：“不好意思，光顾着走路了，没注意到你！对呀，吃饭去，附近有什么好吃的？”

“独一香油饼，还有灌汤包，离这都不远！你去吧！”朋友边说，边急匆匆地往学校赶。

走着走着，一家小店映入眼帘：灌汤包，盖浇饭，年轻的女老板。这个店不错。哈哈，还有音乐。

"rap:yo yo yo come oh yeah……"凤凰传奇《自由飞翔》歌前的"rap"节奏明快，铿锵有力。

老板端上了灌汤包和鸡蛋汤。我喝着蛋汤，吃着包子，晃着身子、头，用右脚打着拍子，美滋滋地吃着。

"是谁在唱歌，温暖了寂寞/白云悠悠，蓝天依旧，泪水在漂泊/在那一片苍茫中，一个人生活/看见远方天国那璀璨的烟火……"美妙的歌声打动了我。

歌唱得多好啊！简直道出了我的心声。来到新的单位，我也是"在那一片苍茫中，一个人生活"。

"是谁听着歌遗忘了寂寞"，女歌手嘹亮而又略带沙哑的嗓音，把歌词一句句地送进了我心里。我只觉得是我听着歌逐渐"遗忘了寂寞"。

让我遗忘了寂寞的，还有对面一位50岁上下的平头中年男子，他的身子也在随着轻快的音乐节奏时而前后、时而左右摇晃着！店里的师傅端着一笼刚包下来的蒸包从我面前走过，我看到他那肥胖的屁股也在随着节拍，有节奏地扭动着。他放下包子笼，转身进到屋里，这时他干脆连整个肥胖的身子也晃动起来了。店外有人买包子，年轻女老板进到店里，好像是给人找零钱，扭捏地走路的姿势也卡着音乐的节拍！我"噗"地窃笑了，只见年轻女老板走到店外，两手按在放蒸包的案子上，踮起一只脚，高跟鞋底随着音乐打着节拍，我似乎听到她脚下发出的明快而有节奏的"哒哒"声了。

"一路的芳香/还有婆娑轻波/转了念的想/那些是非因果/一路的芳香让我不停捉摸……"

五十岁上下平头的男子，吃完包子买单掏钱时钢镚掉地上了，他弯腰去捡。他吃饭的桌案上放着他的手机，手机周围闪烁着亮光。我恍然明白，陪伴我吃早餐的音乐，原来是他手机里播放的。

他的心在自由地飞翔——他手机里美妙的歌声，让周围的人也自由飞翔！

走出小店，感觉今天的阳光格外明媚，如同我、年轻女老板、肥胖的厨师，还有五十岁上下平头打工者模样的男子。我不禁想起了美国作家玛格丽特·米切尔的《飘》，想起了斯佳丽说的"明天又是新的一天"。

学生听我读这篇文章，被逗乐了。先是觉得文章写得很搞笑，进而觉得文章写得生动逼真，厨师、老板娘、平头男子都写得形象鲜活。有些学生从这些文字里，分析我是如何写得出的，有哪些写作技巧，如何观察细节，如何完整叙述。部分学生从小笼蒸包等字眼里，听出生活里的胖厨师、女老板，心领神会地笑眯眯看着我。

水到渠成，我对学生说："还觉得作文难写吗？老师只不过把最普通的事记下来，把最想表达的心情表达了出来。请同学们记下这样一句话——作文就是把自己最想说的话写出来。”

接着，我让学生写下今天自己最想说的话，要求最好是说一件事。参考题目是《我想告诉你一件事》。

关注学生“写”，通过教师亲自写，帮学生消除畏难情绪，激发了学生写作兴趣。我引导学生观察身边风景，描写身边小事，像讲故事一样把想说的话、想要表达的情思写在纸上……

1.2　鼓励学生写出最想说的话

叶圣陶说：“写作的根源在于生活，脱离了生活，写作就无从谈起。”刘勰在《文心雕龙》中提出“留恋万象之际，沉吟视听之区”。如何让学生深刻领会这些作文规律和真谛呢？我觉得“老师下水作文，学生来评析”的确是个可行的方法，这个方法很容易让学生明白“写作”，接受“写作”。

周末，我布置学生作文时，强调要学生选择做好下面的任务：

一是周末了，或许你不曾记住父母的生日，不妨问问他们，把父母的生日写下来，把你询问父母生日的情形留心观察并记下来；二是或许你早就记住了父母的生日，你是好样的，你能为父母力所能及地做些事吗？或者给父母写个便条，说说你的学习、生活，叙说你的快乐、苦恼。

不知道是我没有交代清楚，还是学生不怎么接受这种体验式作文训练方法，班里46个同学，有12个同学按要求做了（先体验，再作文）；有五个同学没交；其他同学没按照要求去做，只是程序化地写了几乎雷同的妈妈或爸爸。

鉴于这种情况，我很想让学生明白写作真实生活的重要意义。于是，我决定在上课的时候秀一把口头作文，简单说说自己的真实生活。

恰巧那天早晨跑完操后，我捡到了一本初一英语课本，几经周折后我把书归还了丢课本的学生。上课前经过简单构思，课上我为学生秀了一次“出口成章”。

我捡到了一本书

今天天气真好，初春的太阳开始变得明媚起来。

在学校篮球场跑了步，锻炼完身体，出了一身的汗，很舒服，我觉得有点儿饿了。心里寻思着：去吃“独一香”油饼吧！“独一香”油饼，酥，脆，薄，想着不觉要流口水了。

刚跑出篮球场，在篮球场铁门边的地上有一本书，我弯腰捡起来一看，是一本六年级下册英语课本，书上也没写名字。刚捡起来，这时过来一个小巧机灵的女生，主动跟我搭话说：“老师，你看看里面有没有名字？”“没有！”我边翻边说。翻着翻着，从书里翻出一张试卷。“试卷上肯定有名字，老师。”小机灵女生兴奋地说。我一打开，还真有——贺智明，可惜没有写班级。我就半开玩笑地和机灵女生说：“你说没有写班级，老师能找到这个学生不？”她摇了摇头。我接着说：“你们初一共几个班？”“十二个！”她用清脆的声音回答。“老师最多找几个班就能找到？”她没有直接回答，而是笑着说：“老师你一定能！”说着欢蹦乱跳地跑开了。

我决心一个班一个班地去问问。

我从初一（1）班后门进去，一个精瘦的小男生背朝着我，我轻轻地拍打他的肩膀，问：“你们班有叫贺智明的吗？”他没有回头，头却摇得像拨浪鼓。再到别的班去问得走前门，走后门学生不重视啊！我心想。

我从前门走进了二班，迎面撞见一男生，忽闪着大眼睛，透着灵气，我便问他：“你们班有叫贺智明的吗？”他没有说话，边寻思边扭自己的耳朵。我急不可耐地问：“一个班都一学期了和同学还不熟啊？”他说：“不是，老师，我在想别的班级有没有叫贺智明的。”我向他竖起了大拇指。可是，半天他也没想起来……

来到三班，遇见一个胖乎乎的男生，我问他班里有没有叫贺智明的同学，他使劲晃着脑瓜，腮帮子上的肉跟着晃动。我笑了，拍了拍他圆鼓鼓的肚子说：“谢谢！谢谢！”

刚到四班后门，我听一个女生用尖刻的声音吼道：“贺智明，你的英语作业还交不交？”得来全不费工夫，贺智明就在四班，我心里想着，也随口喊出：“贺智明！”一位男生看见我手里举着一本英语课本，就奔着我跑过来，连连说：“谢谢老师，谢谢老师。”我半开玩笑地说：“是你的吗？上来就谢？”

这位男生打开课本，拿出试卷，高兴地说：“老师，就是我的。”

我把课本给了一脸灿烂笑容的贺智明，高兴着去吃香、酥、脆的油饼了。

秀完口头作文，我接着说：“老师口述的是一件真实的事情，老师捡到书时还遇到我们班的两位女生。”那两位女生“嘻嘻”地笑了。

我接着问：“同学们，‘出口成章’难不难？”

学生稀稀拉拉地说：“不难。”我说：“其实作文就是——”

这回同学们异口同声地说：“作文就是把自己最想说的话写出来。”

我补充说：“是啊，作文就是把自己最想说的话有条理地写出来。老师按时间顺序条理清晰地口述了今天发生的一件小事，这件小事是真实的，这样叙述出来一点也不难。”

学生听了十分佩服！之后的作文课，他们开始大胆地写，将真情实感、想说的话流诸笔端。

看着一篇篇语言流畅、感情真挚的习作，我倍感欣慰，更茅塞顿开：只要教师肯下水，身体力行，为学生拨开迷雾，学生就不再觉得作文难！循“规”蹈“矩”，学生就会渐渐发现作文的真谛，就会爱上作文，并逐渐“乐写不疲”！

第二节　系列化“自能作文”探索

2.1　课例展示

《献给母亲的歌》

1. 生活导航（创设情境、积累素材）

同学们，从你呱呱坠地的那一刻起，母亲就天天以你为中心，围着你转，你想知道母亲都为你做了什么吗？

你知道母亲为你做了什么吗？

当你1岁的时候，她喂你吃奶并给你洗澡；而作为报答，你整晚地哭着。

当你3岁的时候，她怜爱地为你做菜；而作为报答，你把一盘她做的菜扔在地上。

当你4岁的时候，她给你买下彩笔；而作为报答，你涂了满墙的抽象画。

当你5岁的时候，她给你买了漂亮的衣服；而作为报答，你穿着它到泥坑里玩耍。

当你7岁的时候，她给你买了球；而作为报答，你用球打破了邻居的玻璃。

当你9岁的时候，她付了很多钱给你辅导钢琴；而作为报答，你常常旷课并不去练习。

当你11岁的时候，她陪你还有你的朋友们去看电影；而作为报答，你让她坐另一排去。

当你13岁的时候，她建议你去把头发剪了；而你说她不懂什么是时髦发型。

当你14岁的时候，她付了你一个月的夏令营费用；而你却一整月没有打一个电话给她。

当你15岁的时候，她下班回家想拥抱你一下，而作为报答，你转身进屋把门插上了。

……

2. 一吐为快（自由成文、倾吐心声）

同学们，此刻也一定想起了母亲对你的百般呵护，想起了母亲为你哭、为你乐、为你一天天地忙碌，也一定想为母亲写一首赞歌。我们就来为母亲“高歌一曲”，写出你对母亲的感恩。不求辞藻华丽，但求真心实意。

作文要求：围绕“母爱”的话题，选择印象中最深刻的一两件事情来写，力求突出重点，写出真情实感。字数不少于600字。

参考题目：《妈妈，我想对您说 》《永不褪色的母爱》

（作文稿纸略）

3. 师生赏评（互动交流、习得方法）（略）

4. 他山之石（教师下水、启发引领）

<table>
<tr><th>教师下水文</th><th>写作心得</th></tr>
<tr><td>

永不褪色的母爱

世界上有一本书永远也写不完，写不厌，那就是母亲，那就是母爱！

——题记

漫漫求学路渐渐模糊，相伴我读书求学的母爱，却依然在每次回首时成为永不褪色的风景。

在我们那个小村子，女孩子上学的队伍从一开始就很短，很短；当我上初中时，那可怜的女生队伍里只剩下了一个小小的我。那时离学校三里多路，晚上还要上自习，可我自幼胆小，怕走夜路，是母亲一直打着手电筒去路上迎我，有几次母亲一直走到我的学校门口，那三里多路在我的脚下很短，可是在劳累了一天的母亲的脚下是那样长！

每次学校买资料，我都会跟母亲商量，她总说不变的几句话：“娘不识字，你自己拿主意，有用就一定买，不用担心钱！”

在母亲的鼓励、呵护下，我以优异的成绩考上了高中，从此每周背着大包小包，在母亲牵挂的眼神中，走出小村，去镇上读书。回家的次数少了，每次回家，母亲就演奏起“叮叮当当”的锅碗瓢盆交响曲，为我张罗一周的饭菜……每次返校，母亲送了又送，千嘱咐万叮咛，直到看不见了，我知道她还在远处凝望……是呀，女儿走得再远，那根思念之线也在母亲那头牢牢牵着！

最难忘的是高二那年的十二月天，清楚地记得那天是我的生日，跟往年一样，天空飘起了雪花。课间，我正趴在楼前看飞扬的雪花。突然，传达室的叔叔给我捎来了饭菜，里面还有一包水饺，我知道是母亲特意给我包的生日水饺。那天我没有见到母亲，中午在宿舍吃着香喷喷的水饺，心里突然有点疑惑，母亲大老远来，怎么也不见我呢？

</td><td>

本文围绕母爱选材，重点抓住一件小事来写，即母亲为了给我送生日水饺，路上摔跤受伤，为了让我安心上学，母亲把水饺留在传达室之后悄悄回家的事情。字里行间流露出对母亲的热爱和赞颂。

写作素材就在我们身边，用真心、用感恩的心去寻找，你会发现在点点滴滴的小事里，也能找到母爱的影子！

</td></tr>
</table>

终于熬到了回家的日子，我飞似地骑着自行车往家奔。那次母亲没有在村口等候，我更焦急了，气喘吁吁地赶到家里就喊母亲。母亲匆忙地迎出来，奇怪的是，那天天不太冷，可母亲竟然戴了一顶厚帽子。“娘，那天你上我学校怎么也没……”话在半空顿住了，我的目光在母亲额上凝固了！帽子下面隐约露出一角黑红色的血疤，另一半被帽子遮住了，我好像找到了答案。母亲毫不在意地说：“那天给你送水饺，借了你三叔的自行车，闸不好用，路又滑，半路上跌倒了，好在水饺没事，我只磕破了点皮，包了一下就赶回来了。咳，这不，怕人笑话，戴了帽子了，呵呵……”听着她那轻松的诉说，看着她额上的疤痕，我心里波涛汹涌，真想对母亲说，无论何时，你都是天下最美丽的母亲！可我在那一刻竟然无语凝噎，只是紧紧抱住了母亲，任凭泪水倾诉那份无言的感触！	如果写几个事例，不能平均用力，要选择让自己感触最深刻的事情来重点写，要注意抓细节（比如母亲的神情、动作、话语等），怀着一腔真情来写。只有先打动自己，才能感动别人。只要做到这些，就能写出好文章来。
风雨中走过漫漫四季，求学的日子渐渐迷离，可母亲额上的伤痕还会时时浮现在我心里，今后不管是鲜花掌声还是荆棘挫折，我都会奋然前行，因为我心中有着永不褪色的母爱！ 作者：张芹，原载《今凤城》。	文末点题，画龙点睛。

5. 练笔感悟（梳理收获、提升认识）____________________________

6. 牛刀再试（主题一致、二次作文）

父母是孩子的第一任老师，成长离不开父母的呵护。然而因父母扮演的角色不同，子女对他们的态度也不同，往往对母亲亲近有余，对父亲敬而远之。难道是父亲对家庭、对子女付出的少？

在你的成长过程中，父亲给你留下了哪些最令你难忘的印象？请以“父爱”为话题写一篇文章。

（作文稿纸略）

7. 名家风采（开阔眼界、拓展积累）

《秋天的怀念》（史铁生）（略）

8. 读书积累（沉淀思想、诱导生活）____________________________

2.2　系列化“自能作文”

一、缘起

拜读《于漪老师教作文》一书，我深受启发。《于漪老师教作文》（初中阶段），安排习作共50次。按三学年算，每学期8次，余2次。于漪老师的作文教学，让我们看到了一种原生态的作文训练理念和流程。我将该书读了数遍，不禁惊叹：

几人能让每次作文构成体系？

几人能让每次作文目标明晰？

几人能让每次讲评透辟入理？

几人能让每次范文保存至今？

几人能让每次板书提纲挈领？

几人能让每次课题富有诗意？

几人能？

现将于漪老师初中作文训练体系中的几个训练重点和板书整理如下，谨以此表达对于漪老师的崇敬！

1. 第一次作文：让思想长上翅膀飞翔

以“夏天的夜空”为题写一篇文章，把自己的所见所想写下来，看谁想得丰富，写得通顺。字要写端正，卷面要整洁，格式要正确。

板书：

让思想长上翅膀飞翔

选择想象的“触发点”，拉出想象的“线头”。

想象的内容要具体实在，生动形象。

眼前的实景和想象中的“虚景”须过渡衔接，既渡过去，又渡回来。

应该表现出人们的美好愿望、美好理想。

2. 第二次作文：再谈插翅飞翔

以“夜”为题作一篇短文。要求：叙事清楚，合理地展开想象，内容具体；书写、卷面、语句、格式等方面的要求同前次作文。

板书：

再谈插翅飞翔

观察——“夜中景、夜中物、夜中人”，须看仔细，看真切。

思考——运用心灵思考，体会画中情，理解画中意。

想象——紧扣“触发点”，在同一个方向上想象出多种类型的场景。

想象——想象要以客观实际为依据，合乎情理。

3. 第三次作文：打开认识的窗户

4. 第四次作文：再谈打开认识的窗户

5. 第五次作文："着意原资妙选材"

6. 第六次作文：犹如百川归大海

7. 第七次作文：看仔细与写具体[①]

……

二、反思

我的作文教学和研究经历：

第一阶段：随意。当时情形：快上课了才询问其他老师写什么作文，问来了作文题目，去教室将题目写在黑板上，由着学生挖空心思地写。讲评作文，只是简单分分类，表扬好的，勉励一般的，批评没有完成任务的。总之，是随意的。

第二阶段：移植。学生的作文水平提高慢，学生的写作热情不高，教师的作文教学难，作文批改费力不讨好……为教学作文左右为难的时候，我断章取义、现学现卖地也让学生"快速作文"了几年。但由于不谙"杨初春快速作文"的本真，于是出现了以下作文教学弊病：为技巧而作文——教师照搬、照抄"杨初春快速作文"技法，教授给学生，学生"照葫芦画瓢"，为技巧而作文；快速伤文——学生写作起来一味求快，书写、斟词酌句、提炼主旨等多方面能力训练被忽略；偷懒毁文——学生快速成文，快速修改，学生互批，为教学偷懒提供了可乘之机。总之，作文教学被简化得遍体鳞伤，加之"话题作文"泛滥，一时间我不会教作文，学生不会写作文了。

第三阶段：迷茫。新课程带来了让人耳目一新的理念，特别是综合性学习引入语文教学，为学生的写作提供了广阔天地。但是，作文教学的流程是怎样的？作文教学训练需不需一个体系？作文的基本写作知识还需不需要教？要不要学生学？每次作文教学重难点又当如何设计？

总之，作文教学还是一片迷茫！

三、探索

我在做教研员期间本着"简约，精要，有序，有效"的原则，带领全市语文教师开展了初中系列化"自能作文"研究与实践，重视写作过程和写作序列的研究，强调写作兴趣培养和写作能力提升，以期让学生爱上作文、会写作文。

第一，关于系列。

---

①于漪：《于漪老师教作文》，华东师范大学出版社，2009年8月版。

依照以下三个维度，规划初中大作文共74次（五四学制。初一到初三每学期10次；初四上学期8次，下学期6次）。

维度一：抒写生活。密切联系生活，结合学生年龄、心理特征等，依照“人与自然、人与社会、人与自我”选择生活主题，拟定作文主题序列。

维度二：读写结合。依据课本主题单元内容，侧重读写结合，整合维度一和维度三，细化写作序列。

维度三：习得知识。选择精要有用的写作知识，有序编排在作文训练中，重视写作知识的感悟、习得和内化、应用。

第二，关于自能。

通过系列化练习，学生能自主写作、自主反思、自主积累、自能作文。

1. 前置性——将作文训练任务前置，即将学期作文计划提前出示给学生，让学生明确目标、积累素材和生活，使写作、积累有的放矢。

2. 情景化——重视写作情景创设，引领学生捕捉生活，激发学生生活体验，诱发联想和想象，为学生创设抒写生活的最佳情境。

3. 自能性——学生能依照流程自能作文，或在教师的指导下主动作文。

4. 系列化——改变盲目无序的作文教学现状，构建起作文教学序列，使学生写作能力螺旋式提升。

第三，关于流程。

系列化“自能作文”流程：

1. 生活导航——创设情境，积累素材。

2. 活动引领——口头表达，激发兴趣。

3. 一吐为快——自由成文，倾吐心声。

4. 师生赏评——互动交流，习得方法。

5. 他山之石——教师下水，启发引领。

6. 练笔感悟——梳理收获，提升认识。

7. 牛刀再试——主题一致，二次作文。

8. 名家风采——开阔眼界，拓展积累。

9. 读书积累——沉淀思想，诱导生活。

第四，关于序列。

结合鲁教版、语文版、苏教版、原大纲版等版本教材，梳理出“五四学制”初中作文训练总序列（略）。

第三节 基于学情的作文新课堂

3.1 课例展示

《打开选材视野》

【写在前面】

2018年，应邀为济南市实验初级中学毕业季学生执教《打开选材视野》作文指导课。从一开始诚惶诚恐、犹豫不决，到后来困难迎刃而解，是“基于学生经验和疑问”的教学策略助推了我。

在课堂教学一筹莫展时，从学生的感受和疑问里会得到极其有价值的启发！你有类似经历吗？

谈经验，提困惑——先写后教

一、习作回顾

回顾近期练习过的作文，就某一或几个作文题目，从选材的角度，谈作文经验，并提出在选材上的疑问、困惑。

近期练习过的作文题：

1.《有这样一个人》《终于等来这一刻》《亲切的怀恋》

2.《印象》《足迹》《痕迹》《那些花儿》

3.《遇见，从此不同》《抬头就是晴天》《一路向前》《春天，我们在一起》

4.《倾听》《凝视》《读你》……

选材经验：____

选材困惑：____

二、经验交流

以小组为单位，交流经验、困惑并整理上交。

探学情，定目标——以学定教

一、梳理学情，印发交流

教师阅批、梳理学生选材经验和疑问、困惑并印发下去。如下：

选材——过犹不及

【内容说明】

①第一条为经验、感受；第二条为困惑；括号里是老师的意见、建议。②书写难以辨认的学生姓名用字，以“×”代替，敬请谅解。③经验、困惑内容有删减。

【一班】

吕家桢　1. 材料要新颖，弘扬正能量。2. 有时有很好的想法，但怕字数不够，不敢写。（师：怎样的想法算是很好的？）

李洛芃　1. 紧扣题目选材。老师、家人、同学、伙伴、老人、童年往事，我对家人的感情、家人对我的感情均可。2. 叙述事件的作文得分高，还是拟物化的抒情作文更易得高分？（师：何为“拟物化”？有真情实感的作文得分高吧！）

阎嘉琪　1. 真实的人和事便于立意和扣题。（师：点赞。）2. 普通的题材写不出新意，新颖的题材容易写跑题。（师：两难选择！何去何从？）

李正滢　1. 写真人真事，写细节，写与别人不同的角度。（师：只要是“真”的，就与别人不同。）2. 文章是否由一人一事串起？写一个地方换一个人有什么不好？（师：写人叙事没有明晰的线索不好。）

董××　1. 对于一个词的作文题目，可以通过解词的方法来理解题意，然后审题，往往会很快选出材料。（师：点赞。一个字的作文题目，还可以通过组词的方法来审题。）2. 对于一个短句的作文题目，我有时会对其内涵理解得不全面，导致理解得不透彻，选材不恰当。

梁　媛　1. 要选择能悟出道理的材料；要尽量选择能让人产生共鸣的材料。（师：是材料的情感让人产生共鸣，因此要选择最动情的来写。）2. 什么素材不落俗套呢？能够选择的素材较少怎么办？（师：真情实感方能不落俗套！）

【二班】

王姿懿　1. 从人、事、物三个角度选择材料，选择不一般的材料来写。（师：你的经验启迪了老师，选材就是从生活中、记忆里“找米”。赞！）2. 选常见的材料未免大众化，选新颖的就写得不真实；大事啰唆，小事字数不够；多个材料难取舍，详略不好布局。（师：你的选材标准是否缺少对真情实感的关注？感人心者，莫先乎情！）

蔡亚纯　1. 亲情、成长、景物、传统文化等，都是文章的好选材。（师：赞！）2. 怎样做到选材新颖、表达出类拔萃？

宛雨婷　1. 选材要切题，要新颖别致。2. 选材后表达不出要表达的感情。（师：情感是字里行间流露出来的，想好要表达的感情并将其具体化，如何？）

孙君琳　1. 文化、城市、自然+精神、感悟，比较好写。注意题目引申义。（师：注意题目引申义的经验，启发了老师。词有本义、引申义和比喻义，审题从这些角度考虑，会降低审题和取材难度。“题目超市”中的《那些花儿》，叫人想起了鲁迅先生“夕拾”的

“朝花”，此处用的就是“花”的比喻义。“足迹”，就是脚印，实际上也可以引申为文化、思想领域走过的痕迹、留下的印记，如踏着先烈的足迹、雷锋的足迹、历史的足迹、家风的足迹……另外，梅、兰、竹、菊等自然万物，人们还赋予它们某种精神品质，并且这些象征意义常常被固定下来。“痕迹”的题目，可以从物体留下的印痕的本义引申为思想、文化、精神留下的印痕……）2. 哪种材料吸引眼球？（师：选材首要的标准是切题！）同一材料用于不同题目注意什么？（师：破题句很关键！）

【三班】

来昕冉　1. 写自己生活中真实发生的事。（师：赞。）2. 老素材不会转，想不到新的素材！（师：“转”是什么意思？）

王玟雯　1. 不写保姆式的关爱，写社会上的人与事比写家人、同学、老师更沾光。（师：不能这么绝对吧！）2. 如何把社会上的人、事写得有味道？如何不把一首乐曲、一幅画写得空泛。（师：自己熟悉的，写出来就不空泛！）

董思超　1. 选择能够表达真情实感的，凸显人物性格和个人成长的。（师：点赞。）2. 不易拓宽视野，难以设计材料详略。

李积粮　1. 留心生活，观察细节。（师：点赞。）2. 如何打开选材视野？

【四班】

宫　政　1. 尽量往新奇的方面想，让阅卷老师给高分。（师：这样往往事与愿违。）2. 新奇的好，还是平常的好？中心在什么地方潜入好？

刘正阳　1. 注重读题，不跑题，要新鲜，切合题意。2. 选材容易“整老套”怎么办？

王博远　1. 选材要新颖，留住老师的眼睛。2. 不知道选哪类材料沾光。（师：选自己熟悉的、动情的“沾光”。）不知道哪种素材老师讨厌。（师：虚假的、胡编乱造的老师讨厌。）

郭××　1. 找生活中的小事来写，从小事见真情，切忌虚假。（师：棒。）2. 选材无法凸显立意。

陈雨扬　1. 选材多选贴近自己生活的。2. 怎样立意不落俗套？（师：立意求真。求真就不落俗套，因为真情只属于自己，别人的真情属于别人。）

吴如虹　1. 写有特色的，不写亲情、友爱等素材。2. 是写写过的成形的但不新颖的素材，还是写合适的未成形的材料？（师：只有鞋子合脚了，走路才快。）

刘××　1. 找新鲜的，与传统文化有关的素材。多用倒叙、插叙的手法。2. 有没有能套用多种题目的选材？有的选材不好确定中心思想。（师：题目通常就提示了中心啊！目，眼睛；眼睛，心灵的窗户。）

魏　睿　1. 选材来源于生活。留心小事和中国传统文化。2. 多数素材写过多遍，有趣的素材立意不完美。

傅纤雅 1. 选材首先要切题。（师：太棒了。）2. 普通素材得不到高分；看见题目难以想到素材。（师：得不到高分应该不仅仅是素材的问题。）

浑书嘉 1. 选取有相同中心的多件事；选有画面感的材料；选可以进行细节描写的材料；选有递进层次的几件事；选材要有独特角度。（师：你的这些经验很实用。）2. 是否选新颖却不熟悉的事件？（师：别难为自己，在紧张的考场上还嫌自己"轻省"？）

于丰睿 1. 平时多积累，多观察。（师：素材源于生活。）2. 刻画细节找不到生动的词语。（师：生动不是用词的问题，写具体了就生动。）

梁启钰 1. 尽量别出心裁；弘扬正能量。（师：是的，材料应尽量新颖一点，但选材"别出心裁"的前提是保证能写。）2. 找不到新鲜事，找到了也难确立中心。（师：找新鲜事，而非一味地找新鲜事。）

王×× 1. 尽量选新颖材料，不落窠臼。首先选熟悉的，最好是小人物。其次是亲情类、回忆类的，容易融入真情。（师：选熟悉的人物就好！）2. 阅历少，素材只局限于一小部分事实。（师：不是阅历少，而是缺少"凝视"阅历的习惯。）

毕文娴 1. 突出选材的本真和情感的真实性。（师：材料的生命在于真实。）2. 限制亲情类选材，总是爷爷奶奶，无法提高成绩。（师：爸爸、妈妈、邻居；语文老师、数学老师、外语老师、政治老师、历史老师、地理老师、传统文化老师……生活处处是素材，作文成绩的高低不完全取决于素材。）

【五班】

李纯如 1. 故乡的生活是很好的素材。（师：故乡和童年是文学的永恒的主题。——汪曾祺）2. 我的作文表达不出深刻的感情，不能打动人。（师：这不光是表达的问题。）

王新栋 1. 在家庭、社会、学校与自我中选材，尽量新颖，吸引住别人的目光。2. 作文应该选择什么样的材料？（师：切合题目的、熟悉的、动情的材料均可）

王冠雄 1. 先审题，要逐字分析。不要给自己设套。选材不要太片面，要结合题目与自身经历。（师：赞。）2. 选材"点"少，容易选一些自己不易驾驭的材料。

王新琪 1. 选表达真情实感，特别是亲身经历的素材；作文要注意扣题。（师：棒。）2. 如何选择立意好又吸引人的材料？

陈金浩 1. 尽量选记忆清晰的材料，能够抒写真情实感的材料；紧扣题目选材。（师：很棒。）2. 选含义深刻的题材，写不透，像个空架子；写简单的选材觉得写不出什么东西来。（师：题材的简单和深刻，标准是什么？）

申云旭 1. 选择有"情"有"意"、便于描写的亲近的人、事、物、景。2. 找不到新鲜的素材；主旨难以打动人；细节部分生疏，难以具体描写；选材无法符合题意。（师：过于追求素材的“新鲜”是不可取的。）

杨瀚如 1. 选熟悉的材料，素材不仅要新颖，更要能把控……（师：看了你的经验，获益匪浅！）2. 别人都有与众不同的经历，在自己身上却找不到。（师：不见得。）平时是否需要坚持积累素材？若需要，是三言两语简单地记录，还是写成日记的形式？一周几篇合适？怎样破题？（师：“凝视”生活很重要，思维活动不只表现在字面上；有记日记的习惯更好！）

何肖旭 1. 留心观察，可以写老题材，但要有新角度；改编优秀作文的选材。（师：优秀作文的选材要是也有类似经历，则可学习人家的表达。“改编其选材”不妥，这样无法表达真情实感。）2. 总是找不到新颖的选材。

孙×× 1. 选择充满真情实感的材料，不造作。（师：赞！扭捏和造作都是虚情假意！）2. 什么材料是好选材？（师：好选材——充满真情实感的材料。）

张文竞 1. ……（师：经验部分提供了一篇文章的“文脉”，真棒！作文是要打腹稿的。）2. 如何选新颖独特的材料？

彭子宣 1. 没有经验可谈！（师：你的《足迹》《凝视》《印象》等的选材是什么？怎么选的？其中就有经验的东西。）2. 如何积累异于学校、家庭类的作文材料？有时选择的材料不可控！（师：选材首要一条标准就是可控。）

张天乐 1. 留心生活，注意细节描写。2. 如何把“生病后妈妈照顾”“下雨天妈妈送伞”等素材写出新意？（师：只要表达出真情实感，“生病后妈妈照顾”“下雨天妈妈送伞”等类选材就能写出新意。）

【六班】

李欣逸 1. 审好题目。紧扣题目选材。（师：点赞。）2. 是在找好立意后再选材吗？

焦小荷 1. 选材要与众不同，积极向上。2. 社会热点的选材如何写？（师：热点是你的动情点吗？你对热点材料的熟悉程度如何？）

贾骏硕 1. 选新奇材料；选材尽量是传统文化类的。2. 无材料可选；材料不新奇。（师：不可一味求“新”、求“奇”。）

徐芷源 1. 先立意，再找材料。选材要新颖。文化民俗类的材料好。（师：材料的好坏不看其类别。）2. 如何从生活中获得新颖的材料？

张嘉元 1. 准备2~3个“万用素材”好套作，这样保险。2. 万用素材如何转变主题方面仍有困难。（师：“万用”是不是“万能”的意思？“万用素材”的主题会不会千变万化呢？）

张祺伟 1. 选择实在、新鲜以及和中国传统文化有联系的体验过的素材。2. 材料画面描写不深刻，没有别出心裁的立意。（师：“材料画面描写不深刻”是因为不熟悉，还是没写具体？怎样的立意算是别出心裁的？）

杨一懿　1. 作文材料尽量根据自己的真实经历进行加工，避免与别人重复。（师：只要是真实经历，若有雷同纯属巧合！）2. 话题转换不利索，原有素材不好创新和点题。（师：话题转换指的是什么？）

【七班】

娄文宇　1. 选成长类、情感类材料。2. 不会选材，不会套作文。（师：什么是“套作文”？）

白娅宁　1. 选择容易扣题的材料。2. 无新材料可选；文章可否大篇幅写景？（师：写景的目的是什么？）

董××　1. 选择新的、印象深的、立意深的材料。2. 不知如何选到新颖的材料。

杜一诺　1. 选择自己熟悉的、有深刻体会的、有正能量的材料。（师：赞！）2. 素材不切合题意；找不准事情的详略！（师：还是没审好题！）

徐景盛　1. 审好题，取好材。2. 描写乏力，乏术。（师：未经凝视的世界是毫无意义的，没有“凝视”的生活，任凭你怎么写都难写生动。）

王××　1. 选择熟悉的；新颖的要能驾驭。2. 不知道怎么更好地选材？

朱芃嘉　1. 材料来源——平常真实的事；要写自己的真情实感。（师：赞。）2. 选好材料后写着写着发现偏题了。（师：没有先打打腹稿啊！）

【八班】

刘一丁　1. 没有取材方面的经验。2. 感觉找不到任何好选材。（师：如果不是态度问题，“选材”问题好解决。）

张雅菲　1. 中国古典文化、文玩类的材料好。（师：不俗，有雅趣。能否驾驭得了呢？）2. 亲情类如何脱俗？宠物类会不会影响得分？

陈　硕　1. 亲情类文章取材容易。2. 心中有，但笔下无。（师：是不是“心中好像有，笔下实际无”？打腹稿看看。）

李林泽　1. 雷区：校园友情、人生哲理、浅式阅读、家国历史……（师：此乃“雷区”？）2. 亲情类，老是写跑题，冗长无味。（师：“跑题”的原因是什么呢？）

乔　正　1. 选自己有感触的。2. 素材确定太慢，甚至无措。（师：可加强审题训练。）

李　铭　1. 优选文化类，如：济南，泉水。（师：熟悉才好！）2. 亲情类散文，对母亲的感激如何巧妙地应用到父亲身上？（师：对父亲没有感激之情吗？有必要“移花接木”吗？）

鲁昱君　1. 写亲情类要多角度立意。2. 什么样的材料才可以叫好选材？（师：就

是！课上好好探讨一下！）

牛睿涵 1. 写一个人要从多角度、选多件小事来写。2. 如何在考场上迅速选材？

张钰昊 1. 选自己最熟悉的材料；选材时要先规划整体架构。（师：是啊，打腹稿，构思清楚了再写很必要！）2. 怎样选材才能保证材料新颖又不失真？（师：可先求真。）

王一斐 1. 喜欢选亲情类材料；尽量选新鲜的材料。（师：不可一味选新鲜的。）2. 不善于挖掘素材深意。

【九班】

贾昊琛 1. ……（师：四个积累素材的方法很实用。）2. 选材不够新颖；选好材料了却不会写。（师：还是没选好材料。）

李×× 1. 要有一双善于观察的眼睛，去捕捉记录生活的点点滴滴。（师：此之谓“凝视”生活！）2. 缺少发现好题材的洞察力。

吴宗霖 1. 平日多思考、多积累。2. 选材深度不够，文章空洞。（师：文章空洞是因选材、表达等多方面的问题。）

杨子萱 1. 选材要新颖；立意要深刻；多读书。（师：什么样的立意算是深刻的？）2. 想到却写不出来。（师：还是没想好。）

郭佳宁 1. 多读书，多看报，多观察体会生活。学会抄袭，善于抄袭，争取抄得不着痕迹。（师：令人大惑不解的是为什么直言抄袭！）2. 我们为什么写作文？（师：写作是一个人语文素养的体现。写作是表达，生活离不开表达！说白了，写作和吃饭、睡觉一样！就这么简单！）

赵子涵 1. 开卷有益。2. 困惑无。（师：是不善于表达，还是不乐于表达？）

杨哲惠 1. 多留意、多观察生活；多读书，多看报。（师：是啊，是啊！）2. 如何将亲情类作文写出新意？

邵×× 1. 要观察生活；选材尽量新颖。2. 有时没有好的素材可选。

二、归类合并，确立目标

1. 为方便梳理合并，特为学生经验、困惑单编写了序号，并梳理出学生在选材方面的经验如下：

（1）材料的新与旧——喜新厌旧。

较典型的：3、4、7、8、11、13、14、16、21、23、24、26、30、34、35、36、38、42、43、44、46、49、50、53、63、64、65、68、71等。

（2）材料的真与假——崇真弃假。

较典型的：5、6、9、15、18、19、26、28、32、37、47、54、69、71、72等。

（3）选材的前提是审好题，材料要切合题目。

较典型的：3、17、31、41、44、52等。

（4）材料的生与熟——忧生忌熟。

较典型的：7、26、27、59、60等。

（5）材料的深与浅——求深避浅。

较典型的：33、49、51、67等。

（6）材料的大与小——祈大好小。

较典型的：5、9、24等。

（7）误以为材料要吸引老师眼球的。（略）

2. 基于学情确立教学目标如下：

（1）探讨“写什么样的材料”。

（2）探讨“扩写”式审题、选材法，打开选材视野。

（3）学习“打腹稿”，认识“破题”的意义。

（4）纠正标点符号书写不规范的积习。

三、依标选文，范例引领

依据教学目标筛选范文并印发。

附范文：

醒 来

范镜心

祖母的背，在我的记忆中“醒”来……

天色渐渐暗下来，林间飘散着黄昏特有的气息——点点炊烟香。落日吻着树梢，投下一片火红。远处的树叶，成了一片片剪影。曲折的小路，蜿蜒地通向远方，消失在茫茫暮色之中。祖母赶着鹅，走在这条小路上，身边弥漫着淡淡的雾。一切融于暮色，唯有这背，伛偻着，自远方归来。

这是一个被岁月摧残的背。皮肤干瘪而没有弹性，随意地盘在一副干瘦的骨架上，人像一只枯萎了的茄子。祖母是个勤快人，总喜欢在院子里养些家禽，换点钱补贴家用。每日午后，我都随祖母出去放鹅。那些胖家伙可真逗，总是扭着大屁股，走几步便要停下啄几片草叶，看到祖母挥起了树枝朝它们打去，才急急向前紧跑几步。一到村外那长着芦苇的池塘边，便扑棱着翅膀，争先恐后地跳下了水，在水面上胡乱地留下一层层涟漪，搅碎了芦苇的倒影。我伏在祖母的背上，隆起的后背，像一个小驼峰，硌得我胸膛直发痒。“你什么时候能变成双峰骆驼？”我问祖母。“什么骡子？俺没喂过骡子。”她回过头来瞪了我一眼。我咯咯地笑着，却没再说话。

“娃，快走！”一向慢性子的祖母，忽然着急起来。务农的人们惊呼着飞奔向村庄。

暴雨要来了，天忽地暗下来，笼罩着可怕的黑褐色。田野周围，腾起一股泥土味。远处，鸡犬沸腾，一片混乱。伴着一阵阵雷鸣和刺眼的闪电，大雨倾盆而下。“娃，趴好了。”祖母将斗笠摘下来，扣在我的头上，背起我便向村子跑去。她的背，颠簸得厉害。急促的呼吸，我可以清楚地听见。雨停了，全村一片狼藉……

祖母蹬着三轮车，驮着满车的白菜。白菜堆上，坐着我。三轮车很是老旧，红漆上生了斑驳的锈，车轮发出“吱吱”的声响。小雪，像一束束蒲公英，轻轻落下来。祖母吃力地蹬着车子，那背，努力地向下弯着，像是路边被雪压弯了的树枝。“娃，靠紧我不冷。”我轻轻答应着。

那一个晚上，祖母很久都没有睡。一觉醒来，微弱的灯光下，我看到她翻出一个大箱子，将我的衣服和布娃娃一件一件塞进去。收拾停当，她叹了一口气，拿过一个小板凳，久久地坐着。她瘦小的身影和那伛偻的背，在灯光的勾勒下，定格在我懵懂的记忆里。

第二天，我便要随爸爸回家了。祖母坚持要送我们到村外。我们越走越远，她的背，与茫茫的白雪渐渐融为一体，再也看不见了。我号啕大哭。

五六个春秋过去了，我再一次回到故乡。暮色笼罩了一切，空气中飘散着熟悉的炊烟的香味。老屋静静地立在那里，一切都是那么安宁，就像祖母锁门放鹅去了。我知道她再也不会背着我，踏着这暮色归来了。

我望着那条小路的尽头，恍惚中又见那个身影，赶着一群鹅，朝着我走来。我想跑过去，那个身影又忽地不见了，融入了这暮色中。可是，那瘦削的背，却越发清晰。

是的，背在，祖母在。祖母在，家就在。家在，爱就在。

（评：“是的，背在，祖母在。祖母在，家就在。家在，爱就在。”真乃妙哉！我曾经只觉得娘就是家！此种感受、感情、感念、感动，真乃妙哉！）

简设计，重练习——多写少教

一、凝视你的世界

1. “凝视”练习。

屏显面带笑容的人物照片（两张我和同事的生活照，一张我和作家曹文轩的合影）。要求学生凝视照片，说出其中人物“笑”的表情的异同。

2. 材料之源——财富不在远方，财富就在自己的脚下。

默读谈体会。

(1) 生活处处皆材料。曹文轩老师说（屏显）：

人来到这个世界上能过八九十年，现在你已经走过了十几年的路了。也就是，整个的人生长旅你已经走完了八分之一、十分之一。你经历的事情已经很多了，所有的这些事情，对于写作文来讲已经绰绰有余了。

——曹文轩

（2）未经凝视的世界是毫无意义的。曹文轩老师说（屏显）：

这个世界脾气特别古怪，你必须凝视它，它才会把大门打开，让你看到它里头的风景。如果你不凝视它，它的大门就永远是紧闭着的，你什么也看不见。我们来到这个世界上，每个人都有一双眼睛。这双眼睛这一辈子其实只做两个动作：一个叫扫视，一个叫凝视。

你的作文为什么写不好？原因很简单，因为你没有凝视这个世界，你只完成了第一个动作，没有完成或者说没有很好地完成第二个动作。

——曹文轩

二、打开选材视野

（一）聆听名家选材心语。

1. 凝视、默读（屏显）：

所写的东西只要是自己的，实在很难遇到与人家雷同的情形。……写作文，要写出诚实的自己的话。——叶圣陶

就是《狂人日记》，大约所仰仗的全在先前看过的百来篇外国作品和一点医学知识，此外准备，一点也没有。——鲁迅

写作是一种回忆。……从"独特"一词而言，我们也只有利用自己的个人经验。如同世界上没有两片相同的树叶一样，世上没有两份相同的个人经验。每个人都处在自己的天空下。每个人都是一份"异样"，一份"特色"。……我不想要虚伪的深刻，我要的是真实。——曹文轩

我奶奶给我讲故事的语言风格你们谁知道，是我的奶奶，不是你们的奶奶。用我的笔写出来变成我的小说，就是我的原创了。——莫言

写作品要有中国味儿，而且是普普通通的家常味。——汪曾祺

故乡和童年是文学的永恒的主题。——汪曾祺

不成熟的思想，不稳妥的意见，不切题的材料，不扼要的描写，不恰当的字词，统统要大刀阔斧地加以削删。绚烂之极趋于平淡。——梁实秋

2. 交流选材心得。

（二）审好题，选好材。

1. 回顾、交流审题和选材经验。

（1）回顾以下习作的审题、选材情况（屏显）：

①《有这样一个人》《终于等来这一刻》《亲切的怀恋》

②《印象》《足迹》《痕迹》《那些花儿》

③《遇见，从此不同》《抬头就是晴天》《一路向前》《春天，我们在一起》

④《倾听》《凝视》《读你》……

（2）交流审题、选材经验。

2. 练习一种审题、选材方法。

（1）挑选以上题目中审题、选材难度大的题目。

（2）深思、挖掘题目意义（本义、比喻义、引申义、象征义等）。

（3）择取最难审读的题目，试用以下方法训练审题、选材（屏显）：

"扩写式"审题、选材思维训练操

①微闭双目，气定神闲，深吸一口气。你有一个作文题目，请你凝视它。

②请打开你记忆（想象）的闸门，用生活中（想象世界）的人、事、物、情、思，将此题目扩写成一个或几个句子。继续扩写这些句子。扩写时，你生活中的这个人、这件事、这一景物、这一情思越来越清晰，越来越让你激动。你还犹豫什么！材料就是你在扩写中越来越清晰、熟悉、动情的这一个。

③随着扩写句子的增多，你用的这一生活原料越来越模糊，越来越没有感觉，请赶紧再换一种生活原料，换一人、事、物、情、思。

④你扩写了几组句子，用了不同的生活原料，选择你扩写过程中最顺畅、最熟悉、最动情的，将其确定为此次作文的素材。

（4）试用以上方法审题、选材（屏显）：

"醒"，一个有温度的文字：山朗水润，万物苏醒；声声叮咛，爱的唤醒；点滴感悟，心灵觉醒；鉴往知来，值得我们警醒……醒来，是一种姿态，是一种对过往的反思，是一种成长。以"醒来"为题作文。（2017年山东省济南市中考作文题）

（三）回顾、明确：

选什么样的材料？切题的，熟悉的，动情的，好驾驭的。

（四）材料的裁剪和排次。

1. 打腹稿。

（1）什么是打腹稿？

（2）交流打腹稿心得。

（3）交流明确打腹稿注意事项。

明确：凸显主旨、适当裁剪、合理排次。

2. 破题。

（1）解读"破题"（屏显）：

用几句话说破题目要义，叫破题。——百度百科

破题，泛指写文章时点明题意。——《现代汉语词典》

（2）从例文中找破题句，交流破题心得。

（五）培养习惯。

（1）屏显学生在标点符号使用上存在的问题。

（2）改正标点符号使用积习，培养正确使用标点符号的习惯。

3.2 作文教学更要基于学情

一、作文教学的"教"出了问题

近年来，作文教学仍是怨声载道，流弊很多，时常被指责。甚至有研究者或教师认为，以往的写作教学基本上没有用。老师在长期的教学过程中感觉到教不教写作其实差不多；学生在长期的实践中感觉学写作或不学写作差不多。所以很多老师、专家就认定，凡是作文好的同学都不是教师教出来的！这就意味着写好作文和老师的教没有必然的关系。

我曾听过很多类似教学"如何写生动"的作文课。课堂教学多是"关于细节描写""扮靓语言"等指导课。这些课要么从词语的使用上进行指导，要么从比喻、拟人、夸张等手法运用上进行点拨。其实，这都没有从根本上、从思维方法上解决"如何写生动"的问题。

生动的言辞在写作时都想用，可如何写出生动的文章来呢？实际上，生动的描写不是因为词语运用得生动而生动。比如，朱自清写父亲去买橘子，"两手攀着上面，两脚再往上缩，身子向左微倾"，"攀""缩""微倾"都是极其"普通"的字眼，因准确、具体地描述了父亲爬月台的动作才特别生动。"特别生动"源于写得特别具体。

作品中修辞的运用，也是为了具体描写的需要。描写的对象诱发了作者的联想、想象，作者运用比喻、拟人、夸张的修辞手法，将联想和想象的表达出来，让描写生动可感，惟妙惟肖。这种生动的描绘，也是基于写具体。

如："雨是最寻常的，一下就是三两天。可别恼。看，像牛毛，像花针，像细丝。"只有运用联想，才能将江南春雨写得具体可感。作者由"春雨"联想到"牛毛""花针""细丝"，故而形象地加以比喻，何等的具体、形象、妥帖。紧接着作者把春雨这一综合的自然景物分解开：写雨的情态——"密密地斜织着，人家屋顶上全笼着一层薄烟"；写"树叶子却绿得发亮"，写"小草也青得逼你的眼"；写"傍晚时候，上灯了，一点点黄晕的光，烘托出一片安静而和平的夜"；写"乡下去，小路上，石桥边，有撑起伞慢慢走着的人"；写

“还有地里工作的农夫，披着蓑，戴着笠的”；写“他们的草屋，稀稀疏疏的，在雨里静默着”。这样把春雨中的景物分解开具体写，一切又是多么生动啊！其实，对综合的雨景分解开来写，越具体就越生动、形象。单独写“乡下去，小路上，石桥边，有撑起伞慢慢走着的人”，其中的哪一“词句”是生动的呢？

再如想象的运用。“想象”对于写生动的关键作用，读林徽因的《笑》即可见。

笑的是她的眼睛，口唇，
和唇边浑圆的漩涡。
（按：这是对综合的笑的分解。）
艳丽如同露珠，
朵朵的笑向
贝齿的闪光里躲。
（按：这里有想象，有“笑”的分解。）
那是笑——神的笑，美的笑：
水的映影，风的轻歌。
（按：这里也是想象。）
笑的是她惺松的鬈发，
散乱的挨着她耳朵。
轻软如同花影，
痒痒的甜蜜
涌进了你的心窝。
那是笑——诗的笑，画的笑：
云的留痕，浪的柔波。

（按：这一节都是作者的想象，什么明喻、暗喻、拟人、通感，作家在写的时候应该不会考虑这些。只是诗人细致入微地体察过，并由“诗人的禀赋”而展开别开生面的想象，表现她真挚的感情和精微的感觉，为此勾勒出了一个稍纵即逝，但可触可摸的瞬间——一个少女高雅纯洁的笑。）

因此，学生作文写不生动，其中有一方面的原因是作文教学的“教”出了问题。我们教的并非学生需要学的，我们的教没有充分基于学情。何况，有时候我们还教错了。写作教学犹如阅读教学，要遵循“以写为主”的理念，做到“先写后教、以写定教、多写少教、以写论教”。

二、“基于学情”教学作文

我们对作文教学的研究需要深入。

比如：“写生动”，通过研究就会发现，生动不是言辞方面的问题。生动的核心是具体，只有写具体了才能写生动。王荣生教授曾举例说：“今天我在给大家讲课，我现在所做的每一个动作都是综合的。你要写我讲课时候的情形，你就必须把我综合的东西分解开来。手如何，眼睛如何，身体如何。你要展开这些描写，你就要把瞬间的时间拉长，所以写生动的核心是写具体，写具体的核心是上述两个方面。”①

如果学生缺乏把瞬间的东西拉长了来写的指导，缺乏把综合的东西分解开来写的训练，就不容易习得“写生动”的办法。王荣生教授说：“不教把事物分解开来写，是教不会生动描写的。要求同学们要仔细观察，因为学生不知道观察什么，还是‘观’而无‘察’。换句话说，要学生学会描写不是教学生仔细观察，而是要教给他分解的办法。”②

值得庆幸的是，统编本教材充分考虑了当前作文教学的诸多问题，对作文教学做了目前为止最为理想的课程设计。但是，我们日常作文教学要用教材教，不能教教材，因为写作课必须基于学情，必须知道学生的写作状态和学生写作的问题困惑。通过分析学生的写作样本，才能找到具体措施去解决学生的疑问，然后才能组织相应的教学和写作活动，使学生去克服这些困难，从而畅快地表达。

研究学生的写作困难，确定有针对性的教学内容，这是写作课程的基本要求。

写作课程要序列吗？有序列吗？我原先态度很坚决，现在有所动摇。如果你强调的只是写作依着课程教学要有个计划，那是可以的，有计划总比没计划好。但是你一定要写作课程寻找一个序列，甚至还要求是科学序列，那是有问题的。

序列在哪里？序列在学生那里，写作序列在学生碰到的问题和困难那里。所以序列只能从学生的写作行为中去找。

批阅作文不是简单地为学生的作文评判等级，而是通过评阅作文了解学情，从中发现学生的写作顽症之所在，并由此确定有针对性的写作教学目标和写作教学内容，更好地展开写作教学。所以对语文老师来说，提升学生写作水平，就是要找到一个点，这个点不是主观想象出来的，而是需要分析写作样本和写作状态。也就是说，教师为什么要批作文，不是给学生打一个分数、写几句评语，而是通过学生的作文去分析学生写作的长处和不足，进而想办法去扬其长、补其短。

写作教学的核心任务是研究学生的写作状态和写作样本，确定学生写作“最近发展区”的重心和要达成的目标，这样才能真正帮助学生提高写作水平。

叶圣陶先生说：“阅读是没有迹象的，但是写作有迹象。”所以写作更容易让老师判断学生的学情，写作更需要老师根据不同的学生来选择不同方法，有些学生写作才能已

①②王荣生：《写作教学教什么》，华东师范大学出版社，2014年11月版。

经很好了，不需要你教了，你就可以去激发他、鼓励他去投稿，鼓励他去得奖。另外一部分同学，要分分类，这一类同学这一阶段主要做这个，那一类同学主要做那个，所以写作课程与教学的重建，不是在原有的基础上修修补补。

王荣生教授强调，写作这个领域，可能是一个需要大改的领域，而大改的一个主要取向就是基于学情。①

基于学情建设写作课程这一主张，为写作课程建设确定了合理的逻辑起点。《于漪老师教作文》这本书启发我们，作文教学必须是基于学情的。我们依据教材的写作安排，先写作，再批阅，然后依据学生作文情况细致讲评。要确保讲评的重难点、目标，来源有两个：一是学生的写作实际；二是教材的教学任务。

设若教科书安排的作文训练是点，是圆心，学生的写作学情是半径，作文教学应该是"以教材训练点为圆心，以学生的写作学情为半径"画出的大小不等的同心圆，这些圆由大渐小，直抵教科书作文训练点这一圆心。这些"同心圆"恐怕是最理想的单个写作单元的作文课程了。

必须强调的是，重构作文课程是要围绕教材的，重点是基于学情的。以教材写作训练点为圆心，以写作学情为半径画出同心圆，再如"奥运五环"，圆圆相交，环环相连，共同构成基于学情的写作微观课程。

①王荣生：《写作教学教什么》，华东师范大学出版社，2014年11月版。

第四节 统编本教材视域下的作文新课堂

统编本教材“写作”部分，本着“读写结合”的原则，重新编排课程内容，体现了写作教学的“系列性”，注重了基本写作方法的引导，强调一练一得，写作教学的指导性增强了。

但在实际教学中，基于教材而忽略了学情的作文教学仍旧是低效或者无效的。笔者在实际作文教学中，在基于学情的写作课程重构和基于学情的写作课堂实践方面，有以下体会。

一、宏观上“作文教学”要基于学情，要整合教材，用教材教

叶圣陶说：“教材无非是个例子。”

温儒敏教授在谈统编本教材新变化时指出：

写作课很难教，写作教学内容编写也很难，几易其稿，也未能达到理想状态。但和以往教材比较，现在的编法是希望有一个系列，更能激发学生写作的兴趣，也比较有“抓手”，比较方便教学实施。到底怎么编写作教学？特别希望能吸收一线的意见。①

实际教学情形确实和教材编写目的大相径庭。

教科书力求作文训练“每次都突出一点，给予方法，又照顾全局”，比如“‘怎样选材’这一次作文，集中要解决的就是选材问题。”实际教学情形是，经过一次“怎样选材”的作文训练，无法集中解决选材的问题。“怎样选材”的问题，是要贯穿作文教学和训练始终的。并且，统编本教材给出的多个写作训练方法或者叫作训练的点，是贯穿整个初中学段（乃至高中）作文教学和训练的。

统编本义务教育初中语文教科书，给出了初中阶段作文教学的“内容纲要”，实际教学中不要误以为这就是每册、每学期作文教学的序列，这只是个“纲目”！只是教材编写者给出的作文训练点（项目），只是一个写作的计划，只是日常作文教学的“抓手”，只是改变作文教学漫无边际的现状的东西。

语文教学中，作文教学更要用教材教，而不能囿于教教材。因为，作文教学是必须基于学情的。王荣生教授强调说：

理想的写作教学必须是基于学情的。写作教学不是基于写作理论，让学生掌握若干写作规则与术语并不能使学生形成写作素养；写作教学也不是基于一些名篇佳作，让学生阅读背诵若干范文，然后不断模仿，这同样不能有效提升写作水平。②

---

①温儒敏：《统编本语文教材的编写理念、特色与使用建议》（见《课程·教材·教法》2017年第11期）。

②王荣生：《写作教学教什么》，华东师范大学出版社，2014年11月版。

在实际作文教学中，基于教材内容和实际教学需要，整合教材中写作教学内容，七、八、九年级应各有侧重。建议调整为：

七年级：侧重一般记叙文的写作，同时整合八年级上册的“语言要连贯”“表达要得体”、九年级下册的“审题立意”“布局谋篇”“修改润色”“有创意地表达”。

八年级：侧重写以记叙的表达方式为主的“新闻写作”“学写传记”“学写游记”“学写故事”，再加上一般说明文的写作。

九年级：侧重一般议论文的写作，再加上“学写读后感”“学写演讲稿”，也要突出“应试作文”的教学和训练。

至于“学写诗歌”“学习仿写”“学习改写”“学习扩写”等，可以依据具体学情在不同年级适当穿插。

二、微观上基于学情，重构作文课程

王荣生教授指出：

写作序列在学生碰到的问题和困难那里。序列只能在学生的写作行为中去找。①

因此，日常作文教学，教师要积极建设基于学情的微观作文课程。

微观作文课程的重建，基点是围绕教材，重点是基于学情。以教材写作专题为圆心，以学生写作学情为半径，一个个由大到小的、微观作文训练序列的同心圆组合在一起，构成一个个微观作文训练序列。这一个个微观作文训练序列共同构成微观作文课程。在这样的一个个序列里，涉及教材其他单元乃至其他册教材作文训练点，这就需要适当整合教材中的写作教学内容，自主构建基于教材和学情的微观写作课程。

不同的写作专题下的这些同心圆，又像奥运五环一样，圆圆相交，环环相连。

王本华老师指出：

写作专题的指导力求使学生能一课一得，避免笼统和大而无当。比如七年级上册第二单元“学会记事”，旨在培养学生的叙事能力，可讲的东西很多，教材并没有面面俱到、全面论述，而是选择两个最主要的方面具体指导：一是把事情写清楚、写明白；二是要写出感情。这两个要求并不高深，是学生看得见、摸得着的，按照教材要求去做，学生至少能做到一课一得。②

在实际作文教学中，依据教材的写作专题进行“学会记事”的写作训练，“把事情写清楚、写明白，要写出感情”的指导，是不是学生最需要的，具有不确定性。通过一次作文教学训练，学生能不能“把事情写清楚、写明白，写出感情”，更具有不确定性。学生

---

①王荣生：《写作教学教什么》，华东师范大学出版社，2014年11月版。

②王本华：《从八大关键词看“部编本”语文教材的编写理念》（见《课程教学与研究》，2017年第5期）。

“一课一得”，得什么几乎是未知的。

实际教学情形是：将作文训练的核心指向“把事情写清楚、写明白，要写出感情”，然后通过批阅学生作文把握学情，基于学情多次实施作文教学，通过多次基于学情的写作训练，使学生“一课一得”，最终达成教材写作专题的“一大得”——“学会记事，培养学生的叙事能力，把事情写清楚、写明白，写出感情”。

细读《于漪老师教作文》一书不难看出，于漪老师教作文，基点是教材，重点是“基于学情”。于漪老师的作文课总是依据教材的写作安排，先写作，再批阅，然后依据学生的作文情况细致讲评。接下来，于漪老师会围绕教科书中的作文训练点，结合学生写作学情需要，安排新的作文训练。这种作文教学序列是基于学情和教材的最理想的微观作文课程。

附：“基于学情”的作文新课堂

写作是极其平常的事儿

——听于老师讲“作文故事”（一）

困惑：腹中“无米”难动笔。

经调查，我发现中学生关于作文畏难心理的产生与读过的文章有关。平日里大家读的文章，或情感浓郁真挚，或故事曲折离奇，均文质兼美！苦于日常生活平淡无奇，同学们便觉得作起文来腹中“无米”，“巧妇难为无米之炊”！

在一次作文课上，我要求学生默读课本中“学会记事”的写作指导内容，并思考两件事：一是“学会记事”的指导内容，给了你哪些启发；二是对于记事类作文，你还有什么困惑。

几分钟后，同学们踊跃发言。

王昊：记事要记叙清楚事情的来龙去脉，一般要写出事情的起因、经过、结果。要写得有感情，要注意锤炼自己的语言，学习使用一些能够贴切表达情感的词语或句子，抓住一些感人的细节。

张斌：记事不能过于简单，要写得丰满、生动一些；叙述要有重点地展开，突出事件触动你情感的部分。

同学们谈得头头是道。可是，在谈论对于作文记事还有什么困惑时，大家都觉得没有多少感人的事情好叙述，最大的困惑是“无米下锅”！同学们纷纷说：“没什么可写的，都是老掉牙的故事！”过了好一会儿，教室里才安静下来。

你是否也有同样的感受和困惑呢?

破解:用大脑"凝视"生活。

同学们,我记得叶圣陶先生曾经这样说:"写作是极平常的事。写作就是说话,为了生活上的种种需要,把自己要说的话说出来;不过不是口头说话,而是笔头说话。写成的文字平凡一点、浅近一点,都不妨事;胸中只有这么些平凡的经验和浅近的情思,如果硬要求其奇特深远,便是勉强了。"

就像现在,大家凝神聆听,就是用耳朵"凝视"我们的声音世界,同样我们更可以用大脑"凝视"生活。其实,作文时文字写得简单一些,都不要紧。

可是,课堂上大家仍旧愁眉紧锁!我找身边一位同学,要她再具体说说"学会记事"难在哪里。

没想到,这位女生开口就说:

"我们每个人的确都在家庭的怀抱中生活、成长。就说我吧,真的像叶圣陶先生说的那样,我们一家人的生活太平凡了。爸妈上班,我从小是被姥姥、姥爷带大的,他们负责接送,妈妈只是唠叨着叫我写作业,爸爸总是在外应酬到很晚才回来。姥姥、姥爷下雨天接我,宁愿淋湿自己,也会护我周全。'姥姥雨中为我送伞',我从小学就开始写这些,觉得实在是写得没意思了!"

我耐心地听完学生的"诉苦",颇为同情地说:

"是啊,巧妇难为无米之炊啊!不过,你刚才说的这一段话就得100多字了,可以作为文章的第一段,这段文字虽不奇特,但是要言不烦、情感真挚啊!你只是在'扫视'你的生活,你还没有'凝视'它!一家人中,你没有说到爷爷、奶奶啊?"

刚刚"诉苦"的女生说:

"我奶奶家,我们一年就去个三五回。奶奶家在农村,交通很不方便。如今有了车,去的次数稍微多一些。再说,去奶奶家无非就是吃吃喝喝,也没什么大事啊!"

我慢条斯理地对全班同学说:

"人呢,吃穿住行,哪有什么大事儿啊?"

接着转向这位苦于"无米下锅"的女生,问道:

"一年去三五回农村奶奶家,去了常吃什么呢?你有印象吗?"

"具体都记不太清楚了,也没注意过啊!"

"你果真没有'凝视'你的世界啊!去奶奶家吃吃喝喝,留下的点滴印象是什么?"

"每次去奶奶家,奶奶几乎都包水饺。奶奶知道我喜欢吃白菜肉的水饺,常常包白菜肉水饺给我吃。每次去之前,奶奶就包好了!只要我疯玩够了,回到奶奶家一喊'我饿了',不一会儿,奶奶就将热气腾腾的水饺端上了餐桌!水饺鼓饱饱的,咬一口浓香扑鼻，奶奶知道我喜欢吃水饺蘸醋，每次都用小碟儿给我盛些醋，醋里总滴几滴香油！”

不知不觉中，这位女生动情了，话匣子打开了……

“太棒了，你在‘凝视’生活，这白菜肉的水饺里包裹着的，已经让大家都羡慕不已了。加上你开头说的，得300字了吧！”我边说边给这位同学竖大拇指。

我不觉动情了，说：“奶奶包的白菜肉水饺哟！像一叶叶鼓胀起‘情之帆’的扁舟，载着我们徜徉在家的温暖里，恣肆在爱的海洋中！”

作家郑振铎曾说：“写在纸上的无非是真事，无非是平凡，无非是琐碎！”

曹文轩老师也说：“这个世界脾气特别古怪，你必须凝视它，它才会把大门打开，让你看到它里头的风景。”

同学们，“凝视”你的那些平凡的经验和浅近的情思吧！写作是极其平常的事儿啊！

“写生动”首先不是“言辞”的问题

——听于老师讲作文故事（二）

感受：财富，不在远方；财富，就在我们自己脚下。

曹文轩老师说：“人来到这个世界上能过八九十年，现在你已经走过了十几年的路了。也就是，整个的人生长旅你已经走完了八分之一、十分之一。你经历的事情已经很多了，所有的这些事情，对于写作文来讲已经绰绰有余了。”

在一次作文讲评课上，我夸赞学生：“上次作文，同学们从记忆中找出一些事物来，写出了诚实的话、自己的话，表达了真实的情感——向美、向上、向善，真好！同学们不再为腹中‘无米’犯愁了！接下来，大家结合上次作文谈谈写作文到生活中‘找米’的感受。”

同学们举手踊跃。

辛睿说：“上次作文我写种含羞草的经历，觉得内容写得还算充实。我想起上次作文老师让记在作文本上的话：‘说到作文，你要知道，写作最重要、最丰富、最宝贵的资源是什么，是你自己。你看到的、听到的、亲身经历的，这些才是你写作时最重要的资源。’”

辛睿同学用手挠挠头，又腼腆地说：“老师，您还在眉批里夸赞我‘描写生动’。”

我对辛睿竖起大拇指，说：“太棒了，你生动的描写被老师夸赞了！接下来我们一块欣赏你被老师圈红的描写生动的地方，探究一下你是如何写生动的。”

辛睿嘴角拉成弧形，脸上荡漾着笑，傻乎乎地站在那儿！

好一个不苟言笑的大男孩！

探源："写生动"，首先考虑的是言辞上的问题吗？

我紧接着对辛睿说："你把作文中描写生动的地方读给大家听。同学们聆听并思考一下，辛睿是如何'写生动'的？"

辛睿美滋滋地读着作文中被圈红的部分：

> 含羞草可真是一种奇妙的植物。我家那棵含羞草三四十厘米高，旺盛地长在花盆里，开花了！花茎绿中带点淡紫色，分枝很多，花茎和分枝上长有锐刺和刺毛。花刚开的时候，颜色是淡紫色的，球形，像个淡紫色的毛茸茸的小玩具球儿。叶子长在长长的细叶柄上，长椭圆形，叶子朝相反的方向对铺在叶柄上。用手轻轻碰一下含羞草的叶子，对生着的叶子就会双双靠拢，合上，整个叶柄还垂下来，呈"含羞"状。
>
> ——《我种了一盆含羞草》

我又竖起大拇指说："真棒！孟遥同学作文里也有一处生动的描写。孟遥，你也给大家读一下。"

孟遥仿佛还沉浸在辛睿的优美语言中，先是怔了一下，才翻开作文读起来：

> 院子是四方形的，有一面搭着高高的塑料棚顶，一株葡萄藤顺着檐顶攀爬，向另一头伸长了胳膊，郁郁葱葱，绿意盎然。另一面横着一根大木头和些许木柴，这里曾经是坠着丝瓜的丝瓜架。木头后面是两个鸡笼，一大一小，里面的鸡整天慵懒地趴着。鸡笼旁是棵柿子树，秋天一到，树上就结满了黄澄澄的柿子，小院儿叫人心旷神怡。
>
> ——《奶奶家的小院儿》

张晨迫不及待地举手发言："辛睿描写含羞草，用词生动，含羞草开花像毛茸茸的小球儿，比喻生动形象！"

我略微顿了顿，问张晨："你的意思是说，辛睿写得生动是因为用词生动，还运用了比喻的修辞？"张晨点了点头。

我又对辛睿说："你在描写含羞草时就想用上一些生动的词语和一些恰当的修辞方法？"

辛睿使劲摇头，说："没有没有，我就是想写得具体些。想仔细写好含羞草的茎、叶、花，特别是含羞草对生在长长叶柄上的小椭圆形叶子，我轻轻一触，它们就互相朝对方聚拢，最后合在一起，甚至连整个叶柄都下垂。含羞草的花太美了，就像毛茸茸的玩具球儿，我不自觉地就打了比方。"

“噢！是这么回事！”我又转向孟遥，“孟遥，你呢？奶奶家这么叫人‘心旷神怡’的小院儿，你在写的时候……”

没等我说完，孟遥就打断我说：“我也是想具体写一下奶奶家的小院儿，我太喜欢那了，我就挨个写了写，当时没考虑用什么生动的词语、修辞什么的！”

我被惊醒了，一下子就想起了王荣生教授说过的关于如何写具体的话，便一字一句地对同学们说：“同学们，专门研究语文教学的专家王荣生老师曾说：‘生动不是言辞方面的问题。生动的核心是具体，只有写具体才能生动。’从刚才辛睿和孟遥的写作心得来看，果真如此啊！作文只有写具体了才会生动，不是吗？”

课堂上同学们将信将疑！

……

爱好写作的同学，你有这方面的探究发现吗？写生动首先不是言辞的问题，而是能否写生动的问题。那么，如何写具体呢？大家不妨在平时习作中去尝试一下，将你要描写的事物写具体，读读看，是不是就生动了？

再就是，如何把事物写具体呢？

请继续关注“听于老师讲作文故事——如何写生动”。

把综合的事物分解开来写（如何写生动）

——听于老师讲作文故事（三）

感受：描写必须要具体。

叶圣陶先生说：“像‘美丽’‘高大’等形容词，‘非常’‘异常’等副词，如果取供描写之用，效果是很有限的；因为这些词并不具体，你就是用上一串的‘美丽’‘非常’，人家也无从得到实感。有时候不用一个形容词或者副词来描写，只说一句简单的话，但因为说得具体，却使人家恍如亲历。如不说‘寂静’而说‘什么声音也没有’，就是一个例子。——描写须具体，不独于景物，对于其他也如此。”

在又一次作文课上，我和学生回顾上次作文课说：“上次我们探讨了‘如何写生动’，你们有哪些收获？”

文轩第一个举手！我示意她先发言。

文轩眉飞色舞地说：“写生动首先不是言辞的问题，写具体了就生动。上次作文中一个重要段落，我是这样写的：

真好！姥姥又送了妈妈一盆菊花。我走上前去一闻，倒是没有太大的香味。可是，菊花开得正旺，绚烂多姿，甚是可爱。姥姥真好！”

文轩稍稍停顿了一下，问："文中我说姥姥送的菊花好，菊花可爱，大家感觉到了吗？"

我竖起大拇指说："文轩刚才问大家感觉到了没，大家感觉到了没有？"

同学们直摇头。

此刻，我想起了叶圣陶先生说的关于写作"读者意识"的话，便接着说："同学们，叶圣陶先生曾强调说：'我们写文章，原是假想有读者，以读者为对象的。'文轩问同学们感觉到菊花的可爱没有，这种'读者意识'，特别棒！作文中的描写必须要具体，必须让读者真正感觉到菊花的绚丽可爱才行！"

文轩兴致勃勃，没等我说完就着急地说："作文是写给人看的，说姥姥送的菊花开得绚丽，不写具体大家怎么知道！"说完得意地读着自己修改后的习作：

真好！姥姥又送了妈妈一盆菊花。我走上前去一闻，倒是没有太大的香味。可是，菊花开得真好看，很可爱。

看！那朵黄色的龙须菊，颜色嫩黄嫩黄的，娇艳欲滴，长长的花瓣边梢儿向内翻卷，颜色略带浅紫，像被高级理发师烫熨过。那朵含苞待放的，颜色嫩黄里泛着微红，胜似娇羞的少女，花瓣内卷着，像是少女害了羞捂着脸一样。

……

同学们报以热烈的掌声！

探源：把综合的东西（事情）分解开来写就生动。

我略微顿了顿说："果然，把姥姥送的菊花写得具体了就让人觉得生动形象，逼真传神！作文中将要描写的事物都是综合的。如何把这些综合的事物写具体呢？"

辛睿略有所思地说："上次我写含羞草，老师夸我写得具体生动，其实就是在写的时候，我将含羞草分解开来写，写了它的茎、叶、花，还有它'含羞'的特点！"

我竖起大拇指对辛睿说："真棒！把综合的东西分解开来写，描写就会具体生动！"

同学们在作文本上做好笔记。

做完笔记，张晨忽闪着大眼睛说："上次辛睿描写含羞草，孟遥描写奶奶家的小院儿，还有这次文轩写姥姥送的菊花都生动形象，都把要写的东西分解开具体写了。"

我总结说："从刚才大家的交流来看，含羞草、菊花以及奶奶家的小院，这些都是综合的东西。把综合的东西分解开来写就具体了，具体了就生动！只不过，作文要写的综合的东西、综合的事情多了去了，怎么分解它们呢？分解它们要依照怎样的标准呢？"

课堂上同学们又开始凝神思索了！

爱好写作的同学，你有这方面的探究发现吗？只要把综合的东西（事情）分解开来写，就容易写具体！只有写具体了，才会生动。那么，如何分解它们呢？大家不妨在平时的习作中去尝试一下，将你要描写的事物依照表情达意的需要，依着一定的标准分解开写，读读看，这样分解开写是不是就具体了？写具体了，是不是就生动？

作家李敖说：“‘这是老头，那是少女’，这种描写就不好，不具体。如果说‘这是红颜，那是白发’，就比较具体了。”

就“具体”而言，李敖的话又给了你怎样的启发？

再就是，写具体还有没有其他办法？

请继续关注“听于老师讲作文故事——如何写生动”。

（以上三篇文章连续刊登在《中学时代·新阅读》上。）